南京大学国家"双一流"学科专项经费、南京大学信息管理学院出版专项经费资助

国家社会科学基金重大项目"大数据驱动的城乡社区服务体系精准化构建研究"

（项目编号：20&ZD154）

政府数字服务能力
研究报告(2024)

REPORT OF GOVERNMENT
D-SERVICES CAPABILITY (2024)

胡广伟 等 著

社会科学文献出版社
SOCIAL SCIENCES ACADEMIC PRESS (CHINA)

　　胡广伟，南京大学信息管理学院教授、博导、副院长，政务数据资源研究所所长、国家社会科学基金重大项目首席专家。入选教育部"新世纪优秀人才支持计划"，是江苏省"六大人才高峰"高层次人才培养对象。主持国家社科基金重大项目、国家自然科学基金面上项目等 30 余项，在国内外学术期刊发表论文 160 余篇，出版专著 8 部，获省部级优秀研究成果奖等 20 余项，获国内外发明专利 7 项、软件著作权 12 项。

《政府数字服务能力研究报告（2024）》
编 委 会

主　　　任　胡广伟

委　　　员　滕　婕　王子绵　印　玥　舒媛媛　顾秦一

参 撰 人 员　胡广伟　王子绵　印　玥　叶凯莉　李　伟
　　　　　　梁和欣　王雨晗　贺荒兰　李梦柯　操媛吉

数据采集人员　王子绵　印　玥　贺荒兰　孔令圆　黎旭文
　　　　　　李　琳　李　璐　李梦柯　李　伟　梁和欣
　　　　　　王坤宁　王雨晗　叶凯莉　操媛吉

前　言·

　　近年来，在新一代信息技术的推动下，全国各地积极推进数字政府建设，政务服务的数字化和智能化水平得到进一步提升，数字化治理模式的运用和政府治理的数字化转型已经成为我国政府治理改革的重要目标之一。与此同时，智能化技术的普及和运用提高了政民互动、政企互动的频率，政府通过多渠道服务平台向作为终端用户的公民提供数字服务，社会和公众对政务服务的需求多元化和个性化趋势凸显，使数字政府建设在满足社会多主体需求的同时，也推动政务服务质量不断迈上新台阶。

　　"十三五"规划实施以来，中共中央和国务院高度重视数字政府建设，2016年国务院《政府工作报告》正式提出"互联网+政务服务"，并在同年先后颁布《关于加快推进"互联网+政务服务"工作的指导意见》和《"互联网+政务服务"技术体系建设指南》。2018年6月国务院办公厅发布的《进一步深化"互联网+政务服务"推进政务服务"一网、一门、一次"改革实施方案》深入论述了线上和线下如何推进"一网通办""最多跑一次""只进一扇门"等改革；同年7月国务院发布的《关于加快推进全国一体化在线政务服务平台建设的指导意见》提出，要推进全国一体化在线政务服务平台建设。2019年10月，党的十九届四中全会提出建设数字政府、加快推进全国一体化政务服务平台建设等重点任务，为加快建设人民满意的服务型政府指明方向、提供根本遵循。2020年发布的《国务院办公厅关于加快推进政务服务"跨省通办"的指导意见》、2021年发布的《国务院办公厅关于进一步优化地方政务服务便民热线的指导意见》和《国务院办公厅关于印发全国一体化政务服务平台移动端建设指南的通知》，则进一步从具体层面优化和完善解决政务服务问题的渠道。2022 年发布的《国务院关于加快推进政务服务标准化规范化便利化的指导意见》，指出了政务服务标准不统一、线上线下服务不协同、数据共享不充分、区域和城乡政务服务发展不平衡等问题。同年发布的《国务院关于加强数字政府建设的指导意见》指出"加强数字政府建设是适应新一轮科技革命和产业变革趋势、引领驱动数字经济发展和数字社会建设、营造良好数字生态、加快数字化发展的必然要求"。2023 年发布的《国务院办公厅关于依托全国一体化政务服务平台建立政务服务效能提升常态化工作机制的意见》，从建立健全办事堵点发现解决机制、服务体验优化机制、平台支撑能力提升机制以及效能提升保障机制四个方面，对全国一体化政务服务平台建立政务服务效能提升常态化工作机制提出意见。这些政策措施的出台，体现出政府数字服务的重要性和必要性，"最多跑一次""一网通办""一网统管""跨省通办"等创新实践也随之不断涌现。

当前，我国已经开启全面建设社会主义现代化国家的新征程，推进国家治理体系和治理能力现代化、适应人民日益增长的美好生活需要，对政府数字服务能力提出了新的更高要求。南京大学政务数据资源研究所、南京大学国家双创示范基地及南京大学信息管理学院，自 2017 年以来，连续八年围绕社会和公众对政府数字服务的"用户体验"，基于以用户为中心、多渠道多维度、指标应细化、数据易得可得、定性定量结合的思路进行测评指标的构建，按照科学客观、导向清晰的原则对政府数字服务能力开展评估，发布《政府数字服务能力研究报告》。项目团队从三个层面（省、直辖市、地级市），结合五种渠道测算出省、市政府数字服务能力五种单项指数（政府网站、政务微博、政务微信、政务 App 和政务短视频）和三种复合指数（综合指数、"双微"指数和"新媒体"指数），并对政务服务渠道、政务服务能力的时间演化及政务服务能力的区域分布等进行深入分析。最后，针对测评过程和测评结果，总结当前政府数字服务中存在的问题，并对未来的发展提出参考建议，以期为提升政府数字服务能力，推动政府数字服务全方位发展作出贡献。

综合来看，我国各级政府数字服务在服务渠道、应用场景和使用体验上有如下特征：（1）政府数字服务渠道功能日趋分化，形成以事项服务提供为主的网站、App、微信政务服务渠道和以信息宣传服务为主的微博、短视频政务服务渠道；（2）政务服务格局发生改变，我国政务服务平台逐渐从原来以政府网站为主过渡到政务新媒体作为主要政务服务平台的发展阶段；（3）政府数字服务更加集约丰富，逐步汇聚集成套餐式服务、"一网通办"和"跨省通办"等多层次应用场景；（4）政府数字服务更加个性化和精准化，用户专属服务空间、适老化改造、智能服务和服务评价反馈成效显著。总体而言，中国各级政府数字服务呈现"两化两难""三强三弱"的特点，即"信息发布丰富化和事项服务集约化，数据共享难和业务协同难""信息发布强、办事服务强、传播推广强，地方特色弱、创新服务弱、亲民互动弱"。

项目组希望通过理论与实践的结合，建立一套科学、客观、量化及导向清晰的电子政务服务能力指数体系，从用户体验的视角报告各级政府的数字服务能力发展水平，以评促建，以评促用，树立标杆，引导发展，从而助推我国政府数字化转型稳定、持续地进行。

南京大学政务数据资源研究所

南京大学信息管理学院

二〇二四年十二月

摘　要

随着数字时代的来临，数字技术已经成为推动经济社会发展、提升治理现代化水平的重要手段和工具，以数字化、智能化、网络化为核心的信息技术加快了"数字政务服务"的创新进程，政务服务数字化转型创新成为中国政务服务未来发展的新方向。政府通过多渠道服务平台向公众发布政务信息、提供公共服务、实现政民互动，有助于提升政务服务效能，提高群众对政府工作的满意度。为了满足公众对各政务渠道所提供服务的温度、深度与精准度的新期待，检验和提升各级政府的数字服务能力发展水平，进而建立一套科学、客观、量化及导向清晰的政府数字服务能力指数体系，达到"以评促建、以评促用、树立标杆，引导数字政务可持续性发展"的目的。项目团队以政府网站、政务微博、政务微信、政务 App、政务短视频五个服务渠道为切入点，引入合适的大模型科学设定权重，构建了政府数字服务能力指数体系。

在测评指标体系的基础上，项目团队通过全样本测评、定量与定性相结合、大模型辅助分析的方式展示了中国①省级、直辖市和地级市政府数字服务能力的水平，应用综合指数、"双微"指数、"新媒体"指数等复合数据反映了我国政府数字服务渠道的整合情况。进而总结获得了数字政务服务能力建设的最佳实践与案例："北京市人民政府"——服务完备的政府网站、"北京发布"——发展成熟的政务微博、"上海发布"——全方位服务的政务微信、"随申办市民云"——使用便捷的政务 App、"北京发布"——彰

---

① 香港、澳门、台湾除外。

显特色的政务短视频等，并分别进行细致介绍和深入剖析。

本报告从能力管理与用户体验的视角测评政府数字服务水平，各项指数数据表明，中国政府数字服务在服务渠道、应用场景和使用体验上有如下特征：政府数字服务渠道功能日趋分化；政务服务格局发生改变；政府数字服务更加集约丰富；政府数字服务更加个性化和精准化。但各渠道政府数字服务还存在省市政府协同能力不足、智能化服务发展不足、创新性和地方特色不足等问题，未来应从技术、人员、数据、制度等方面改进。

关键词：　政务服务　数字服务　数字化转型　服务能力　能力指数大模型

Abstract ·⌐

With the advent of the digital era, digital technology has become an important means and tool to promote economic and social development and improve the level of governance modernization. Information technology with digitalization, intelligence and networking as the core has accelerated the innovation process of "Internet + government services", and the digital transformation and innovation of government services has become a new direction for the future development of China's government services. The government releases government information to the public, provides public services, and realizes the interaction between the government and the people through the multichannel service platform, which helps to improve the efficiency of government services and improve the people s satisfaction with government work In order to meet the public s new expectations for the temperature, depth and accuracy of services provided by various government channels, test and improve the development level of digital service capabilities of governments at all levels, and then establish a scientific, objective, quantitative and clearly oriented government digital service capability index system, to achieve the goal of "promoting construction by evaluation, promoting use by evaluation, setting a benchmark, and guiding the sustainable development of digital government". The project team took the five service channels of government website, government microblog, government WeChat, government App, and government short video as the entry point, and introduced a suitable large language model to scientifically set the weights, and constructed the index system of the government's digital service capability.

On the basis of the evaluation index system, the project team demonstrated the level of digital service capabilities of provincial, municipal and prefecture-level governments in China[①] through full sample evaluation, quantitative and qualitative methods, large language model-assisted analysis and used composite data such as comprehensive index, "micro and micro index, and new media index to reflect the integration of government digital service channels in China Furthermore, the best practices and cases of the construction of digital government service capacity were summarized and obtained: Beijing Municipal People's Government—a fully serviced government website, Beijing Publishing—a mature government microblog, Shanghai Publishing—a comprehensive service of government WeChat, the citizen cloud with the bid—a convenient government App, Beijing Publishing—a featured government short video, etc., and detailed introduction and in-depth analysis were made respectively.

This report evaluates the level of government digital services from the perspective of capability management and user experience. Various index data show that Chinese government digital services have the following characteristics in service channels, application scenarios and use experience: The functions of government digital services channels are increasingly differentiated; The pattern of government services has changed; Government digital services are more intensive and rich; Government digital services are more personalized and precise. However, there are still some problems in government digital services of various channels, such as the lack of coordination capacity of provincial and municipal governments, the lack of development of intelligent services, and the lack of innovation and local characteristics In the future, improvements should be made in technology, personnel, data, systems and other aspects.

Keywords: Government Service; Digital Services; Digital Transformation; Service Capability; Capability index; Large Language Model

---

① Excluding Hong Kong, Macao and Taiwan.

目　录

第一章·
指数体系与数据采集

第一节　指数的研制

在高速发展的信息技术背景下，政务服务正聚焦数字化转型，推动决策科学化和民主化，努力实现办事个性化和人性化。与此同时，社会和公众对政府数字服务的需求不断增长。如何更好地服务企业和公众，满足用户对数字服务的多样需求，进一步提升中国各级政府数字服务水平，已成为现阶段推进国家治理体系和治理能力现代化的重要议题。

2015 年 7 月，国务院发布《关于积极推进"互联网+"行动的指导意见》，强调"互联网+政务"对加快转变政府职能的积极作用，提出要加快互联网与政府公共服务体系的深度融合，推动公共数据资源开放，促进公共服务创新供给和服务资源整合，构建面向公众的一体化在线公共服务体系。2016年 9 月，时任国务院总理李克强主持召开国务院常务会议，部署加快推进"互联网+政务服务"工作，以深化政府自身改革更大程度利企便民。2017 年10 月，党的十九大报告指出要不断推进国家治理体系和治理能力现代化，加强互联网内容建设，建立网络综合治理体系。2018 年 4 月，在国家发展改革委、网信办等多个部门支持下的第一届数字中国建设峰会胜利召开，会上发布了 30 个全国电子政务最佳案例。2019 年 10 月，党的十九届四中全会对坚持和完善中国特色社会主义制度、推进国家治理体系和治理能力现代化作出重大战略部署，指出要创新行政管理和服务方式，加快推进全国一体化政务服务平台建设。国务院办公厅 2020 年发布的《关于加快推进政务服务"跨省通办"的指导意见》和 2021 年发布的《关于进一步优化地方政务服务便民热线的指导意见》《国务院办公厅关于印发全国一体化政务服务平台移动端建设指南的通知》，则进一步从具体层面优化和完善解决政务服务问题的渠道。2022 年国务院发布的《关于加快推进政务服务标准化规范化便利化的指导意见》，指出了政务服务标准不统一、线上线下服务不协同、数据共享不充分、区域和城乡政务服务发展不平衡等问题。2024 年 1 月发布的《国务院关于进一步优化政务服务提升行政效能推动"高效办成一件事"的指导意见》，将政务服务重心从政府部门"供给侧"转向企业和群众"需求侧"，推动业务协同、系统互通、标准统一、服务便捷，以提升企业和群众的获得感。为响应国家号召，客观反映我国政府数字服务能力现状，寻找推进政务服务数字化转型创新的优化路径，提升中国政府数字服务能力水平，南京大学政务数据资源研究所在国家双创示范基地的支持下，开展了 2024 年中国数字政务服务能力测评工作。

本次调查评估以"用户体验"为出发点，构建政府数字服务能力指标体系，以客观公正、可量化、可重复为原则，分成多个小组对中国[①] 27 个省级政府、4 个直辖市、333 个地级市政府的门户网站、政务微博（以新浪微博为主）、政务微信、政务 App（Android 和 iOS 系统）、政务短视频五种渠道进行了全方位的交叉测评和复查，主次分明、凸显特色，并运用大模型助力测评过程，进一步探讨政务大模型发展趋势，旨在推动中国政务服务数字化转型创新，探寻政务大模型应用前景，提升政府服务能力和公民满意度，促进中国政府数字服务健康有序发展。

第二节　指数编制原则

本次测评指数基于以用户为中心、多渠道多维度、指标应细化、数据易得可得、定性定量结合的思路进行构建。本次测评以用户为中心，关注用户

---

① 香港、澳门、台湾除外。

需求，注重用户体验，模拟用户调研；多渠道多维度，政府网站、政务微信、政务微博、政务 App、政务短视频五种渠道，信息服务能力（ISC）、事务服务能力（TSC）、参与服务能力（PSC）、服务传递能力（SDC）、服务创新能力（SIC）五种能力；指标应细化，避免"一刀切"，采用阶梯打分，考核更加完善、详细；数据易得可得，采用浏览、使用、下载、体验等方法可得；定性定量结合，指标测量分为有无型、区间型等。

本次测评指数按照科学、客观、量化、导向清晰的原则进行编制。

第一，科学性原则。调查小组以构建科学合理且适用于综合评价的指标体系为目标。

第二，客观性原则。调查小组基于文献调研，从第三方视角调查民众、企业的需求，同时咨询专家的意见，选取能够客观反映各地区政府数字服务能力水平的评价指标。

第三，量化性原则。调查小组构建各评价指标时充分考虑进行定量处理的可行性，并对所有指标进行量化处理，避免模糊处理和其他因素的干扰。

第四，导向性原则。调查小组希望实现以评促建、以评促用、树立标杆，引导政府数字服务的可持续化发展。

第三节　数据采集流程

本期测评工作自 2023 年 9 月开始筹备，11 月进行团队组建与工具方法的准备，11~12 月完成预测评、正式测评、补测评等工作，12 月进行数据的整理与分析工作，2024 年 1~2 月完成研究报告。主要工作思路如图 1-1 所示。

第四节　数据采集实施

数据采集时间：2023 年 11 月 8 日至 2023 年 12 月 20 日。

数据时间区间：2023 年 11 月 8 日至 2023 年 12 月 20 日的实时数据。

采集对象：中国的 4 个直辖市、27 个省（自治区）、333 个地级城市

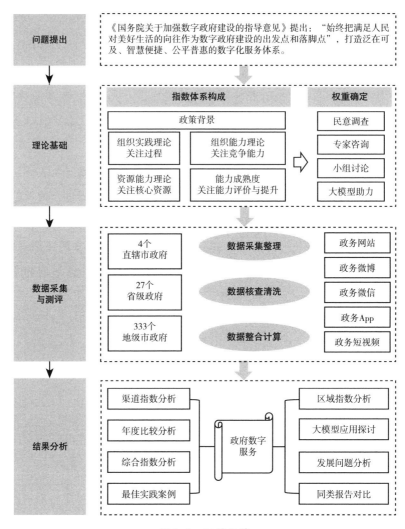

图 1-1　工作思路

（包括副省级和计划单列市）的政府官方网站、政务微信、政务微博、政务App、政务短视频，实现省、直辖市、地级市的全样本测评。[①]

_____

① 省市部分测评对象共有 364 个行政区划单位（未包括港澳台），其中省级行政区 31 个，包括 22 个省、5 个自治区、4 个直辖市；地级行政区划单位 333 个，包括 293 个地级市、7 个地区、30 个自治州、3 个盟。

在本测评中，4 个直辖市（北京、天津、上海、重庆）将单独分析。因此，文中"省级"指中国现行的 22 个省和 5 个自治区（广西、内蒙古、西藏、宁夏、新疆）；"省份"指省级行政单位及其下辖的地级市；"省市"指对直辖市、省级行政单位以及省份（包括省级及其下辖地级市）进行分别或综合测评的内容。

本测评中，"两微一端"的定义如下。有主体标识的，且经过认证的微博、微信订阅号或服务号。其中，凡是认证主体不是人民政府的，不予测评，这可能包括仅以党委、党委宣传部、信息中心等为主体标识的；没有主体标识的，比如由相关部门或者第三方单位开发、运营的微信订阅号与服务号、政务服务客户端，若其提供的信息、政务服务是与政府紧密相关的，能够清楚体现出政府职能的，则予以测评。

测评指标见附录 1，测评标准见附录 2，测评样本来源见附录 3。

第二章
省市政府数字服务能力指数

第一节　省市政府数字服务能力指数说明

政府数字服务能力指数是通过对政府各服务渠道进行测评，计算得到的用以反映政府数字服务能力的指标，包括政府网站、政务微博、政务微信、政务 App 和政务短视频服务能力指数。目前，政府网站、政务微博、政务微信及政务 App 是主要的数字政务服务渠道，政务短视频（抖音、快手、微信视频号）在内容和传播形式上的创新为政务公开和服务提供了新的方式。为获得政府数字服务能力指数，工作团队主要从信息服务能力、事务服务能力、参与服务能力、服务传递能力、服务创新能力等方面对省（自治区、直辖市）及地级市政府的政府网站、政务微博、政务微信、政务 App 及政务短视频进行测评。

省份政府数字服务能力指数，是综合考虑省级政府数字服务能力指数与所辖各地级市政府数字服务能力指数的结果，更加全面、客观地反映各省份数字服务能力的高低。这是由于每个省份的政府数字服务能力高低不仅取决于其省级的服务渠道的建设情况，同时也受所辖地级市政府数字服务渠道的建设情况影响。某省份所辖地级市的数字服务能力越高，企业和公众使用并体验到的政府数字服务也相应越好。

省份政府数字服务能力指数，由省级及所辖各地级市政府数字服务能力综合指数平均得到，计算公式如下：

$$EGSAI_{pi} = \frac{1}{n+1}\left(EGSAI_p + \sum_{i=1}^{n} EGSAI_c\right)$$

其中，$EGSAI_p$ 为省级政府数字服务能力指数，$EGSAI_c$ 为省辖地市政府数字服务能力指数，n 为省辖市个数。

第二节 省市政府网站服务能力指数

（一）直辖市政府网站服务能力指数

2024 年直辖市政府网站服务能力指数整体水平较 2023 年有所提升，指数均值较上年增长 3.56%。北京市、上海市政府网站服务能力表现优秀，居于直辖市政府网站服务能力平均水平之上，重庆市政府网站服务能力具有较大的提升空间。其中，北京市政府网站在参与服务能力、服务创新能力上表现较为优秀，天津市政府网站在服务传递能力上表现较为突出，重庆市政府网站在信息服务能力上表现良好。

（二）省级政府网站服务能力指数

2024 年省级政府网站服务能力指数较 2023 年有所变化，其中内蒙古自治区、海南省、河南省等省（区）政府网站服务能力较上一年有大幅提升，江西省、广东省、安徽省、贵州省等省（区）政府网站服务能力较上一年有所下降，四川省在全国省级政府网站服务能力中依旧保持领先优势。

根据省级政府网站服务能力指数，将政府网站服务能力指数划分为高（80，100]、较高（60，80]、中（40，60] 和低 [0，40] 4 个区间。从图 2-1 省级政府网站服务能力指数区间分布来看，27 个省（区）的政府网站服务能力都处于中等及以上水平，其中以四川省、内蒙古自治区、福建省、浙江省等 7 个省（区）为代表的高水平服务能力政府网站占比为 25.93%，指数均值为 83.53；以河南省、甘肃省、湖北省、青海省等 19 个省（区）为代表的较高水平服务能力政府网站占比为 70.37%，指数均值为 73.87；处于中等水平的为新疆维吾尔自治区，占比为 3.70%，指数均值为 56.75。整体来看，27 个省（区）的政府网站服务能力平均水平较上年有所降低，高水平区间数量回缩，较高水平区间集中度最高。

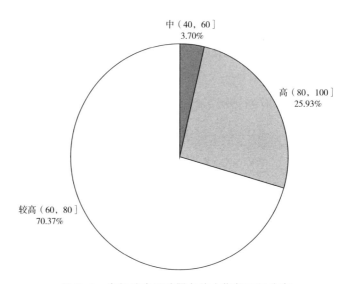

图 2-1 省级政府网站服务能力指数区间分布

通过图 2-2 省级政府网站服务能力指数区间分布 4 年对比可以看出，从 2021 年到 2024 年，省级政府网站服务能力指数均在中等水平及以上分布，其中中等水平区间的数量趋于良好，逐渐保持在 0 或 1 附近；省级政府网站服务能力指数集中在高水平区间与较高水平区间，具体表现在高水平区间、较高水平区间数量上的波动。虽然 2024 年与 2023 年相比，高水平区间数量下降，较高水平区间数量上升，但是该部分指数主要围绕 80 上下波动，在合理范围内。具体来看，自治区政府网站服务能力指数差距较为明显，内蒙古自治区指数增长了 4.24，从较高水平区间迈进高水平区间；四川省政府网站服务能力表现突出，在信息服务能力、事务服务能力、参与服务能力、服务传递能力以及服务创新能力均表现出稳定的高水平。

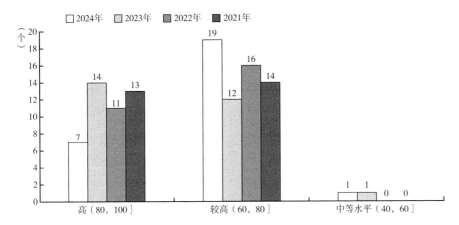

图 2-2 2021~2024 年省级政府网站服务能力指数区间分布年度对比

（三）地级市政府网站服务能力指数

从省域内地级市之间政府网站服务能力指数差异来看，福建省、陕西省、广西壮族自治区、安徽省内地级市之间政府网站服务能力指数相对均衡，标准差分别为 2.22、2.75、2.91、2.99；山西省、广东省、海南省、湖北省内地级市之间政府网站服务能力指数相对差异较大，在地级市之间政府网站服务能力均衡发展上存在提升空间。总体来看，2024年省域内地级市之间政府网站服务能力指数依旧在一定程度上存在差异，但整体差异值处于较合理区间，且与 2023 年省域内地级市之间政府网站服务能力指数标准差相比，2024 年标准差数值有明显降低，这说明各个省域内地级市之间政府网站服务能力指数的差距在逐渐缩小，呈现整体均衡发展趋势。

根据地级市政府网站服务能力指数，将政府网站服务能力指数划分为高（80，100]、较高（60，80]、中（40，60] 和低 [0，40] 4 个区间。由图 2-3 地级市政府网站服务能力指数地域分布来看，除山西省的 1 个地级市的政府网站服务能力处于中等水平层次外，其余地级市政府网站服务能力均处于较高及以上水平；黑龙江省、吉林省、江西省、新疆维吾尔自治区、河南省等 10 个省（区、市）没有政府网站服务能力处于高水平层次的地级市；四川省入选高水平地级市的数量最多，共有 16 个地级市的政府网站服务能力处于高水平层次，其次是广东省，共有 13 个地级市入选；除了入选高水平地级市数量最高，四川省入选高水平地级市的比例也最高，达到 76.19%，其次是海南省，比例高达 75.00%，广东省紧随其后，比例达到 61.90%。

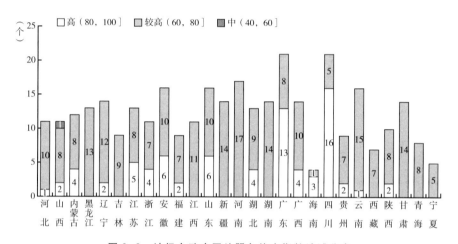

图 2-3　地级市政府网站服务能力指数地域分布

根据图 2-4、图 2-5 地级市政府网站服务能力指数区间分布来看，2024 年广东省深圳市、四川省德阳市、广东省江门市等 77 个地级市政府网站服务能力处于高水平，指数均值为 83.59，占比为 23.12%；广东省云浮市、贵州省安顺市、江苏省常州市等 255 个地级市政府网站服务能力处于较高水平，指数均值为 73.78，占比为 76.58%。

通过图 2-5 地级市政府网站服务能力指数区间分布 4 年对比来看，地级市政府网站服务能力指数处于低水平区间的数量趋于良好，从 2021 年起降低，2022~2024 年地级市政府网站服务能力处于低水平区间的数量均为 0；从 2021 年到 2024 年，地级市政府网站服务能力指数中等水平区间数量呈下降趋势，整体来看地级市政府网站服务能力指数区间分布集中在高水平区间与较高水平区间，与省级政府网站服务能力指数区间分布相

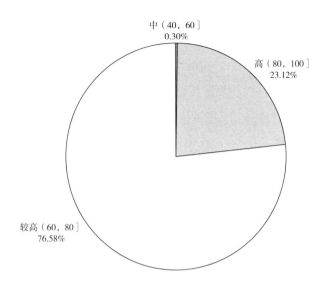

图 2-4　2024 年地级市政府网站服务能力指数区间分布

似，主要表现在高水平区间、较高水平区间数量上的波动。具体来看，与 2023 年相比，西藏自治区那曲市政府网站服务能力指数提升最明显，其政府网站服务能力指数从中等水平区间迈入较高水平区间；以山西省长治市、广西壮族自治区河池市等为代表的 11 个地级市政府网站服务能力指数从较高水平区间迈入高水平区间。

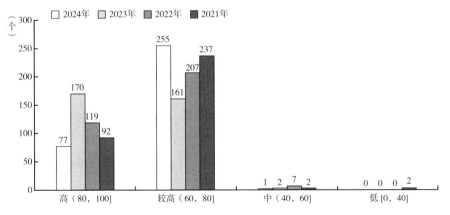

图 2-5　2021~2024 年地级市政府网站服务能力指数区间分布年度对比

（四）省份政府网站服务能力指数

在省份政府网站服务能力指数中，四川省、海南省、广东省、江苏省表现优秀，这些省份的省级和地级市的政府网站服务能力指数大多都处于全国前列，整体建设发展都较为均衡。另外，除直辖市以外，全国的政府网站能力指数均值为 75.49，有 12 个省份的政府网站服务能力指数高于平均水平。这表明全国政府网站服务能力整体呈现稳步提升的态势，但各省份之间仍存在一定差异。一些省份通过技术创新和管理优化有效提升了政务服务的整体水平，而部分省份则在数据共享和业务协同方面仍有提升空间。

第三节　省市政务微博服务能力指数

（一）直辖市政务微博服务能力指数

与 2023 年相比，2024 年 4 个直辖市的微博服务能力指数均值降低了 11.16%。在信息服务能力方面，四个直辖市中北京市、天津市、重庆市表现较好，显示出其在向公众提供信息方面的持续努力。在服务传递能力方面，天津市表现突出，上海市和北京市这一指标上的表现也值得关注。在服务创新能力方面，北京市依旧展现出不错的实力，其政务微博在服务方式和内容上不断创新。综合来看，北京市在政务微博服务能力指数中保持领先地位，其信息服务能力、服务传递能力和服务创新能力均表现出色。

（二）省级政务微博服务能力指数

在省级政务微博服务能力指数中，四川省和云南省表现优异，在服务传递能力和服务创新能力方面都有不俗表现，其政务微博所发布的内容具有较高的实用性、权威性和时效性，能为公众提供优质的信息服务。除此之外，吉林省、河南省、山东省、辽宁省等省份在信息服务能力上表现出众，显示出其政务微博在向公众传递信息和提供服务方面的高效率和优质性；河北省

和新疆维吾尔自治区在服务传递能力方面呈现一定的潜力，在与公众沟通和
服务交付方面持续加强，对政务微博的发展起到了积极作用；湖北省、吉林
省、云南省、浙江省、新疆维吾尔自治区有着较强的服务创新能力，在政务
微博的内容创新和服务方式上都有着显著的进步和突出表现。

从省级政务微博服务能力指数区间分布来看（见图 2-6），四川省、云
南省、新疆维吾尔自治区、吉林省 4 个省（区）的微博服务能力属于高水
平，占比 14.81%，指数均值为 86.38；河南省、陕西省、湖北省等 19 个省
份的微博服务能力处于较高水平，占比 70.37%，指数均值为 69.79；福建
省、青海省等 4 个省份的微博服务能力处于中等水平，占比 14.81%，指数
均值为 50.97。

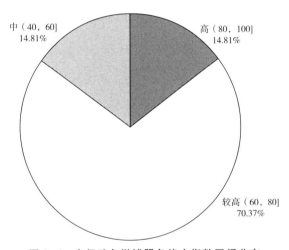

图 2-6　省级政务微博服务能力指数区间分布

在省级政务微博指数区间分布方面，与 2022 年相比，2024 年微博指数
在（60，80]区间的省份数量增加 6 个，（40，60]中水平区间的省份数量
减少 3 个，说明各省政务微博在服务公众、传递信息等方面的持续努力和改
善趋势。与 2023 年相比，微博指数在（80，100]高水平区间的省份数量
减少 2 个，微博指数在（60，80]较高水平区间的省份数量增加 1 个，
（40，60]中水平区间的省份数量增加 1 个，两年对比整体水平较为稳定，
表明大部分省份在政务微博服务能力方面保持了稳定水平（见图 2-7）。

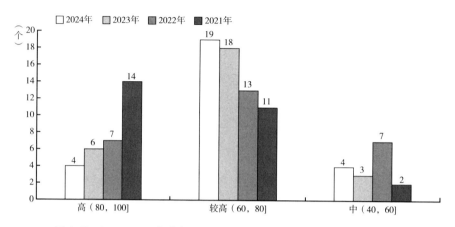

图 2-7　2021～2024 年省级政务微博服务能力指数区间分布年度对比

（三）地级市政务微博服务能力指数

在地级市政务微博服务能力指数方面，武汉市、广州市、杭州市、石家庄市、长春市等省会城市表现出了相对较高水平，在信息服务能力、服务传递能力、服务创新能力等方面均有优秀表现，通过不断提升微博的内容质量、增强互动性以及丰富创新方式，吸引了更多用户的关注和参与，提升了政务微博的影响力和用户满意度。然而，仍有一些地级市政务微博服务有待进一步加强。其中部分地级市尚未开通政务微博，这意味着在政务信息传递和公众参与方面存在一定的局限性，无法充分发挥微博作为互动交流的重要平台的作用。同时，一些地级市政务微博尚处于新注册阶段，缺乏足够的粉丝支持，且发布的微博内容形式单一，缺乏创新，这使其服务能力相对较弱，难以吸引并留住用户。值得一提的是，江苏省的多个地级市，如宿迁市、苏州市、无锡市、泰州市等都在政务微博服务能力指数中表现突出。这些城市通过政务微博为公众提供及时、便捷的政务信息服务，同时积极创新服务方式，促进政务公开和民众参与，为地方治理和社会发展作出了积极贡献。

从地级市政务微博服务能力指数的地域分布来看（见图 2-8），江苏省和辽宁省均有超过 20% 的地级市政务微博服务能力达到高水平；其中江苏省、浙江省的所有地级市政务微博服务能力均达到较高水平，表明了这两个省份在政务微博建设和服务能力提升方面投入的努力；此外，四川省、陕西省、贵州省和河北省等省份的省内地级市政务微博服务能力较强的城市超过80%，与上年相比，有明显的进步和提升；超过半数的省份能够实现省内80%以上的地级市具备较好的政务微博服务能力[①]，说明政务微博在全国范围内得到了广泛推广和应用；55.6%的省份的所有地级市开通了政务微博，但是青海省和西藏自治区仍有近半数的地级市尚未开通政务微博，这显示了在某些地区政务微博建设的不足，需要进一步加强和推动。

从省域内的地级市政务微博服务能力指数差异来看（见图2-8），四川省、江苏省、安徽省、浙江省、山东省这5个省份的省内地级市政务微博服务能力指数差异较小，标准差在10以内，说明在这些省份内部，各个地级市的政务微博服务能力整体水平相对稳定，反映了这些省份政府在政务微博建设和管理上的一致性和均衡性，以及各地级市政府在这方面的共同努力和标准化措施。

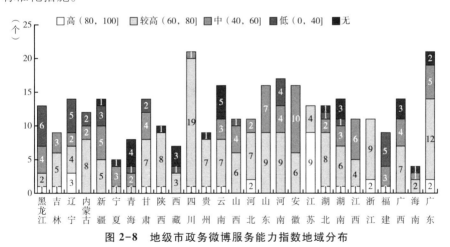

图2-8　地级市政务微博服务能力指数地域分布

从地级市政务微博服务能力指数的区间分布来看（见图2-9），有29个地级市的政务微博服务能力指数超过80，指数均值为87.44，占比8.71%；

---

① 即政务微博服务能力指数处于较高或高水平区间。

有 166 个地级市的政务微博服务能力处于较高水平区间，指数均值为 69.03，占比 49.85%；有 80 个地级市的政务微博服务能力处于中等水平区间，指数均值为 52.44，占比 24.02%；有 32 个地级市的政务微博服务能力处于较低水平区间，指数均值为 13.28，占比 9.61%，政务微博服务能力尚有待提升；有 26 个地级市尚未开通政务微博，占比 7.81%，这些地区政务微博的建设和推广工作仍然有待加强。

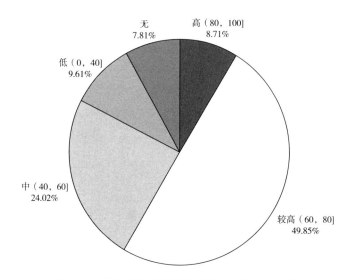

图 2-9　地级市政务微博服务能力指数区间分布

从地级市政务微博服务能力指数区间分布的年度对比来看（见图 2-10），微博指数在（80，100] 高水平区间的地级市数量较 2023 年减少 11 个，在（60，80] 较高水平区间的地级市数量增加 8 个，处于（40，60] 中水平区间的地级市数量减少 4 个，处于（0，40] 低水平区间的地级市数量增加 12 个，尚未开通政务微博的地级市数量减少 6 个。与 2023 年地级市政务微博服务能力指数相比，2024 年处于高水平区间的地级市政务微博数量有所下降，处于中高水平区间的地级市政务微博数量有所增加，二者总量变化不大，说明整体的微博服务能力相对稳定；未开通政务微博的地级市数量减少了 6 个，说明政府对微博渠道的重视程度有所提升。

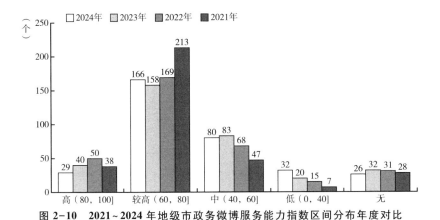

图2-10　2021~2024年地级市政务微博服务能力指数区间分布年度对比

（四）省份政务微博服务能力指数

省份政务微博服务能力指数是省级政府以及该省份地级市政务微博服务能力的综合指数。2024年的省份政务微博服务能力指数为55.76，相较于2023年，虽然略微下降，但变化不大。在指数较高的省份，各地级市的政务微博服务发展较为均衡，这表明了这些省份在政务微博建设和推广方面的一致性和统一性。与之相反，在指数较低的省份，尚未开通政务微博的地级市较多，这可能反映出由于地区发展水平和资源分配的限制，政府在政务微博服务方面的投入和重视程度不足。总的来说，尽管整体的省份政务微博服务能力略有下降，但在一些省份内部，政务微博服务的均衡发展仍然值得肯定。而另一些省份，则需要加强政务微博建设和推广工作，以提升服务水平和公众满意度。

第四节　省市政务微信服务能力指数

（一）直辖市政务微信服务能力指数

与2023年直辖市政务微信服务能力指数相比，2024年4个直辖市的微信服务能力指数均值上升13.94%。4个直辖市中，上海市多年来均居高位，其不仅为市民提供了优质的事务办理渠道，还较好地实现了服务传递和公众参与。例如上海市政务微信公众号"上海发布"设置"我爱上海"菜单，进行多样化文化宣传，展现出良好的信息服务能力。此外，北京市和重庆市也展现出良好的信息服务能力，信息发布实用、权威、及时。

（二）省级政务微信服务能力指数

在省级政务微信服务能力指数中，大多省（区）已达到较高水平，但仍有部分省级政务微信因其事务办理不充分、参与服务渠道匮乏而难以发挥微信平台的服务潜能。具体来看，省级政务微信服务能力指数均值达到76.57。其中，青海省、广西壮族自治区、内蒙古自治区等20个省（区）的省级微信服务能力指数高于均值，占比74.07%，另有7个省（区）的省级政务微信服务能力指数低于均值，占比25.93%。

从省级政务微信服务能力指数区间分布来看，青海省、广西壮族自治区、内蒙古自治区等14个省（区）的微信服务能力处于高水平区间，占比约51.85%，指数均值为84.76；山西省、河北省、湖北省等10个省（区）的微信服务能力处于较高水平区间，占比约37.04%，指数均值为75.24（见图2-11）。

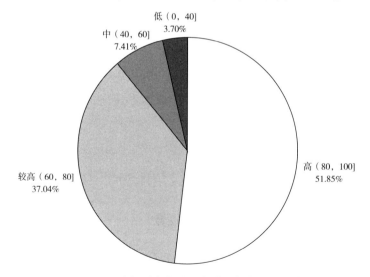

低（0，40]
3.70%

中（40，60]
7.41%

较高（60，80]
37.04%

高（80，100]
51.85%

图2-11　省级政务微信服务能力指数区间分布

与 2023 年的省级政务微信服务能力指数相比，2024 年 27 个省级政务微信服务能力指数均值上升 17.86%。如图 2-12 省级政务微信服务能力指数区间分布年度对比，位于高水平区间的省（区）数量增加 10 个，位于中水平区间的省（区）数量近年来呈下降趋势，位于较高和低水平区间的省（区）数量呈波动变化趋势。

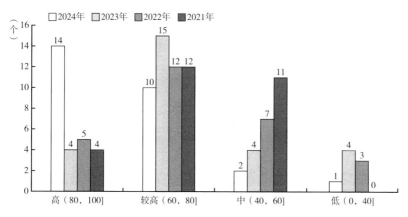

图 2-12　2021~2024 年省级政务微信服务能力指数区间分布年度对比

（三）地级市政务微信服务能力指数

在地级市政务微信服务能力指数中，一些表现较好的政务微信发布的信息权威、准确、及时，且政务服务的流程清晰、入口易寻。部分地级市发展出具有地方特色的服务方式，例如海南省三亚市微信公众号"三亚市人民政府网"链接至"海易办"小程序，除常规人才专区、教育专区外，开设"消费一码通离岛免税"特色专题，针对性进行事务办理，简化流程，提升用户体验。然而，也有一些地级市的政务微信仅用于信息发布，其他拓展功能还未上线，整体实力与表现较好的地级市差距较大。2024 年地级市政务微信指数均值为 66.07，与 2023 年的指数均值 63.09 相比，同比增长 4.72%，总体服务水平小幅增长。其中，183 个地级市政务微信指数超过全国平均水平，占比 54.95%，数量较 2023 年增加 3 个；77 个地级市政务微信指数达到了 80 以上，处于高水平区间，占比 23.12%。

从地级市政务微信服务能力指数的地域分布来看，政务微信服务能力达到高水平的省（区）共有 23 个，其中云南省最多，有 9 个城市。处于较高水平的地级市中，广东省最多，有 13 个城市；安徽省有 12 个城市，四川省和广西壮族自治区均有 9 个城市（见图 2-13）。

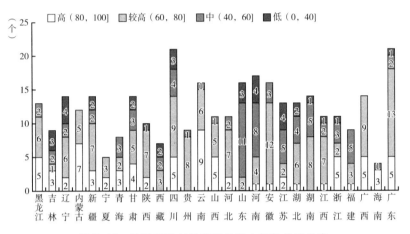

图 2-13　地级市政务微信服务能力指数地域分布

从省（区）内地级市之间微信服务能力指数差异来看，内蒙古、广西壮族自治区、黑龙江省、贵州省 4 个省（区）内微信服务能力指数相对均衡，标准差分别为 4.25、7.43、8.83、8.85。标准差较大的省（区）主要原因是下辖地级市微信服务能力发展不均衡，体现在"高、较高、中、低" 4 个指数水平中均有地级市涉及。

从地级市政务微信服务能力指数区间分布来看，临夏回族自治州、西宁市、台州市、佛山市等 77 个地级市的政务微信服务能力达到高水平，占比 23.12%，指数均值为 84.31；承德市、大同市、沈阳市、杭州市等 148 个地级市的政务微信服务能力达到较高水平，占比 44.44%，指数均值为 71.01； 74 个地级市的政务微信服务能力处于中水平，占比 22.22%，指数均值为 51.24；34 个地级市的政务微信服务能力处于低水平，占比 10.21%，指数均值为 35.28（见图 2-14）。

与 2023 年政务微信服务能力指数相比，2024 年各地级市政务微信服务

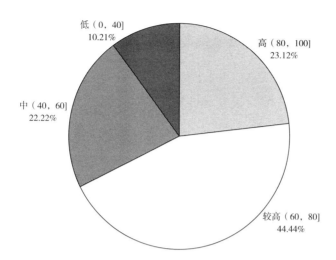

图 2-14　地级市政务微信服务能力指数区间分布

能力指数均值从 2023 年的 63.09 上升至 66.07，同比增长 4.72%。近 4 年来，政务微信服务能力处于高水平的地级市数量基本呈上升趋势，处于较高水平的地级市数量维持在高位，处于中水平的地级市数量逐年下降，而处于低水平的地级市数量仍然有所波动。与 2023 年相比，政务微信服务能力指数达到高水平的地级市由 46 个增加至 77 个，处于中水平的地级市由 95 个减少至 74 个（见图 2-15）。

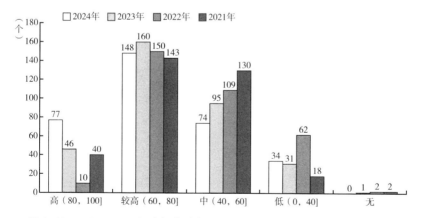

图 2-15　2021~2024 年地级市政务微信服务能力指数区间分布年度对比

（四）省份政务微信服务能力指数

在省份政务微信服务能力指数中，内蒙古自治区、海南省和山西省表现突出，反映出这几个省（区）省级及其下辖地级市的微信渠道建设比较均衡。此外，全国各省（区）的微信服务能力指数均值为 67.34，有 16 个省（区）高于平均水平，占比 59.26%。

第五节　省市政务 App 服务能力指数

（一）直辖市政务 App 服务能力指数

2023 年 9 月 1 日北京市为统一公共服务移动端入口，将北京通 App 全新升级为"京通"小程序，北京通 App 离线调整、停止维护。因此，北京政务 App 测评选择"京通"微信小程序进行。上海、天津、重庆政务 App 样本与 2023 年保持一致，仍选择"随申办市民云"App（上海）、"津心办"App（天津）和"渝快办"App（重庆）进行数字服务能力的测评。

2024 年北京市、上海市、天津市、重庆市 4 个直辖市信息化建设成果显著，政务 App 数字服务能力较 2023 年均有所提升。其中，上海市政务 App 数字服务能力综合表现最为突出，在本次测评的信息服务能力、事务服务能力、参与服务能力和服务传递能力四个子维度中，指数均为 100。在为市民便捷地提供政府信息和政务服务中，上海市政务 App 成功打造"随心查，随心办"的服务形象，不断改进、不断完善，及时推出新功能，功能和服务持续增多。重庆市政务 App 事务服务能力进步显著，不断拓宽业务范围并提供综合集成服务，让全流程业务在线办更便捷；北京市政务微信小程序数字服务能力稳步提升，升级健康服务功能，打造完善"健康服务"模块，提供更贴心高效的公共服务；天津市政务 App 各区级旗舰店竞相上新服务，助力数字服务飞跃。

（二）省级政务 App 服务能力指数

2021 年，国务院办公厅印发《全国一体化政务服务平台移动端建设指南》明确提出，各省（区、市）省级政务服务平台移动端是本地区移动政务服务的主要提供渠道和总入口，各地区原则上由省级政务服务平台移动端统一对外提供移动政务服务。2022 年，国务院发布《关于加快推进政务服务标准化规范化便利化的指导意见》，再次提出各地区要整合本级部门的各类政务服务移动端应用，原则上通过本级统一的政务服务平台移动端（含小程序等）提供服务。目前，我国省级政务服务平台移动端已进入广泛建设阶段，各级政务服务平台移动端向省级政务服务平台移动端整合迁移，除江苏省、福建省以及广东省未开通省本级服务外，其他省级政务 App 均可切换至本省（区、市）办理。2024 年，在省级政务 App 数字服务能力指数测评中，浙江省省级政务 App "浙里办"表现优异。从用户规模、用户活跃度到场景功能丰富程度，"浙里办" App 各项服务能力均处于全国政务 App 领跑地位，为全国提供了优秀的"浙江模式"。

从省级政务 App 服务能力指数的区间分布来看（见图 2-16、图 2-17），浙江省、陕西省、宁夏回族自治区等 12 个省（区）的政务 App 服务能力达到高水平，占比 44.45%，指数均值为 91.86；吉林省、四川省、广西壮族自治区等 10 个省（区）的政务 App 服务能力处于较高水平，占比 37.04%，指数均值为 69.96；1 个省份的政务 App 数字服务能力位于中等水平，占比 3.70%，指数均值为 47.83；1 个省份的政务 App 数字服务能力处于低水平，占比 3.70%，指数均值为 28.27。

从地区分布来看各省级政务 App 服务能力的差异，东部地区的各省级政务 App 数字服务能力水平仍处于领先地位，中西部省级政务 App 数字服务能力也进步显著。此外，相邻省级政务 App 之间的服务能力差距更小，如西北地区的甘肃、陕西、宁夏位列省级政务 App 服务能力指数前列，邻里"内卷"发挥了缩小省级之间政务 App 服务能力差距的正向作用。

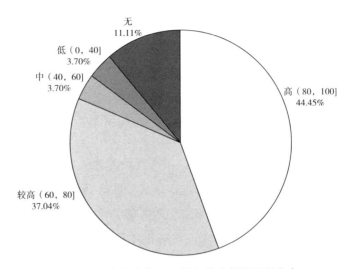

图 2-16 省级政务 App 服务能力指数区间分布

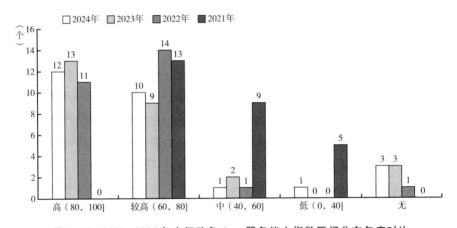

图 2-17 2021~2024 年省级政务 App 服务能力指数区间分布年度对比

整体而言，2024 年各省级政务 App 服务种类和服务场景进一步优化，用户注册数和用户活跃度也有显著提升。省级政务 App 数字服务能力取得优异成绩，与各省级政府持续大力度推进移动政务服务建设，面向全社会加强政务服务平台移动端建设的宣传与引导工作息息相关。

（三）地级市政务 App 服务能力指数

在地级市政务 App 服务能力指数中，宁夏回族自治区的银川市、嘴山市、吴忠市、中卫市、固原市均表现出色，五市的移动端政务服务均可通过宁夏回族自治区政务 App "我的宁夏" 进行切换，政务 App 切换后的页面设计、提供的信息服务与服务事项体现各地市的鲜明特色。而排名靠后的地级市政务 App 在信息服务能力与事务服务能力方面稍显不足，在信息服务方面，这些地级市既缺少政务信息公开的模块，也疏于信息服务的运维，没有及时上传更新本地政策信息、新闻资讯；在事务服务方面，能够在线办理的事项少，且缺少办事指南，办事入口难以找寻，整体服务能力低于平均水平（见图 2-18）。

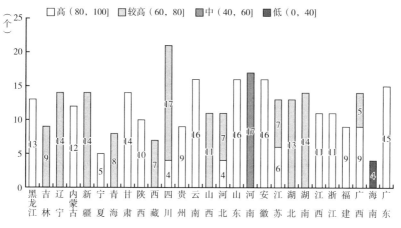

图 2-18　地级市政务 App 服务能力指数地域分布

从政务 App 服务能力指数的地域分布来看，大部分省份的地级市政务 App 服务能力指数处于高水平与较高水平区间（见图 2-18）。其中，山东省、江西省、安徽省、浙江省、宁夏回族自治区、甘肃省、陕西省、云南省、福建省等 12 个省（区）的地级市全部上榜，与 2023 年相比增加 5 个全部上榜高水平地级市的省（区）。

从省域内地级市之间 App 服务能力指数差异来看，黑龙江省、内蒙古自治区、江西省、河南省、山西省等 13 个省（区）的标准差均为 0，与 2023 年相比增加 2 个省份，表明政务 App 省市连通进一步发展并取得较好成效。

从地级市政务 App 服务能力指数区间分布来看（见图 2-19），2024 年深圳市、杭州市和广州市等 171 个地级市政务 App 服务能力达到高水平，指数均值为 89.74，占比 51.35%，较 2023 年提升了 18%，可见其发展态势良好。遵义市、长沙市和太原市等 141 个地级市的政务 App 服务能力较强，指数均值为 69.84，占比 42.34%。18 个地级市政务 App 服务能力处于中等水平，指数均值为 47.46，占比 5.4%。3 个地级市的政务 App 服务能力较弱，指数均值为 35.67，占比 0.9%。总体上看地级市政务 App 服务能力持续提升，呈逐步向较高水平过渡的趋势。

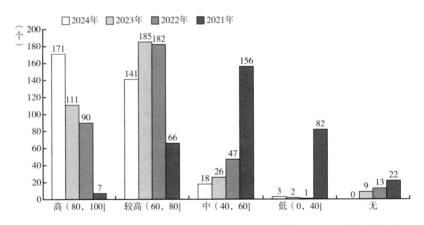

图 2-19　2021~2024 年地级市政务 App 服务能力指数区间分布年度对比

（四）省份政务 App 服务能力指数

省份政务 App 服务能力指数作为省级政务 App 服务能力指数与地级市政务 App 服务能力指数的平均数，可以判断各省市政务 App 服务资源的整合程度、各省市与其地级市间政务服务便利化水平的均衡程度等。2024 年，全国各省份政务 App 服务能力指数均值为 77.43，与 2023 年的均值 74.71 相比，整体水平稳步提升。其中，宁夏回族自治区政务 App 服务能力指数为 94.65，在信息服务能力、事务服务能力、参与服务能力、服务传递能力四个维度的表现均十分出色，该自治区及地级市一体化程度最高，服务水平最为均衡。

就测评体验和测评数据而言，各省与其地级市对省级政务服务平台移动政务 App 建设、运维、宣传推广的自主性和主动性还存在不小差距，在理念创新、技术创新、数据开放创新以及数据应用创新方面能力参差不齐，导致政务服务平台移动政务 App 在各地的服务内容、服务事项、服务范围、群众体验感和满意度等方面存在一定的差距。

第六节　省市政务短视频服务能力指数

（一）直辖市政务短视频服务能力指数

与 2023 年直辖市政务短视频服务能力相比，北京市和天津市的服务能力有明显进步，主要表现为北京市政府新闻办公室官方短视频账号"北京发布"的服务传递能力的改善，天津市委网信办官方短视频账号"网信天津"的信息服务能力方面显著提升。同时，重庆市人民政府新闻办公室官方短视频账号"重庆发布"和上海市政府新闻办公室官方短视频账号"上海发布"依旧保持了较高的服务能力水平，表现出色。

（二）省级政务短视频服务能力指数

在省级政务短视频服务能力指数中，浙江省和四川省的政务短视频服务能力指数仍然处于全国领先水平；西藏自治区政府积极参与传播，依靠自身的活跃度提升服务能力；云南省充分采纳短视频平台新技术与新方法，同时注重本省其他省级政务平台的推广，指数显著提高。但有部分省（区）的政务短视频账号内容更新不及时，未能充分利用短视频平台的优势发挥政务服务能力，指数较低；也有少部分省（区）未开通官方政务短视频账号。

2024 年我国省级政务短视频服务能力指数均值达到 40.17，其中已开通政务短视频的省级服务能力指数均值为 47.79，均已达到中等水平，表明我国省级政务短视频正在积极融入公众视野，拥抱新媒体时代的坚定步伐。从省级政务短视频服务能力的区间分布来看，浙江省最高，占比 3.70%；西藏自治区、四川省、云南省和江西省的政务短视频服务能力指数较高，占比 14.81%，指数均值为 65.08。11 个省级政务短视频服务能力处于中等水平，占比 40.74%，指数均值为 50.43。7 个省级政务短视频服务能力处于低水平；还有待提升，占比 25.93%，4 个省级政务短视频账号待开通（见图 2-20）。

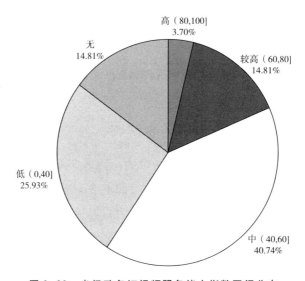

高（80,100]
3.70%

较高（60,80]
14.81%

无
14.81%

低（0,40]
25.93%

中（40,60]
40.74%

图 2-20　省级政务短视频服务能力指数区间分布

通过省级政务短视频服务能力指数区间分布年度对比可以发现，2021 年以来政务短视频服务水平整体呈现上升趋势。省级政务短视频服务能力不断向较高水平迈进，2024 年西藏自治区、云南省和江西省政务短视频服务能力实现了从中等水平到较高水平的跨越。同时，处于中等和较低水平的省级政务短视频数量也逐渐增加。一方面，如甘肃省、安徽省等省（区）的政务短视频在改进与挑战中迎来了新的考验，另一方面也与政务短视频在省级层面的覆盖度息息相关。由于 2024 年政务短视频服务能力测评对象中加入微信视频号这一官方渠道，未开通政务短视频账号的省（区）数量大幅减少，由 2021 年的 15 个降至 2024 年的 4 个，可见不少省（区）政务短视频建设开始起步，政务短视频有望在省级政务公开和服务中发挥更加重要的作用（见图 2-21）。

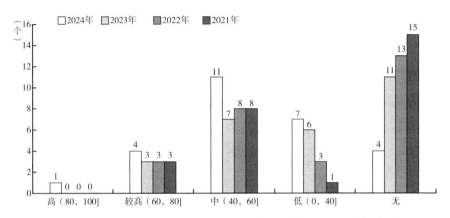

图 2-21　2021~2024 年省级政务短视频服务能力指数区间分布年度对比

（三）地级市政务短视频服务能力指数

在地级市政务短视频服务能力指数中，包头市、大理白族自治州和遵义市表现优秀，其中包头市的参与服务能力和服务创新能力表现突出，政务短视频的参与服务能力指数更是取得了 100 的好成绩；大理白族自治州和遵义市的政务短视频分别在服务传递能力和信息服务能力上表现优异。服务能力较低的地级市中，较多地级市的政务短视频账号活跃度较低，发布内容形式单一，粉丝数量少，政务短视频账号未与关注者互动，参与服务能力较弱。

从政务短视频服务能力的地域分布来看（见图 2-22），浙江省的地级市政务短视频服务能力处于较高水平的比率较高，其余各省（区）的大部分地级市政务短视频服务能力处于中等或较低水平。其中，值得一提的是河北省、黑龙江省、辽宁省、江苏省、浙江省、云南省、宁夏回族自治区的所有地级市均已开通官方政务短视频账号，足以体现地级市对短视频在传播政务信息中的重要作用的重视。

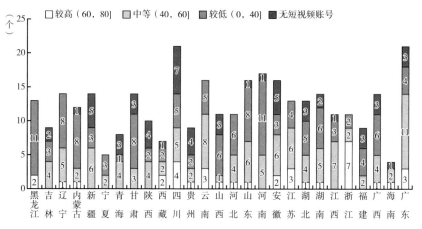

图 2-22　地级市政务短视频服务能力指数地域分布

从地级市层面来看，各个省（区）内地级市的政务短视频服务能力指数也存在差异，政务短视频发展差距较明显（见图 2-22）。辽宁省和云南省的各地级市的政务短视频服务能力指数标准差较低，分别为 10.41 和 15.16，且各地级市指数均值处于中等水平，足见其发展相对均衡。而排名靠后的省（区）的各地级市政务短视频服务能力指数标准差也较高。此外，黑龙江省的地级市政务短视频服务能力指数无一处于中等水平，出现了断层的现象，信息传播的不均衡可能影响公共服务；吉林省、福建省、江西省、河南省等省（区）的地级市应加大投入和推广力度，努力建设有较高服务能力的政务短视频账号，使其成为政府与社会公众互动的重要平台。

从地级市政务短视频服务能力指数的区间分布来看（见图 2-23），有包头市、盐城市、泰州市、大理白族自治州等 36 个地级市的短视频服务能力处于较高水平，指数均值为 66.33，占比 10.81%；112 个地级市的政务短视频服务能力指数处于中等水平，指数均值为 47.88，占比 33.63%；129 个地级市的政务短视频服务能力指数低于或等于 40，有待进一步发展和宣传，指数均值为 27.75，占比 38.74%；此外，有 56 个地级市尚未开通官方政务短视频账号，占比 16.82%。

与 2023 年地级市政务短视频服务能力指数相比，2024 年各地级市的总

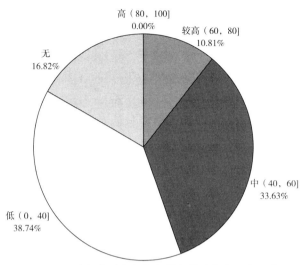

图 2-23　地级市政务短视频服务能力指数区间分布

体信息服务能力、服务传递能力和服务创新能力都有较大幅度提升，而参与服务能力出现小幅下降。总体来看，2024 年各地级市政务短视频服务能力指数进步明显，取得了一定成效。在政务短视频服务能力指数（60，80]区间内，地级市政务短视频数量增长到 36 个，处于中等和较低水平的地级市数量也有增加，同时，随着测评渠道的增加，没有开通政务短视频的地级市从 2021 年的 166 个骤减至 56 个（见图 2-24）。这表明地级市政务短视频

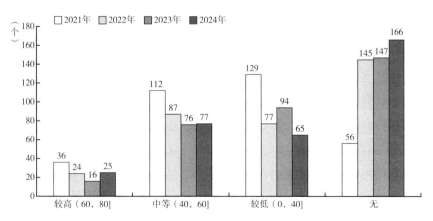

图 2-24　2021～2024 年地级市政务短视频服务能力指数区间分布年度对比

为政府和公众建立了紧密联系，已经被广泛采用，在地级市的应用中呈现多样化、互动化、智能化等特点，为政务工作的创新发展提供了新的动力。

（四）省份政务短视频服务能力指数

2024 年全国各省份政务短视频服务能力较往年显著提升，政务短视频服务能力指数均值为 34.45，有 12 个省（区、市）指数高于平均水平。其中，浙江省仍然名列前茅，海南省和云南省稳步发展，西藏自治区进步突出。服务能力较低的省（区、市）中有下辖地级市未开通官方政务短视频账号、省级政务短视频建设未带动下辖地级市政务短视频发展现象，服务能力参差不齐。但总体而言，各省份政务短视频服务能力均在稳定挖掘中，展现出较强的发展潜力。

第三章

省市政府数字服务能力指数分析

第一节　省市政府网站服务能力指数分析

（一）直辖市政府网站服务能力指数分析

在北京市、天津市、上海市和重庆市 4 个直辖市中，北京市政府网站服务能力最为突出，上海市紧跟其后，天津市、重庆市表现也很亮眼。其中，北京市政府网站参与服务能力以及服务创新能力尤为突出，这表明北京市政府网站能够积极参与管理与回应，具有较高的意见与建议吸纳能力，新技术、新方法采纳能力，以此提供主动性、创新性的政府网站服务；天津市政府网站服务传递能力表现优秀，这说明天津市政府网站具有便捷易用、功能灵活、稳定可靠的突出特点；重庆市政府网站信息服务能力良好，这体现了重庆市政府网站信息发布及时、来源权威、保质保量，网站办事方便、便捷易用、稳定可靠。总体来看，4 个直辖市的政府网站在事务服务能力上表现都很优秀，具体表现为均能为个人、企业等用户准确高效地提供事务服务。

由图 3-1 直辖市政府网站服务能力各维度指数得知，4 个直辖市政府网站的事务服务能力和服务传递能力位于前列，指数均值分别达到了 100 和 97.48；信息服务能力表现较好，指数均值达到了 88.11，较 2023 年有了较大地提升；而服务创新能力和参与服务能力指数均值分别为 78.15 和 74.79，仍有较大的提升空间。

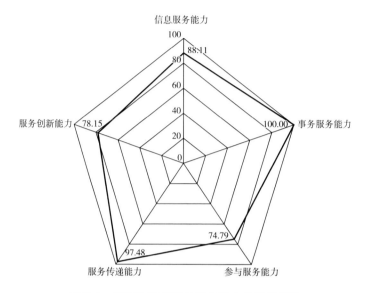

图 3-1　直辖市政府网站服务能力各维度指数

（二）省级政府网站服务能力指数分析

在省级政府网站服务能力指数中，四川省、内蒙古自治区、福建省、浙江省和海南省整体表现优秀。近年来，四川省政府网站服务能力在省级政府网站中持续处于优势地位，其政府网站信息服务能力、事务服务能力、参与服务能力、服务传递能力在省级政府网站中均处于领先地位，服务创新能力也名列前茅，这表明四川省政府网站建设较为成熟，信息发布及时、清晰且完整，具备有用性、实用性、权威性等特点，在为人民群众（个人）、企业（法人）等提供服务方面能够保证网上办事功能完善、便捷、有效，四川省政府网站建设人性化、互动性强、便捷易用、稳定可靠，能够主动提供公民参与管理的渠道平台、积极回应公民需求，具有良好的服务传递能力。甘肃省政府网站在服务创新能力方面表现突出，这表明甘肃省政府网站具有良好的意见与建议吸纳能力以及新技术、新方法采纳能力。

总体来看，省级政府网站在事务服务能力方面表现突出，指数均值达100，其后依次是服务传递能力、信息服务能力、服务创新能力以及参与服务能力。由此可见，省级政府网站重点关注的是网上办事服务和网站服务传递等方面的能力建设，且相关建设已较为成熟并取得了一定的优秀成绩；省级政府网站在信息服务能力、服务创新能力和参与服务能力方面仍具有较大提升空间。由图3-2省级政府网站服务能力各维度指数可知，省级政府网站服务子能力表现总体呈现一定差异，其中事务服务能力位于前列，指数均值高达100，服务传递能力紧跟其后，指数均值达91.89，其后依次是信息服务能力、服务创新能力以及参与服务能力，指数均值分别为73.32、54.16、51.11。

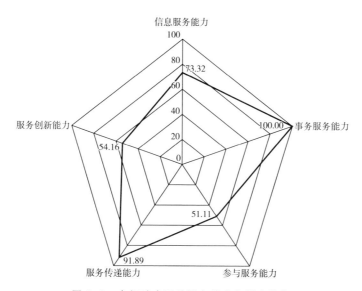

图3-2 省级政府网站服务能力各维度指数

（三）地级市政府网站服务能力指数分析

在地级市政府网站服务能力指数中，广东省深圳市、四川省德阳市、广东省江门市、贵州省贵阳市、四川省乐山市整体表现优秀。在信息服务能力方面，四川省德阳市、成都市、广安市以及安徽省淮南市指数为100，取得了优异成绩，这表明这4个地级市政府网站在信息服务建设方面取得了突出成效，通过政府网站能够为用户提供完整清晰的政务信息，保证政务信息的及时性与权威性，在面向用户时能够兼顾有用性、实用性与易得性、可得性；在事务服务能力方面，全国98.20%的地级市政府网站指数为100，这也进一步表明地级市政府网站对于事务服务建设给予了重点关注并取得了全面性的突出成效；在参与服务能力方面，浙江省温州市、江苏省苏州市、浙江省杭州市、山东省菏泽市、浙江省丽水市表现较为突出，这5个地级市政府网站能够主动提供相关渠道给予人民群众参与政务服务管理，并能够较好地利用这些渠道积极回应人民群众以解决需求；在服务传递能力方面，江苏省常州市、内蒙古自治区包头市、浙江省嘉兴市、云南省大理自治州指数均为100，这4个地级市政府网站具有便捷易用、功能灵活、稳定可靠等优点；在服务创新能力方面，湖北省十堰市、四川省达州市、湖北省武汉市、四川省内江市、海南省三亚市表现较为突出，充分说明这5个地级市能够积极采纳人民群众的意见与建议，也能有效利用社交平台分享等创新做法提升政务服务质量。整体来看，广东省深圳市、茂名市以及浙江省湖州市3个地级市政府网站的各维度指数相对均衡，浙江省台州市、嘉兴市以及山东省淄博市3个地级市政府网站各维度指数差异相对较大。

由图3-3地级市政府网站服务能力各维度指数可知，各地级市政府网站的事务服务能力表现突出，指数均值为99.61；服务传递能力紧跟其后，指数均值为87.60；其次是信息服务能力，指数均值为76.98；最后是参与服务能力与服务创新能力，指数均值分别为53.77和53.38。这说明当前各地级市政府网站基础服务建设相对成熟，但在服务创新和参与互动等方面还有较大的完善与提升空间。

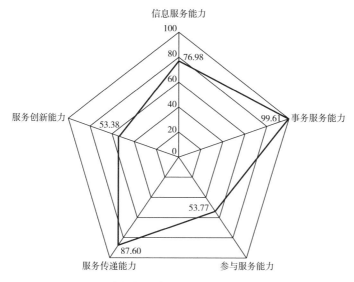

图 3-3 地级市政府网站服务能力各维度指数

第二节 省市政务微博服务能力指数分析

（一）直辖市政务微博服务能力指数分析

从直辖市政务微博服务能力各维度指数来看，4 个直辖市的信息服务能力水平较高，指数均值为 98，较上年有所提升。对比之下，直辖市的服务传递能力和服务创新能力略显不足，指数均值分别为 52.00 和 72.5（见图 3-4）。具体而言，这些城市在信息服务能力的发展上呈现较高的均衡性，指数最高为 34.37，最低为 31.62（指数取值为 0 ~ 34.37）；服务传递能力和服务创新能力发展有较大差异，服务传递能力指数最高为 20.09，最低为 13.39（指数取值为 0 ~ 33.48）；服务创新能力指数最高为 25.72，最低为 12.86（指数取值为 0 ~ 32.15）。

在信息服务能力方面，4 个直辖市在"来源权威""时间效度""易得可得"这 3 个三级指标中都表现优异，均为 5（指数取值为 0 ~ 5），说明这

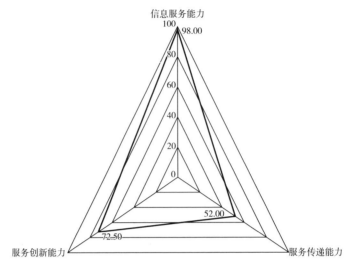

图 3-4　直辖市政务微博服务能力各维度指数

些城市政务微博所发布的信息能够及时有效地向用户传递权威、实用的信息；其中，北京市、上海市、重庆市在"有用实用"指标上指数也为100，天津市政务微博发布的部分信息可能在实用性上存在一定的不足，需要进一步改进和完善，以更好地为用户提供有价值的服务。

在服务传递能力方面，4个直辖市均开通了政务微博，上海市在"受众规模"二级指标上指数最高，表明该市政务微博拥有较大的粉丝数量，覆盖范围广泛；天津市在"信息规模"和"活跃度"2个三级指标指数最高，说明该市政务微博发布的信息量大且具有较高的活跃度，用户参与度较高；北京市在"交互性"三级指标上指数最高，用户更愿意与政务微博互动，提出问题、表达意见等。

在服务创新能力方面，上海市和重庆市在"渠道推广吸纳能力"三级指标上指数最高，为5（指数取值为0~5），这两个城市的政务微博能够通过多种渠道进行推广，吸引用户参与；北京市在"新技术、新方法采纳能力"三级指标上指数最高，为5（指数取值为0~5），其政务微博能够及时采纳和应用新的科技手段，不断创新服务方式，提升用户体验。

（二）省级政务微博服务能力指数分析

从政务微博服务能力各维度指数来看，各省级政务微博的信息服务能力水平较高，指数均值为 88.74；相比之下，服务传递能力和服务创新能力的水平相对较低，指数均值分别为 52.64 和 66.30（见图 3-5）。具体而言，各省级政务微博的信息服务能力发展差异较小，最高为 34.37，最低为 22（指数取值为 0~34.37）；在服务传递能力和服务创新能力方面，各省级政务微博之间存在明显的差异，服务传递能力指数最高为 27.67，最低为 12.05（指数取值为 0~33.48）；服务创新能力最高为 32.15，最低为 0（指数取值为 0~32.15），有部分地区面临着较大的挑战，需要加强政务微博的传播能力和创新服务水平。

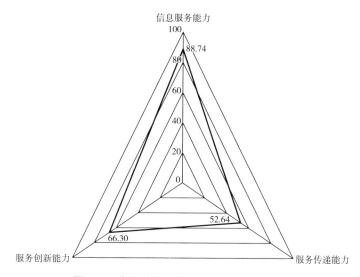

图 3-5　省级政务微博服务能力各维度指数

在信息服务能力方面，各省级政务微博在"来源权威""时间效度""易得可得"这 3 个三级指标中表现优异，均值分别为 4.81、4.93、4.89（指数取值为 0~5），说明各地政务微博发布的信息具有较高的权威性和时效性，同时也比较易于获取，为用户提供了可靠、及时的服务信息；在

"有用实用"三级指标上各省级政务微博还有待提升，部分政务微博发布的信息缺乏实用性，需要进一步优化政务微博的信息内容。

在服务传递能力方面，各省均开通了政务微博，但"受众规模""信息规模""活跃度""交互性"等指标指数参差不齐，均值都在 2 左右（指数取值为 0~5）。虽然各地政务微博存在一定规模的受众群体和信息发布量，但活跃度和交互性仍有待提高。具体而言，河南省、四川省的"受众规模"三级指标指数最高，其政务微博在吸引受众方面具有一定优势；四川省、河北省的"信息规模"三级指标指数最高，在政务信息的发布频率和数量上表现突出；云南省、新疆维吾尔自治区的"活跃度"三级指标指数最高；四川省、浙江省的"交互性"三级指标指数最高，在与用户的互动方面做得较好，用户参与程度高。

在服务创新能力方面，各省级政务微博的"渠道推广吸纳能力"均值为 3.74（指数取值为 0~5），较上年有所提升；"新技术、新方法采纳能力"均值为 2.89（指数取值为 0~5），较上年略微下降。四川省、浙江省、黑龙江省、云南省、新疆维吾尔自治区、海南省、广西壮族自治区、湖北省、内蒙古自治区、西藏自治区的"渠道推广吸纳能力"三级指标指数均为 5，四川省、湖北省、吉林省的"新技术、新方法采纳能力"三级指标指数均为 5。整体而言，较多省（区）需要加强对新技术和新方法的引入和应用，以提升政务微博的服务水平和创新能力，适应社会信息化发展的需要。

（三）地级市政务微博服务能力指数分析

从政务微博服务能力各维度指数来看，各省级政务微博的信息服务能力水平相对较高，指数均值为 71.95；服务传递能力和服务创新能力较弱，指数均值分别为 47.36 和 47.63（见图 3-6）。尽管有些城市的政务微博在特定指标上表现突出，但整体来看，服务传递能力和服务创新能力的发展水平参差不齐，应当在信息服务能力的基础上，加大对服务传递能力和服务创新能力的投入和改进，不断提升政务微博的整体服务水平，以更好地满足用户的需求和期待。

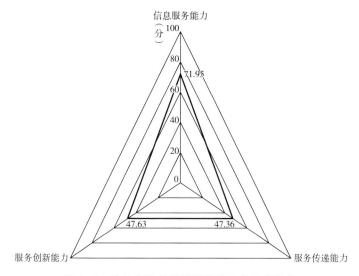

图3-6　地级市政务微博服务能力各维度指数

在信息服务能力方面，各地级市政务微博在"来源权威""时间效度""易得可得"这3个三级指标中表现较好，均值分别为4.07、3.94、4（指数取值为0~5）；在"有用实用"三级指标上表现有待进步，均值为2.99（指数取值为0~5），特别是信息的有用性。广东省广州市、湖北省武汉市、浙江省衢州市等地级市的政务微博在该维度的各个指标上都表现较好，注重信息的来源权威性、时效性以及易获取性，能够为用户提供可靠、及时的政务信息服务。各地政务微博需要进一步提升发布信息的有用实用性，确保信息内容能够满足用户的需求，并且具有更高的应用价值。

在服务传递能力方面，大部分地级市都开通了政务微博，但仍有26个城市还未开通政务微博，可能导致这些地区政务信息传递受阻。在已开通政务微博的城市中，"受众规模""信息规模""活跃度""交互性"4个三级指标的发展不太均衡，均值分别为1.97、1.97、1.89、1.67（指数取值为0~5），仍有较大的提升空间。湖北省武汉市、江苏省南京市政务微博拥有庞大的粉丝基础和丰富的微博内容，活跃度和互动性也表现出色，展现出了良好的服务传递效果，服务传递能力指数为5。

在服务创新能力方面，各地级市政务微博的渠道推广吸纳能力指数均值为2.50（满分为5），新技术、新方法采纳能力指数均值为2.26（指数取值为0~5），与上年相比均有所提升。湖北省武汉市、江苏省苏州市、江苏省宿迁市、浙江省宁波市、浙江省嘉兴市、贵州省遵义市、云南省德宏傣族景颇族自治州等地级市的服务传递能力指数为100，采用多样化的传播方式，如视频、直播、微博故事、微博投票等，为用户提供了丰富多彩的政务服务，进一步提升了用户体验。

第三节　省市政务微信服务能力指数分析

（一）直辖市政务微信服务能力指数分析

从微信服务能力的各维度指数来看，整体上4个直辖市的信息服务能力指数最高，指数均值达91.25，有2个直辖市超过了均值；事务服务能力和参与服务能力处于高水平，指数均值均为87.50，其中，事务服务能力方面有3个直辖市指数超过了均值，参与服务能力方面有2个直辖市指数超过了均值；服务传递能力则相对较弱，指数均值为58.06，有1个直辖市指数超过了均值（见图3-7）。总体而言，目前直辖市政务微信处于信息服务能力领先、事务服务能力和参与服务能力并行推进阶段，未来将逐渐向增强服务传递能力方面过渡，形成以用户为中心、政民协同参与的局面。

具体来看，4个直辖市在信息服务能力上表现得较为优秀，均达到了较高水平，说明各直辖市在信息服务的有用实用、来源权威、时间效度和易得可得四个方面表现优异。各直辖市政务微信在事务服务和参与服务方面已有所提升，但仍有空间。而服务传递仍有较大的提升空间，是政务微信发展的主要改进方向。

（二）省级政府政务微信服务能力指数分析

从微信服务能力的各维度指数来看，27个省（区）整体的信息服务能力较强，指数均值达到92.78，有17个省（区）超过了均值；事务服务能

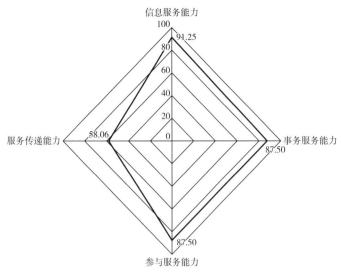

图 3-7　直辖市政务微信服务能力各维度指数

力处于较高水平，指数均值达到 82.22，有 23 个省（区）超过了均值；参与服务能力处于中水平，指数均值达到 72.22，有 16 个省（区）超过了均值；服务传递能力处于中水平，指数均值达到 55.84，有 10 个省（区）超过了均值（见图 3-8）。

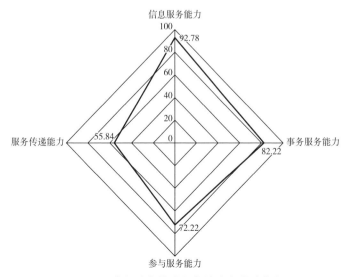

图 3-8　省级政务微信服务能力各维度指数

具体来看，所有省（区）在信息服务能力上均达到高或较高水平，说明各省（区）在信息服务的有用实用、来源权威、时间效度和易得可得四个方面表现优异；在事务服务能力维度，大部分省（区）表现较好，主要体现为在事务服务的便捷全面和程序规范两个方面表现较好；在参与服务能力维度，海南省、黑龙江省、青海省、福建省和安徽省 5 个省（区）表现较好，主要体现为参与服务渠道丰富；在服务传递能力维度，湖南省、江西省和浙江省在受众规模方面表现优异，指数均值在 4 及以上（指数取值为 0~5）；青海省、陕西省、内蒙古自治区、新疆维吾尔自治区和广西壮族自治区在信息规模方面表现较好，指数均值在 4 及以上（指数取值为 0~5）。

总体上看，在信息服务能力、事务服务能力方面各省级政务微信服务能力差异不大，但参与服务能力与服务传递能力差异较大，就实现用户协同参与而言仍有一定距离。这表明，各省（区）在重视政务微信的信息服务能力和事务服务能力建设基础上，还亟待提升政务微信的参与服务能力和服务传递能力建设。

（三）地级市政务微信服务能力指数分析

从政务微信服务能力的各维度指数来看，各地级市整体的信息服务能力指数均值为 91.76，处于高水平，有 195 个地级市超过了均值；事务服务能力指数均值为 64.23，处于中水平，有 210 个地级市超过了均值；参与服务能力指数均值为 54.20，处于中水平，有 165 个地级市超过了均值；服务传递能力指数均值为 50.90，处于中水平，有 176 个地级市超过了均值（见图 3-9）。说明各地级市政务微信在政民互动和服务传递方面仍存在较大的改进空间。

具体来看，在信息服务能力维度，运城市、沈阳市、泰州市和芜湖市等 119 个地级市表现优异，在信息服务的有用实用、来源权威、时间效度和易得可得四个方面指数均为 5（指数取值为 0~5）。在事务服务能力维度，朔州市、百色市和三亚市等 23 个地级市表现优异，在事务服务的便捷全面和程序规范两个方面指数均为 5（指数取值为 0~5）。在参与服务能力维度，衡水市、鹤岗市、金华市、湛江市和广安市等 41 个地级市表现优异，其政务微信参与服

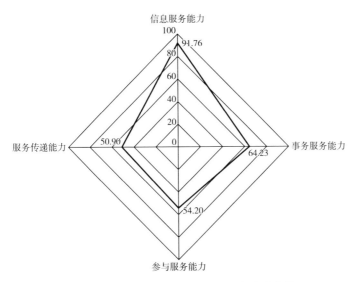

图 3-9　地级市政务微信服务能力各维度指数

务渠道在 6 个及以上。在服务传递能力维度，濮阳市、岳阳市和柳州市等地级市表现优异，在便捷易用、受众规模和信息规模方面均有较好表现。

　　总体上看，各维度指数在信息服务能力方面差异不大，但事务服务能力、参与服务能力与服务传递能力差异较大，就实现"一站式"或"集约化"政务目标而言仍有一定距离。这表明，各地级市在重视政务微信的信息服务能力建设基础上，还亟待提升政务微信的事务服务能力、参与服务能力和服务传递能力。

第四节　省市政务 App 服务能力指数分析

（一）直辖市政务 App 服务能力指数分析

　　从政务 App 服务能力各维度指数上看，2024 年 4 个直辖市的信息服务能力、事务服务能力、参与服务能力与服务传递能力 4 个子维度指数均达到高水平（见图 3-10）。具体而言，信息服务能力指数均值达到 95，事务服务能力指数高达 100，参与服务能力指数为 90，服务传递能力指数为 85.71。与 2023 年相比，各直辖市的事务服务能力发展提升最快、发展水平也最为均衡，指数均值提升 21.66。4 个子维度之间相比，4 个直辖市服务传递能力稍显不足。

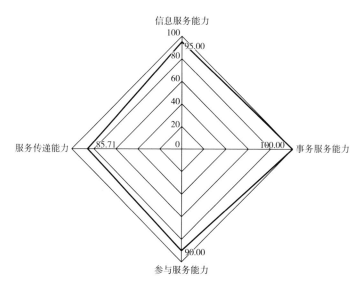

图 3-10　直辖市政务 App 服务能力各维度指数

在信息服务能力方面，4 个直辖市在"来源权威""时间效度""易得可得"3 个三级指标中均表现优异，指数均值达 5（指数取值为 0~5）。此外，上海市、天津市和重庆市在"有用实用"三级指标中也表现突出，达到 5（指数取值为 0~5）。得分体现出各直辖市政务 App 提供的信息服务水平高，信息查询分类清晰，App 上发布政策资讯的权威性高、时效性强，能够满足用户对信息的需求。在事务服务能力方面，4 个直辖市政务 App 持续增加高频事项服务，整合政务资源，推动线上线下融合，实现更多"一网、一次"通办事项服务，其发展迈入高水平建设阶段，在此次测评中指数均值为 100。

在参与服务能力方面，上海市在"参与渠道""参与回应""参与反馈"3 个三级指标中指数为 5（指数取值为 0~5），综合表现最佳。在参与渠道与回应方面，4 个直辖市政务 App 均可线上反馈交流，针对用户的咨询建议均能在 24 小时之内进行回复，且流转流程清晰可见。在参与反馈方面，北京市、上海市和重庆市能给予正面、充分的回应。

在服务传递能力方面，上海市、天津市和重庆市 3 个直辖市的政务 App 均有 Android 和 iOS 版本，下载应用便捷易得，上海市和重庆市的政务 App 以及政策资讯还可通过社交媒体进行分享，服务传递性好。此外，政务 App 功能与政府网站提供的信息和事务服务基本一致，服务覆盖面广。总体而言，4 个直辖市"移动 App"政务服务端口建设较为完善，在测评过程中，政务 App 界面切换流畅、模式自主选择、安全稳定可靠，功能设置能满足大多数用户的多样化和个性化需求。

（二）省级政务 App 服务能力指数分析

从政务 App 服务能力的各维度指数来看，各省政务 App 的事务服务能力进步显著，处于高水平，指数均值大于 80；信息服务能力和服务传递能力水平稍显不足，指数均值分别为 70 和 73.23，有待提升；但参与服务能力水平平均值更低，指数均值只有 66.91，可见参与服务能力是各省政务 App 数字服务能力的短板（见图 3-11）。

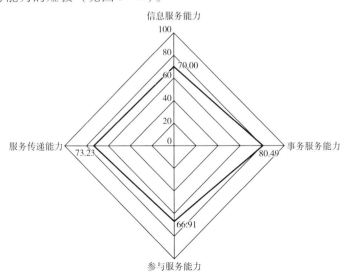

图 3-11　省级政务 App 服务能力各维度指数

在信息服务能力方面，省级政务 App 在"来源权威"和"易得可得"2个三级指标中表现出色，均值分别为 4.04 和 4.32，省级政务 App 平台发布的政策资讯等信息权威性较高。但不同省级政务 App 之间政策信息的栏目分类建设与信息时间效度差距较大，部分省级政务 App 疏于政策资讯的上传，且上传的政策资讯可读性、实用性较低，因此省级政务 App 整体在"有用实用"以及"时间效度"2个三级指标上指数略低，有待改进。

在事务服务能力方面，省级政务 App 在事务服务的便捷全面和事务全程在线办理程序规范方面表现优异。省级政务 App 的事务服务大多设置个人（公众）办事和法人（企业）办事两个模式，围绕个人全生命周期以及企业的生命周期提供不同的高频事务服务。除了极个别省份不提供省本级事项服务以及西部地区个别省份在线全程办理率较低外，省级政务 App 整体在事务服务方面表现突出。

在参与服务能力方面，省级政务 App 参与渠道设置、参与回应速度以及参与反馈能力上差异较大。中西部地区部分省级政务 App 的参与渠道设置较少，公众用户互动反馈不畅通，同时针对公众的意见咨询，参与回应的速度也较低，不能及时给予正面充分的回应。

在服务传递能力方面，各省级政务 App 在覆盖面、易得性、稳定可靠以及易用性等方面均表现优异。但部分省市政务 App 由于缺少社交平台分享功能以及自身使用意见反馈功能，使服务传递能力稍显逊色。

（三）地级市政务 App 数字服务能力指数分析

从政务 App 服务能力的各维度指数来看，各地级市信息服务能力指数为70.62，有 220 个地级市超过平均值；事务服务能力指数均值为 90.05，达到了高水平；与 2023 年相比，参与服务能力指数均值增长 14.65，达到 73.85；服务传递能力指数为 78.13，处于较高水平（见图 3-12）。

具体来看，在信息服务能力维度，保定市、沧州市在"有用实用""来源权威""时间效度""易得可得"4个三级指标上获得了满分。在事务服务能力方面，各地级市均表现优异，其中银川市、西安市、南京市、宁波

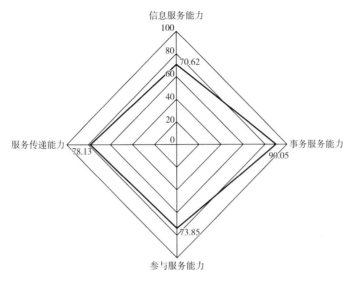

图 3-12 地级市政务 App 服务能力各维度指数

市、兰州市等 269 个地级市在"公众（个人）办事""企业（法人）办事"
2 个三级指标中取得满分；在参与服务能力方面，总体进步显著，但各地级
市间依然存在一定的差异，东部地区的地级市在参与渠道设置，参与回应效
率方面表现更为优异；在服务传递能力方面，大多数地级市政务 App 在
"覆盖面""易得性""稳定可靠""易用性"4 个三级指标中达到较高水平。
此外，广西壮族自治区、广东省、安徽省、江西省、山东省以及宁夏回族自
治区的全部地级市在政务 App"使用反馈"与"社交性"2 个三级指标中获
得满分，政务 App 服务传递能力表现优异。

第五节 省市政务短视频服务能力指数分析

（一）直辖市政务短视频服务能力指数分析

从政务短视频服务能力的各维度指数来看，4 个直辖市的信息服务能力
和服务传递能力处于较高水平，指数均值分别为 90.00 和 73.00，服务创新

能力处于中等水平，指数均值为 58.33，参与服务能力指数均值为 0（见图 3-13）。总体而言，4 个直辖市均在信息服务能力方面达到了较高水平。在服务传递能力方面，北京市和重庆市表现优异。而各直辖市重视政务短视频突出的信息服务能力和服务传递能力，努力推动服务创新，但参与服务能力建设仍存在很大的提升空间。

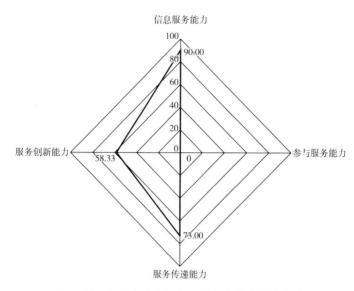

图 3-13　直辖市政务短视频服务能力各维度指数

在信息服务能力维度，4 个直辖市在"来源权威"和"时间效度"这 2 个三级指标中均表现优异，均值达 4.75（指数取值为 0~5），其中北京市在"有用实用"这个三级指标中取得满分。可见直辖市通过政务短视频发布的信息实用性强，会及时依据政府工作和实时新闻报道更新视频内容和进度，并明确标注视频来源，尊重视频作者权益，将政务短视频在信息发布和服务传递方面的影响发挥到最大。

在参与服务能力维度，测评时间范围内，4 个直辖市均没有利用官方账号回复网友评论，也未在政务短视频主页提供投稿或联系方式，有较大的进步空间。未来提升参与服务能力可以使政务短视频更加亲民，增强用户黏性，同时提高政务服务各渠道的曝光度和传播效果。

在服务传递能力维度，4 个直辖市都开通了抖音、快手以及微信视频号 3 个渠道的政务短视频，实现了政务短视频的全平台覆盖及应用，提高了信息传递的曝光度和传播效果。在"活跃度"和"交互性"2 个三级指标中，北京市指数最高。北京市政务短视频不仅发布的视频数量以及原创视频的数量最多，而且视频的转发、点赞与评论数量也最多。可见，北京市政务短视频发布的视频质量较高，贴合公众生活，传播度和影响力较大。在"受众规模"三级指标中，上海市指数最高，粉丝基础庞大，更有助于政务信息的传递与扩散。

在服务创新能力维度，北京市、上海市和重庆市在"新技术、新方法采纳能力"上的指数均为 4（指数取值为 0~4），他们善于通过官方话题、直播等形式参与平台活动，同时整理出视频合集更有利于群众搜索关键信息，基于话题进行讨论，增强了官方影响力。然而，4 个直辖市在"渠道推广吸纳能力"方面指数均为 0，均没有在账号中介绍和推广其他政务平台，减弱了平台间的联系，没有塑造出完整的政务服务形象。

（二）省级政务短视频服务能力指数分析

从政务短视频服务能力的各维度指数来看，各省级政务短视频的信息服务能力相对突出，指数均值为 68.52，其中广东省、江西省、辽宁省、浙江省、安徽省和新疆维吾尔自治区达到了 100；服务传递能力处于中等水平，指数均值为 44.30，浙江省和西藏自治区表现优异；服务创新能力较往年有所进步，指数均值为 38.52；而参与服务能力明显不足，指数均值仅为 9.26。由于短视频这一形式的限制，各省（区）主要通过短视频发展信息服务能力和服务传递能力，在其他维度上的表现仍有待提升（见图 3-14）。

在信息服务能力维度，省级政务短视频在"时间效度"方面表现最佳，大部分省级政务短视频注重视频的时效性，紧跟时事热点，能够做到及时发布近期的政务服务相关信息和当地新闻热点，为群众提供政务服务的同时确保群众了解新颖的内容。省级政务短视频在"有用实用"方面指数均值也处于较高水平，但"来源权威"方面指数均值为 3.26（指数取值为 0~5），

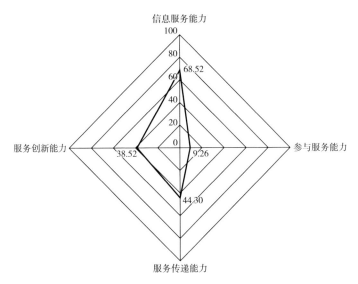

图 3-14　省级政务短视频服务能力各维度指数

仍有较大的提升空间。其中包括辽宁省、安徽省在内的 10 个省级政务短视频在"有用实用"中指数为 10（指数取值为 0～10），发布的视频内容主要涉及当地时政事件、热点新闻、政府工作等实用信息，对于用户来说能够产生帮助作用，随之也会产生一定的交互效果。开通政务短视频的绝大部分省份注重视频的权威性，视频中标明原创作者和来源，或者通过文本内容提及原创者，能够让公众得知视频的真实来源，帮助公众自行判断视频的权威程度，提高了视频内容的准确性与可靠性。

在参与服务能力维度，各省级政务短视频在"参与回应"方面表现有所欠缺，所有已开通的账号均没有对群众的评论给予回复，忽视了评论回复这一方式在政民互动中的积极作用。在"参与传播"方面，浙江省、湖北省、四川省、甘肃省和西藏自治区表现良好，投稿渠道帮助并支持群众参与到短视频创作中，提高公众参与度，扩大了省级政务短视频账号的内容来源，也为公众提供了表达诉求的新方式。此外，政务短视频发布的内容既包括了官方的通报、方案、文件等，又包含了群众日常生活的趣事、充满正能量的义举等，让政务短视频账号更加接地气，更具亲和力。

在服务传递能力维度，已开通政务短视频账号的省（区）过半数有 2~3 个平台账号，实现了多平台同步，"有无政务短视频"指数均值为 3.48（指数取值为 0~5）。"活跃度"指数均值为 1.81（指数取值为 0~5），说明省级政务短视频在测评的五天内活跃度不高。四川省和浙江省政务短视频账号在"受众规模"上表现突出，江苏省和浙江省则在"信息规模"上体现出优势。通过数据可以发现短视频信息的发布数量有利于吸引粉丝的关注、扩大粉丝规模，同时一定程度上有利于视频内容点赞、转发及评论数量的增加；已发布视频的强交互性可以激发省级政务工作人员动力，激励其创作和发布更多的短视频，如此正向循环推动省级政务短视频平台的发展，影响力快速增长。

在服务创新能力维度，"新技术、新方法采纳能力"的指数均值为 5.56（指数取值为 0~10），18 个省级政务短视频账号会参与和发布官方话题，通过话题引导粉丝观看和讨论，从而提高账号知名度；也有部分账号会整理视频合集，汇总重点视频内容，传播、弘扬正能量；有 9 个省级政务短视频账号通过短视频平台直播，并公开了历史直播动态，让用户可以回溯直播内容。此外，浙江省、四川省和云南省的省级政务短视频账号在首页介绍了其他政务平台的账号，加强了政府的透明度，实现政务信息的共享和流转，满足公众的多样化需求。

（三）地级市政务短视频服务能力指数分析

从政务短视频服务能力的各维度指数来看，各地级市整体的信息服务能力相对较强，指数均值为 47.94；服务传递能力处于中等水平，指数均值为 43.02；服务创新能力相对较弱，指数均值为 36.68；而参与服务能力依然处于起步阶段，指数均值仅为 6.58，可见，当前地级市政务短视频在与公众交流互动以及推广其他政务服务渠道等方面迫切需要改善（见图 3-15）。

在信息服务能力维度，"有用实用"指数均值为 4.78（指数取值为 0~10），"来源权威"指数均值为 2.22（指数取值为 0~5），"时间效度"指数均值为 2.58（指数取值为 0~5）。活跃度高的地级市政务短视频账号发布信

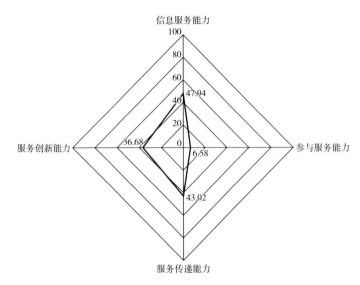

图 3-15　地级市政务短视频服务能力各维度指数

息的时效性强，注重在第一时间给用户带来有价值的信息。各地级市政务短视频账号的权威意识和版权意识水平有增强的趋势，会在视频和附属内容中标注视频来源和原创作者，保障信息的权威性，有利于用户自主判断视频真实性。

在参与服务能力维度，"参与回应"指数均值为 0.10（指数取值为 0~5），"参与传播"指数均值为 0.56（指数取值为 0~5），地级市政务短视频账号在这两个维度表现不佳。在测评过程中，仅有 11 个地级市对公众基于短视频内容的评论进行了回复，政务短视频缺乏与用户互动产生的温度与亲密度。基于此可以认为，一方面，政务短视频作为一个信息传播的重要渠道，工作人员忽视了其在参与服务中发挥的作用；另一方面，工作人员由于工作精力有限，对评论回复的积极性较低。此外，仅有 37 个地级市提供了邮箱等投稿方式或联系方式，从源头上影响了用户投稿的积极性，不利于工作人员创作短视频时积累素材。

在服务传递能力维度，云南省大理白族自治州政务短视频在各指标上均表现优秀，达到了 24.20（指数取值为 0~25）。吉林省长春市和江西省宜春市也表现优异，政务短视频信息规模大，视频发布频繁，但在获得用户的评论、点赞、转发数量方面稍显不足。

在服务创新能力维度，"新技术、新方法采纳能力"指数均值为5.50（指数取值为0~10），绝大部分已开通政务短视频账号的地级市会利用官方话题的发布、视频合集的整理推动信息的宣传，基于当地特色，弘扬优秀传统文化，发展特色产业，带动经济和旅游业的发展。小部分地级市已学会通过短视频账号进行新闻直播，通过直播动态帮助用户回顾直播内容。但是各地级市在"渠道推广吸纳能力"维度表现不佳，仅有广东省广州市1个地级市提供了其他平台的政务账号。

第四章

省市政府数字服务能力复合指数

第一节 省市政府数字服务能力综合指数

（一）政府数字服务能力综合指数构成

政府数字服务能力综合指数是政府网站、"两微一端"、政务短视频等 5 个渠道服务能力的综合测评指标，用以更加全面、客观地评价现阶段中国各省市政府数字政务服务渠道的建设水平。其计算公式如下：

$$EGSAI_c = \sum_{i=1}^{5} \sigma_i EGSCI_i$$

其中，$EGSAI_c$ 为政府数字服务能力综合指数，σ_i 指权重，$EGSCI_i$ 为政府数字服务能力各渠道指数，$i=1$，2，3，4，5。

（二）直辖市政府数字服务能力综合指数

4 个直辖市中，上海市政府数字服务渠道建设表现优异，在政务 App、政务微信和政府网站的建设上成效显著，北京市和重庆市政府数字服务渠道建设也不甘示弱，在政务 App、政府网站和政务微信渠道均表现优秀。

从政府数字服务能力综合指数的组成维度来看，4 个直辖市的政府网站、微信以及 App 指数相对均衡，渠道建设皆达到较高水平以上；其中上海市的 App 渠道、重庆市的 App 渠道和北京市的网站渠道表现优异；而短视频作为政务新兴渠道，各直辖市仍处于发展阶段，相比于其他政务平台还有更多的服务功能等待挖掘。

（三）省级政府数字服务能力综合指数

在省级政府数字服务能力综合指数中，浙江省、四川省、云南省、内蒙古自治区和福建省表现优异。指数较高的省份在电子政务的渠道建设上均有不错的表现，其中浙江省政务 App 渠道每个城市有个性化定制的主页面板块，以及特色的景区实况和路况播报模块，微信渠道提供丰富的用户参与服务的途径，短视频渠道提供投稿邮箱和小程序，交互性强，动态内容丰富，各渠道发展势头迅猛、齐头并进。四川省的政府网站提供的办事流程清晰可靠，功能健全完善。内蒙古自治区的短视频渠道提供了投稿方式，官方参与并回复网友评论，交互性强，有话题内容整理合集和直播动态。云南省和福建省各渠道建设则相对均衡。指数较低的省份在政务平台的完整性上稍显不足，难以整合多渠道服务，同时普遍缺少重要事项的网上办理功能。总体而言，中国省级政府数字服务能力综合指数的均值为 65.55，处于中水平，共有 15 个省级政府该指数超过平均值，占比约为 55.56%。

从省级政府数字服务能力综合指数的组成维度来看，浙江省、四川省、云南省、内蒙古自治区、福建省总体水平较高，且各渠道表现较为均衡，整体管理推进机制较为完善。从整体来看，中国大部分省级政府数字服务能力的 5 个渠道建设水平仍不平衡，特别是短视频这种新型政务服务渠道的建设经验还较为缺乏，与微信和网站渠道相比处于弱势地位。而 App 渠道建设已经逐渐成熟，相较于 2023 年进步明显。从渠道建设的完整性来看，仍有较多省份缺少短视频服务渠道，需要根据实际情况进一步优化。

从省级政府数字服务能力综合指数的平均水平来看，政务微信、政府网站、政务 App 和政务微博的总体建设情况优于政务短视频。以百分制计，各省（区）政务微信服务能力指数均值为 76.57，明显领先于其他 3 个渠道，说明近年来在线政务已经成为一种新的政务服务趋势，政务微信已经成为各级政府机关社会治理的重要载体，是全媒体时代政府公信力提升的重要平台；政府网站指数和 App 指数均值分别为 74.75 和 72.94，处于较高水平；政务微博指数均值为 53.79，仍有较大提升空间；而政务短视频指数均值仅为 40.71，亟须得到各省（区）的重视（见图 4-1）。

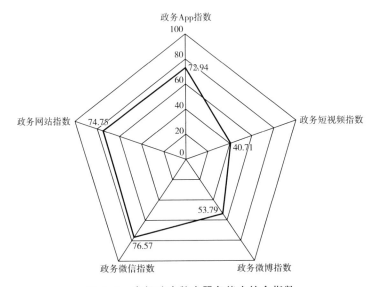

图 4-1　省级政府数字服务能力综合指数

从省级政府数字服务能力综合指数的区间分布来看，各省数字服务综合能力的建设水平梯次分布明显，大部分处于较高水平，总体情况与 2023 年相比有所变化。其中浙江省政府数字服务能力已迈入高水平行列；此外，四川省、云南省、福建省等 20 个省级政府数字服务能力也已达到较高水平，占比约为 74.07%（见图 4-2）。

由省级政府数字服务能力综合指数区间分布年度对比可见，近四年省级政府数字服务能力综合指数区间分布情况整体变化不大，各省稳步发展，均处于中水平以上。与 2023 年相比，2024 年综合指数处于较高水平的省级政府数量增加了 3 个，处于中水平的省级政府数量减少了 1 个，处于低水平的省级政府数量减少了 1 个，但是处于高水平的省级政府数量减少了 1 个，还需逐步完善政府数字服务渠道建设（见图 4-3）。

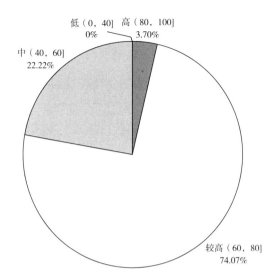

图 4-2　省级政府数字服务能力综合指数区间分布

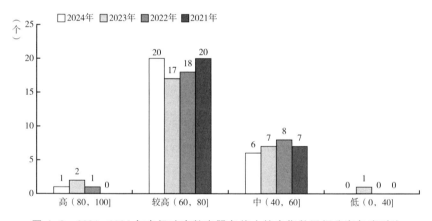

图 4-3　2021~2024 年省级政府数字服务能力综合指数区间分布年度对比

（四）地级市政府数字服务能力综合指数

在地级市政府数字服务能力综合指数中，杭州市指数均值达到 80 以上，成功跻身高水平区间。全国地级市综合指数均值为 61.55，处于中水平，相较于 2023 年的 60.02 有所进步，全国共有 179 个地级市的综合指数超过平均水平，占比约为53.75%。从地级市政府数字服务能力综合指数各维度的平均水平来看，各地级市5个渠道的指数情况差异较大。其中，政务App发展较好，指数均值达到78.54，略高于其他4个渠道；政府网站指数居于其后，均值为75.97；政务微信和微博指数则稍显逊色，均值分别为66.07和41.71；政务短视频指数居末位，均值仅为34.15，仍然有较大的上升空间（见图4-4）。

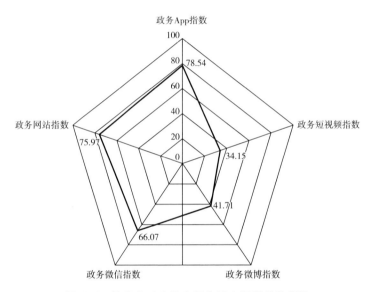

图4-4　地级市政府数字服务能力渠道总体指数

从省域内地级市数字服务能力综合指数来看，各地级行政区之间的数字服务能力也存在一定差异。其中，地级市间数字服务能力综合指数差异最小的是福建省，标准差为3.03；地级市间数字服务能力综合指数均值最高的是浙江省，均值为72.96分，说明省域内地级市政府数字服务能力发展均衡、稳中向好。

从地级市政府数字服务能力综合指数的区间分布来看，仅有杭州市综合指数达到80以上，成功跻身高水平行列；南京市、武汉市等191个地级市的综合指数已达到较高水平，占比57.36%；郑州市、泰安市等136个地级市的综合指数处于中等水平，占比40.84%。通过对比2023年的指数，可以看出，各地级市政府数字服务能力综合指数相较于 2023 年有所提升，大部分地级市的数字政务服务渠道的建设水平已处于较高及中水平，但处于高水平的地级市政府数量略显单薄，处于低水平的地级市需要加强"互联网+政务服务"建设，加快落实相关政策要求，逐步提升政府数字服务整体水平（见图 4-5）。

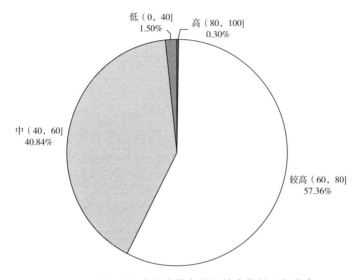

图 4-5 地级市政府数字服务能力综合指数区间分布

如图 4-6 所示，2024 年全国地级市综合指数均值为 61.55，属较高水平，相较于 2023 年均值 60.02 有所提升。从地级市综合指数的分布情况来看，处于较高水平的地级市数量大幅上升，同时处于中水平的地级市数量明显减少，这表明各地级市的政府数字服务能力水平也在稳步提高，但高水平层面的地级市数量还有待增加。

（五）省份政府数字服务能力综合指数

在省份政府数字服务能力指数中，浙江省成为政府数字服务能力综合指数突破 70 的省份。其中，浙江省、安徽省和云南省连续三年表现突出，值得肯定；中西部地区和东北地区的综合指数与其他地区相比还存在一定差

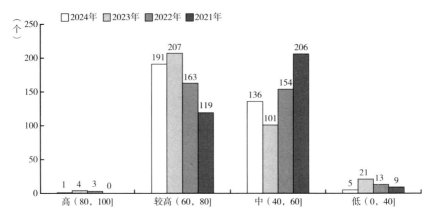

图 4-6　2021~2024 年地级市政府数字服务能力综合指数区间分布年度对比

距，有待提升。另外，全国各省份政府的数字服务能力综合指数均值为 61.54，有 16 个省份高于平均水平，占比约为 59.26%，相较于 2023 年有所下降。

总体而言，与 2023 年相比，绝大多数省份的综合指数是有提升的，浙江省、安徽省和云南省稳定在前五名，指数低于 40 的省份减少至零。但是各个省份还需要进一步加大政府数字服务建设力度，提高数字服务能力。

第二节　省市政府数字服务能力"双微"指数

（一）省市政府数字服务能力"双微"指数构成

政府数字服务能力"双微"指数是指政务微信、政务微博两个渠道服务能力的综合测评指标，用以客观和全面地评价现阶段中国（港澳台除外）政府数字服务的"双微"建设情况。其计算公式如下：

$$EGSAI_{dw} = \sum_{i=2}^{3} \sigma_i EGSCI_i$$

其中，$EGSAI_{dw}$ 为政府数字服务能力"双微"指数，σ_i 指权重，$EGSCI_i$ 为政府数字服务能力指数，$i=2、3$。

（二）直辖市政府数字服务能力"双微"指数

4 个直辖市中，上海市与北京市的"双微"综合表现优秀，两直辖市的"双微"服务能力均处在平均水平以上，在政务微博和政务微信的建设上成效显著。在政务微博服务能力方面，上海市、重庆市和北京市表现相当。在政务微信服务能力方面，上海市表现优异。整体情况与 2023 年相比变化不大。

从直辖市"双微"指数的组成维度来看，北京市和重庆市的"双微"建设水平相对均衡，但北京市和重庆市的微信服务能力指数略高于微博服务能力指数，上海市和天津市的微信服务能力指数则明显高于微博服务能力指数；且天津市的微信服务能力指数大幅度超过微博服务能力指数。总体来看，4 个直辖市的政务微信服务能力指数之间的差距相对较小，政务微博服务能力指数的差距略大。但由于在计算"双微"指数时，微信渠道的权重远大于微博渠道的权重，因此从直辖市政府数字服务能力"双微"渠道指数来看，"双微"服务能力指数与微信服务能力指数分布情况较为吻合。

（三）省级政府数字服务能力"双微"指数

在省级政府数字服务"双微"指数中，云南省、陕西省、内蒙古自治区在"双微"渠道的建设上处于高水平。各省（区）的"双微"指数均值为 67.22，与 2023 年的指数均值相比有明显进步，并且总体处于较高水平，省级政府在"双微"建设上大部分表现较好，共有 17 个省（区）高于平均水平，占比约为 62.96%。

从省级"双微"指数的组成维度来看，政务微信的服务能力普遍高于政务微博的服务能力。大部分呈现出来的是政务微信的服务能力指数高于政务微博的服务能力指数，与 2023 年正好相反，其中 27 个省（区）中，有

24 个省（区）的政务微信服务能力指数高于政务微博服务能力，"双微"渠道的发展仍未能找到一个恰当的平衡点。

从省级"双微"指数的区间分布来看，各省（区）数字服务的"双微"建设大多处于较高水平，有 23 个省级政府"双微"指数达到较高水平，指数均值为 70.18，占比约为 85%；有 4 个省级政府"双微"服务能力处于中水平，指数均值为 50.25，占比约为 15%。整体来看，处于较高及以上水平的占比从 2023 年的 74.07% 到 2024 年的 85%，同比上升 10.93 个百分点（见图 4-7）。

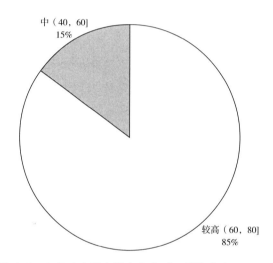

图 4-7 省级政府数字服务能力"双微"指数区间分布

与 2023 年省级政府数字服务能力"双微"指数相比，云南省、陕西省、浙江省发展稳定，连续三年成为处于较高水平区间的省份，这些省份的微信服务能力和微博服务能力表现都较为突出。从省级政府数字服务能力"双微"指数区间分布年度对比来看，与 2023 年相比，2024 年"双微"指数大于 80 的省份数量减少了 3 个，"双微"指数在（60，80]区间的省份数量增加了 6 个，"双微"指数在（40，60]区间的省份数量减少了 3 个，整体来看略有提升（见图 4-8）。

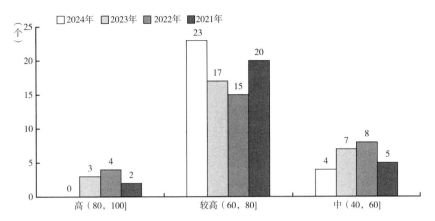

图 4-8 2021~2024 年省级政府数字服务能力"双微"指数区间分布年度对比

（四）地级市政府数字服务能力"双微"指数

从地级市层面来看，省域内地级市之间也存在"双微"服务能力指数差异。安徽省、江西省、贵州省、黑龙江省的省区内地级行政区划单位之间的"双微"服务能力指数差异较小；而海南省、新疆维吾尔自治区、青海省和西藏自治区等省区内地级行政区之间的"双微"服务能力指数差异较大。

从地级市"双微"指数的区间分布来看，大部分地级市的"双微"渠道建设都处于较高水平及中水平，在 333 个地级行政区划单位中，只有 1 个地级市的"双微"服务能力指数处于高水平，是云南省德宏傣族景颇族自治州，指数为 80.18，占比约为 0.30%；有 139 个地级市的"双微"指数处于较高水平，指数均值为 67.74，占比约为 41.74%；有 161 个地级市的"双微"指数处于中水平，指数均值为 50.59，占比约为 48.35%；有 32 个地级市的"双微"服务能力指数处于低水平，指数均值为 32.23，占比约为 9.61%。与 2023 年相比，"双微"服务能力指数处于低水平区间的地级市数量有了一定的减少且处于中水平区间的地级市数量有了一定的提升，总体上地级市"双微"服务建设水平略有上升（见图 4-9）。

从地级市政府"双微"服务能力指数区间分布年度对比看，与 2023 年

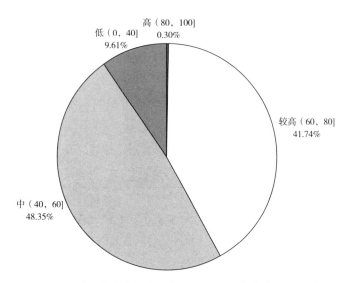

图 4-9 地级市政府数字服务能力"双微"指数区间分布

相比，从分布方面来看，"双微"指数大于 80 的地级市数量减少了 8 个，"双微"指数在（60，80］较高水平区间的地级市数量减少了 47 个，（40，60］中水平区间地级市数量增加了 80 个，（0，40］低水平区间地级市数量减少了 18 个，尚无政务微信和微博的地级市数量减少至 0。因此整体来看，地级市"双微"指数水平较 2023 年有所上升（见图 4-10）。

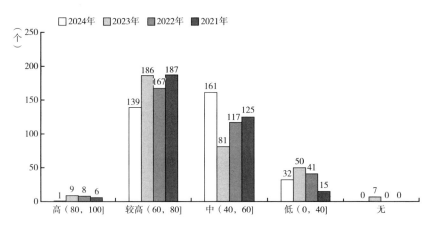

图 4-10　2021~2024 年地级市政府"双微"服务能力指数区间分布年度对比

（五）省份政府数字服务能力"双微"指数

省份的"双微"服务能力指数是包含省级政府和各省地级市政府的"双微"服务能力的综合指数。内蒙古自治区、浙江省、山西省等 10 个省（区）的"双微"指数处于较高水平，其中内蒙古自治区、浙江省、山西省的"双微"指数分别为 65.82、65.77 和 64.18，总体均值为 56.88。内蒙古自治区、浙江省、山西省等省（区）的"双微"渠道基本建成，而个别省份中的一些地级市尚未开通微信或微博的服务渠道。

第三节　省市政府数字服务能力"新媒体"指数

（一）省市政府数字服务能力"新媒体"指数构成

"新媒体"指数是政府官方微信、官方微博、App 和短视频 4 个渠道服务能力的综合测评指标，用以测评政府数字服务的"两微一端"建设情况。其计算公式如下：

$$EGSAI_{nm} = \sum_{i=2}^{5} \sigma_i EGSCI_i$$

其中，$EGSAI_{nm}$ 为电子政务服务能力"新媒体"指数，σ_i 指权重，$EGSCI_i$ 为电子政务服务渠道指数，$i = 2，3，4，5$ 分别代表微博、微信、App 和短视频政务服务能力指数（见第二章）。

（二）直辖市政府数字服务能力"新媒体"指数

4 个直辖市中，上海市的"新媒体"服务能力指数为 79.26，远高于平均水平，在"两微一端"平台上表现优异。

从直辖市"新媒体"指数的组成维度来看，4 个直辖市的政务 App 渠道建设水平较为均衡，且都达到较高水平；而微博渠道建设和短视频渠道建设存在比较大的差异。除北京市和重庆市外，其他直辖市都分别在某个渠道建设上有所欠缺。

与 2023 年直辖市"新媒体"指数相比，2024 年，各直辖市依然注重政务 App 的建设，4 个直辖市的 App 服务能力指数均已达到高水平。其中，上海市政务 App 在一年内发展迅速，跻身高水平行列，充分体现了上海市对于政务平台建设的重视程度；北京市在政务微信、天津市在政务 App、重庆市在政务短视频的建设方面也都有不错的进步，但是总体上看，各个直辖市在其他渠道的建设稍显下滑。

（三）省级政府数字服务能力"新媒体"指数

在省级政府数字服务能力"新媒体"指数中，浙江省、云南省、四川省、内蒙古自治区和甘肃省表现优秀。相较于 2023 年省级"新媒体"指数情况，云南省稳步发展，得益于其在政务 App 和政务微信上的优异表现，尤其是政务 App 为用户提供了清晰全面的办事流程和方便快捷的参与渠道；浙江省也因为加大了政务短视频建设从而实现了质的飞跃。总体而言，各省（区）"新媒体"指数均值为 62.19，处于中水平，整体相比 2023 年有所提升。

从省级政府数字服务能力"新媒体"指数的组成维度来看，大部分省份 4 个渠道建设的发展状况参差不齐。例如，指数较高的省份中，浙江省的政务 App 和政务微信渠道政务服务能力较为优秀，但政务微博政务服务能力却明显落后；指数较低的省份的政务微博和政务微信建设相对较好，政务 App 渠道建设则与处于头部的省份存在一定的差距，并且由于政务短视频渠道的缺失，以及 2024 年的指标权重仍侧重于政务微信和政务 App，因此取得的分数不太理想。

从省级政府数字服务能力"新媒体"指数各渠道维度的平均水平来看，政务微信的建设最优，政务 App 和政务微博略微逊色，政务短视频较次。各省（区）的微信服务能力指数和 App 服务能力指数均值分别为 76.57 和 72.94，处于较高水平；微博服务能力指数和短视频服务能力指数均值分别为 53.79 和 40.71，处于中水平。与 2023 年各渠道指数的平均水平相比，微信服务能力指数有不小的进步，这与各省（区）逐步完善政务微信信息发布的准确性与时效性以及加强与公众的互动交流功能息息相关；微博服务能力指数略微下降，这表明部分省（区）对政务微博渠道的定位仍侧重于信息发布，未能充分发掘和利用微博在线交流及宣传的平台特性，线上服务覆盖范围未能扩充，和公众互动交流功能未完善。而短视频作为政务服务新兴渠道，虽然相比 2023 年有略微进步，但仍处于起步阶段，还有少部分省（区）仍未开通政务短视频账号（见图 4-11）。

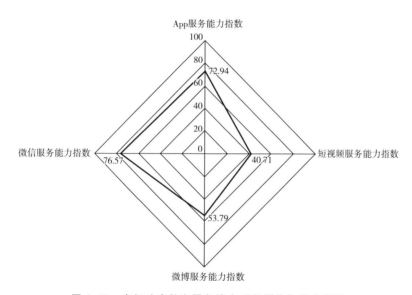

图 4-11 省级政府数字服务能力"新媒体"总体指数

从省级政府数字服务能力"新媒体"指数的区间分布来看，各省（区）政府数字服务能力的"新媒体"建设水平基本达到较高水平和中水平，占比分别为 55.56% 和 37.04%，并且浙江省的政府数字服务能力指数达到了高水平，指数为 81.42（见图 4-12）。

如图 4-13 所示，与 2023 年省级政府数字服务能力"新媒体"指数相比，2024 年处于高水平的省份保持不变，处于较高水平的省份减少了 1 个，处于中水平的省份增加了 3 个，整体情况差别不大，各省份在政务"新媒体"渠道上发展平稳。

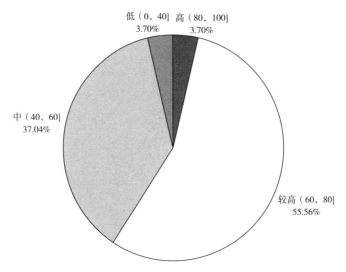

图 4-12 省级政府数字服务能力"新媒体"指数区间分布

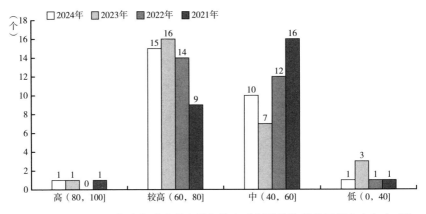

图 4-13 2021~2024 年省级政府数字服务能力"新媒体"指数区间分布年度对比

（四）地级市政府数字服务能力"新媒体"指数

在地级市政府数字服务能力"新媒体"指数中，包头市和盐城市在政务短视频渠道的建设上表现亮眼，取得优异成绩；各省（区）均有突出表现的地级市，2024 年浙江省有 4 个地级市位于前 10 名，广东省和云南省分别有 2 个地级市位于前 10 名，其余地级市均属于不同省份。此外，全国地级市的政府数字服务能力"新媒体"指数均值为 56.71 分，整体处于中水平。

从省域内地级市之间政府数字服务能力"新媒体"指数来看，地级市服务能力差异最小的是福建省，标准差为 3.74；其次是河北省，标准差为 4.02。虽然两省标准差最小，但省域内各地级市的服务供给能力大部分还处于中水平。

如图 4-14 所示，从地级市政府数字服务能力"新媒体"指数的区间分布来看，哈尔滨市、苏州市等 128 个地级市（自治州）的"新媒体"服务能力达到较高水平，占比约为 38.44%；大连市、厦门市等 184 个地级市（自治州）的"新媒体"服务能力处于中水平，占比约为 55.26%；其余 21 个地级市（自治州）的"新媒体"服务能力处于低水平，占比约为 6.31%。

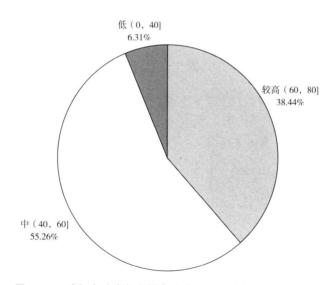

图 4-14　地级市政府数字服务能力"新媒体"指数区间分布

总的来说，与 2023 年地级市政府数字服务能力"新媒体"指数区间分布相比，处于高水平区间的地级市数量减少了 2 个，处于较高水平的地级市数量减少了 22 个，处于中水平的地级市数量增加了 32 个，处于低水平的地级市数量减少了 8 个。整体来看，2024 年，全国地级市政务"新媒体"渠道建设稳中向好，总体建设水平有较大增幅（见图 4-15）。

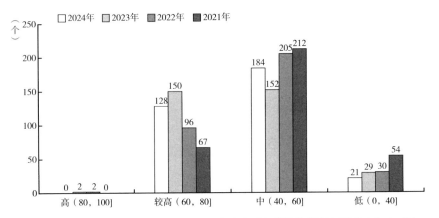

图4-15　2021~2024年地级市政府数字服务能力"新媒体"指数区间分布年度对比

（五）省份政府数字服务能力"新媒体"指数

在省份政府数字服务能力"新媒体"指数中，浙江省、云南省、内蒙古自治区、河北省和江西省表现优异，这几个省（区）及其下辖地级市的"新媒体"渠道建设相对均衡。指数较低的省份主要集中在西部地区和东北地区，在"新媒体"渠道的建设和发展上整体滞后。另外，全国各省份的数字政务服务能力"新媒体"指数均值为56.85分，有16个省份高于平均水平，占比约为59.26%。

第五章

省市政府数字服务最佳实践

第一节　政府数字服务最佳实践甄选

在政府服务数字化转型阶段，科技的日新月异使社会公众日益增长的服务需求与实际供给不足、质量不高之间的矛盾逐渐显现，各省（自治区、直辖市）服务供给能力水平之间的差距也逐渐呈扩大趋势。如何有效缩小各地政务服务的差距，保障不同地区、行业、阶层、群体的利益，是当前政府数字服务持续发展的首要核心议题。本章旨在通过展示政府数字服务能力水平较高的优秀案例，为各省（自治区、直辖市）在推进政府数字服务建设方面提供启示，以期推动整体服务水平的提升。

通过筛选，在政府网站、政务微博、政务微信、政务 App 和政务短视频 5 个渠道中分别从省、市中各选取 2~3 个数字服务媒体作为最佳实践。政府网站的最佳实践分别是"北京市人民政府""四川省人民政府""浙江省人民政府""内蒙古自治区人民政府""深圳政府在线""德阳市人民政府"；政务微博的最佳实践分别是"北京发布""四川发布""云南发布""武汉发布""中国广州发布""宿迁之声"；政务微信的最佳实践分别是"上海发布""青海政务""黑龙江政务""临夏市人民政府办公室""三亚市人民政府网""合肥市人民政府发布"；政务 App 的最佳实践分别是"随申办市民云""浙里办""秦务员""多彩宝""赣服通·南昌市""爱山东·济南市""皖事通·淮北分厅"；政务短视频的最佳实践分别是"北京发布""美丽浙江""网信西藏""包头发布""大理发布""遵义发布"。

本报告中的最佳实践是根据工作团队对"两微一端"、政府网站及政务短视频进行测评时对典型案例的挖掘及最终得到的各渠道指数的表现，分别从直辖市、省（区）和地级市政府中甄选出指数表现较好同时具有典型特色的最佳实践案例。

第二节　省市政府网站最佳实践

（一）直辖市政府网站最佳实践

北京市在直辖市政府网站服务能力指数测评中表现优异，其官方网站"北京市人民政府"在 5 项具体能力指标方面均表现优秀，其中事务服务能力、参与服务能力、服务创新能力尤为突出，在 4 个直辖市中表现优秀（见图 5-1）。

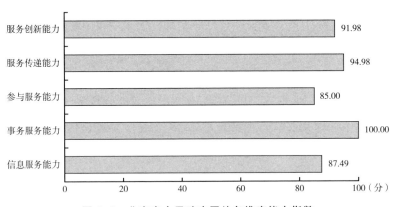

图 5-1　北京市人民政府网站各维度能力指数

在信息服务能力方面，北京市政府网站对于各机构相关信息公开条理清晰，有完整的职能简介、负责人、联系方式、地址等信息公开，同时重视政务信息的解读与发布，积极回应人民群众关注的热点或重大舆情，信息发布具有高权威性与时效性，满足了市民对政务信息互联互通的需求。在事务服务能力方面，北京市政府网站的办事流程说明完整、清晰，针对用户能够提供丰富便捷的线上服务。在参与服务能力方面，北京市政府网站能提供完善的市长信箱等咨询渠道与功能，涉及征集调查部分的信息能够及时公布，对于市民的留言、提问与咨询能够及时回复，保持了办理时间短、办结比例高的特点。在服务传递能力方面，北京市政府网站便捷易用，有多个登录渠道、清晰明确的导航栏，对各级服务事项划分合理清晰，技术上支持老人、盲人等特殊人群使用，同时提供了英语、韩语等多种外语以供有需要的国际友人使用。在服务创新能力方面，北京市政府网站主动提供丰富的意见与建议吸纳渠道，以此不断跟进用户需求、满足用户需求，同时社交平台分享功能完善，具有多平台分享功能（见图5-2）。

图5-2　北京市人民政府网站首页

北京市人民政府网站主动提供完善的市民参与管理的渠道，如特色的"大兴调查研究之风"模块，升级了传统的市长信箱功能，通过收集最真实的人民群众信息反馈，汇聚民智，考察实际民情，通过高质量的调研，不断助力高质量发展；提供了丰富的政民互动条目，同时在此基础上能够保证办结时间短与办结比例高，对于市民反馈的问题与需求能够及时回应解决；在服务创新能力方面，北京市人民政府网站走在前列，丰富的平台分享功能建设以及多官方平台共同建设为市民提供了更加便捷、高质量的服务（见图5-3、图5-4）。

图 5-3　北京市人民政府网站"大兴调查研究之风"模块页面

图 5-4　北京市人民政府网站政民互动页面

（二）省级政府网站最佳实践

1. 四川省

四川省在省级政府网站服务能力指数上表现最佳，其官方网站"四川省人民政府"在 5 项具体能力指标方面均表现优秀，其中信息服务能力、事务服务能力、服务传递能力指数为 100，参与服务能力也尤为突出（见图5-5），在 27 个省（区）中表现优秀。

四川省人民政府网站框架清晰，首页布局简单明了，导航栏设置便捷合理，在功能上支持简体中文、繁体中文、英文等语言，同时设有帮

服务创新能力   66

服务传递能力   100

参与服务能力   85

事务服务能力   100

信息服务能力   100

图5-5　四川省人民政府网站各维度能力指数

助人民群众使用网站的智能问答系统以及针对老人、盲人等特殊群体的无障碍浏览模式。在信息服务能力方面，四川省人民政府网站能够及时发布权威要闻、热点政策动态，积极解读相关政策动态信息，为人民群众提供了权威、完整、易得的政务信息，以保证能够满足人民群众的政务信息需求（见图5-6）。

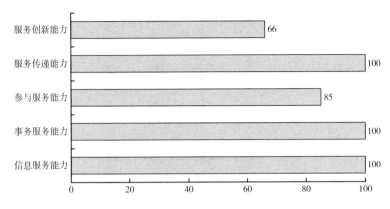

图5-6　四川省人民政府网站政务公开页面

　　四川省人民政府网站首页导航栏设有"政务服务"链接，可直接跳转至"四川省政务服务网"。本着"一网通办，最多跑一次"的原则，该网站首先围绕个人、法人将办事服务门类清晰化。在此基础上不断进行特色创新，推出"区域通办""爱心便民""营商服务""不动产服务"四个特色模块，每个模块下又涉及各类具体的便捷特色专区，以不断推进"一门式、一网式"政府服务模式改革，让群众和企业共享"互联网+政务服务"发展成果；同时以一件事流程化服务为基础，创新提出了"一件事，专'蜀'为您"模块。四川省人民政府网站从多个角度将事务服务分门别类，为人民群众提供了更细粒度的流程化、完整性事务服务；同时在网站侧边设置了浮动导航栏，通过浮动导航栏，用户可以查找办事指南、办事进度，给予好差评以及咨询智能客服等，这为用户实际应用提供了便捷与基础（见图5-7）。

图 5-7　四川省政务服务网页面

　　值得一提的是，在四川省人民政府网站首页下方，增添了四川数字政府模块，该模块正处于试运行阶段，其下设有"一网通办""一网监管""一网公开""一网协同"四个主要部分，四川省人民政府正欲打造一个便捷性、集合性的实用型政务数字服务平台，这为政府数字服务的高质量发展提供了新的思考与借鉴（见图5-8）。

图 5-8　四川省人民政府网站数字政府模块

2. 浙江省

浙江省在省级政府网站服务能力指数上表现优秀，其官方网站"浙江省人民政府"在事务服务能力、参与服务能力、服务传递能力上表现突出（见图 5-9）。

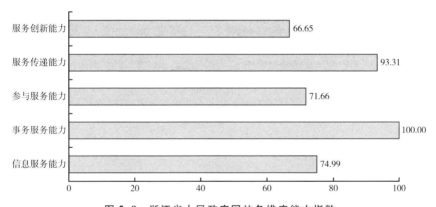

图 5-9　浙江省人民政府网站各维度能力指数

浙江省人民政府网站结合自身特点打造并推出了"浙里看""浙里办""浙里问"三大模块，分别对应了信息服务能力、事务服务能力以及参与服务能力。"浙里看"整合了浙江省人民政府领导活动、公示公告、法规文件以及政策解读等政务信息的公开，该网站对可公开政务信息分门别类，构建了清晰的框架，为用户找寻需要的政务信息提供了非常大的便利（见图5-10）；"浙里办"从用户角度分成个人服务与企业服务两个板块，从服务角度分成了营商环境服务、特色服务以及便民利企三个板块，用户从"浙里办"可直接链接到浙江省政务服务网，该网站可提供全方位、一体化的便捷性政务服务（见图5-11）；"浙里问"搭建了一个面向人民群众的政务参与平台，包含了重要会议直播平台、调查征集平台、民呼我为统一平台，针对人民群众提供了"我要咨询""我要反映""我要建议"功能，并针对人民群众关注热点选登"民呼我为"留言，公开办理过程与结果，为热点问题发出及时的高质量权威解答（见图5-12）。

图5-10　浙江省人民政府网站"浙里看"模块页面

图5-11　浙江省政务服务网页面

图 5-12　浙江省人民政府网站"浙里问"模块页面

3. 内蒙古自治区

内蒙古自治区在省级政府网站服务能力指数上表现优秀，其官方网站"内蒙古自治区人民政府"在事务服务能力、服务传递能力、信息服务能力上表现突出（见图 5-13）。

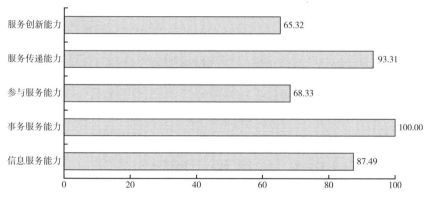

图 5-13　内蒙古自治区人民政府网站各维度能力指数

在服务传递能力方面，内蒙古自治区人民政府网站设有明确的导航栏，对政务服务事项作了明确的分类，建立了政务服务专栏，对常用办事服务进行分类整理，该网站支持蒙古语、简体中文等多语言浏览，提供了无障碍阅读、长者模式等功能，辅助盲人、老人等特殊群体使用，网站排版分块布局，清楚简单易懂，流程清晰（见图5-14）。

图5-14 内蒙古自治区人民政府网站首页

在信息服务能力方面，内蒙古自治区人民政府网站公开了完整清晰的机构职能介绍、负责人、联系人等信息，对于概况类政务信息能够及时发布，保障来源权威性；同时针对人民群众关注的热点或重大舆情能够及时回应，对有关重要政策等信息能够迅速解读，保障了政务信息的易得可得性，为人民群众及时了解需要的政务信息提供了高质量的平台（见图5-15）。

图5-15 内蒙古自治区人民政府网站政务公开页面

（三）地级市政府网站最佳实践

1. 广东省深圳市

广东省深圳市在地级市政府网站服务能力指数中整体表现最佳，其官方网站"深圳政府在线"在事务服务能力、服务传递能力、信息服务能力、服务创新能力以及参与服务能力五大能力指标中均表现出色（见图 5-16）。

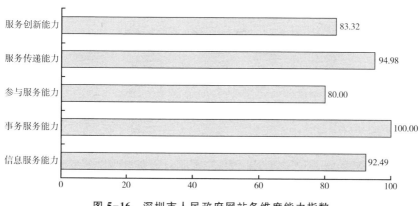

图 5-16 深圳市人民政府网站各维度能力指数

深圳市人民政府网站建设具有动态性特征，赋予了网页一定活力，更加贴近用户的使用需求。整体网页框架搭建具有模块化特性，各类分区清晰明确，彼此之间紧凑有联系，为用户提供了一个整体性更强、便捷性更高的服务体验。该网站导航栏目清晰明了，主动集合用户的热点需求，提供政务信息以及服务的智能推荐。在服务传递能力方面，深圳政府在线提供了无障碍浏览模式、多语种选择等友好功能，网页内涉及的各个模块内容和相关链接均能正常显示与使用，热门搜索、智能推荐等主动服务功能都较为完善，用户整体体验感较好（见图 5-17）。

深圳市人民政府网站导航栏设置清晰，以政务公开、政务服务以及政民互动为主。政务公开栏目包含了新闻发布、政策解读、市场监管等公开信息，以及通知公告、政务动态、部门动态等政府相关动态告知。在信息服务

图 5-17　深圳市人民政府网站首页

能力方面，该网站能够及时发布相关政务信息，保证权威性，且能够完整清晰地提供政府机构信息、政务公开数据、重点领域公开信息等以满足用户的信息服务需求（见图 5-18）。

图 5-18　深圳市人民政府网站政务公开栏目

该网站政务服务栏目为用户提供了完整的事务服务入口，通过该页面用户可以链接进入广东政务服务网深圳市专栏。深圳市人民政府网站首先为用户提供了基于个人服务与法人服务的二级分类，在此基础上又细分为"按热度分类""按主题分类""按部门分类"等以满足人民群众的不同需求，深圳市人民政府网站在政务服务页面的设计上以贴切符合的图标展示不同服务类别与相关内容，整体简洁精练，具有较高的用户使用友好性（见图5-19）。

图 5-19　深圳市人民政府网站政务服务栏目

政民互动栏目展现了深圳市人民政府网站较高水平的参与服务能力。在该栏目中，深圳市人民政府提供了丰富的线上政民互动渠道，咨询、留言、征集调查、访谈等丰富多彩的形式拉近了政民之间的距离，同时深圳市人民政府网站能够及时公开访谈内容、留言投诉等处理过程及结果，保障了权威性，做到了及时反馈、及时解决（见图5-20）。

图 5-20　深圳市人民政府网站政民互动栏目

2. 四川省德阳市

四川省德阳市在地级市政府网站服务能力指数中整体表现优秀，其官方网站"德阳市人民政府"在信息服务能力、事务服务能力、服务创新能力中表现突出（见图5-21）。

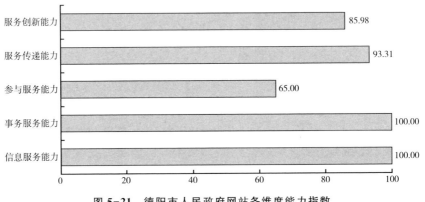

图5-21　德阳市人民政府网站各维度能力指数

德阳市人民政府网站（见图5-22）信息服务能力与事务服务能力指数均为100。从信息服务能力来看，德阳市人民政府网站的信息发布权威、时效性强；网站政务公开栏目将人民群众重点关注的政府文件、政策解读和重要会议等专设板块，方便用户浏览查阅；网站将信息公开分为政务信息公开专栏与基础信息公开两部分，便于用户准确查找，另外在基础信息公开部分，对于机构职能描述清楚，负责人、地址、电话等信息完备（见图5-23）。

从事务服务能力来看，四川省下辖地级市集成使用"四川政务服务网"，通过德阳市人民政府网站政务服务栏目可以准确链接到四川政务服务网德阳市专栏，其办事服务页面类目清晰，除了个人服务、法人服务等常设栏目外，还有直通部门、直通区县、一件事服务和川渝通办等模块。侧边导航栏包括智能客服、操作指南等服务，在每一项具体的事务服务页面都有详细的办事流程和注意事项。

在服务创新能力方面，德阳市人民政府网站能够主动提供用户使用反馈

图 5-22 德阳市人民政府网站页面

图 5-23 德阳市人民政府网站政务公开页面

渠道，通过吸收采纳用户建议不断提升网站建设水平和政务服务质量。除德阳市人民政府网站外，德阳市还拥有"德阳发布"今日头条号等其他平台进行宣传推广与服务，多平台互联让政府服务的渠道多样化，人民群众的接受度更加广泛，政府服务质量也得到更好的保障。在互动交流栏目，德阳市人民政府网站利用清晰的配色、简洁的页面与实时可视化的数据为用户展示了留言等需求办理情况，通过公开的办结记录，遇到相似问题的市民也可以借鉴与参考，为政府服务的高效率提供保障（见图5-24）。

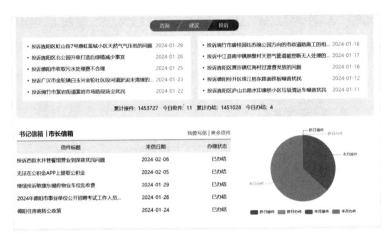

图 5-24　德阳市人民政府网站互动交流栏目

（四）省份政府网站最佳实践

省份的网站服务能力指数是包含省级政府以及所有省辖市网站服务能力的综合指数。四川省整体的网站服务能力指数为83.95分，在所有省份中排名突出。

1. 四川省政府网站服务能力指数情况

与2023年相比，2024年四川省政府网站服务能力指数整体有所下降，但从全国范围来看，四川省及下辖地级市依旧表现突出。具体来看，2024年四川省人民政府网站服务能力指数达到91.56，在全国省级政府网站中处于领先地位。在地级市网站服务能力指数中，四川省下辖地级市政府网站服务能力指数整体居于前列，其中德阳市、乐山市、成都市、内江市4个地级市在全国333个地级市中遥遥领先，其政府网站服务能力指数分别高达89.82、87.42、86.56和86.50。四川省有76.19%的地级市（除上述4个地级市外，还包括眉山市、攀枝花市、自贡市等12个地级市）在全国地级市政府网站服务能力指数中处于高水平，共有16个高水平、5 个较高水平政府网站服务能力地级市，指数最低的为 76.19（见表 5-1）。

表 5-1　四川省政府网站服务能力指数年度对比

地区	2024 年指数	2023 年指数	指数变化
四川省	91.56	94.77	-3.21
德阳市	89.82	91.57	-1.75
乐山市	87.42	87.60	-0.18
成都市	86.56	89.79	-3.23
内江市	86.50	89.44	-2.94
眉山市	86.43	87.38	-0.95
攀枝花市	86.42	86.01	0.41
自贡市	86.09	86.30	-0.21
达州市	85.62	83.06	2.56
泸州市	85.49	85.48	0.01
广元市	84.95	88.83	-3.88
广安市	84.78	88.62	-3.84
绵阳市	84.14	84.49	-0.35
遂宁市	83.38	84.78	-1.40
资阳市	82.92	81.46	1.46
宜宾市	82.79	83.46	-0.67
凉山自治州	82.55	78.81	3.74
巴中市	79.46	80.24	-0.78
南充市	78.81	80.59	-1.78
雅安市	78.46	81.79	-3.33
甘孜自治州	76.47	76.74	-0.27
阿坝自治州	76.19	77.29	-1.10

2.四川省省辖市政府网站服务能力指数情况

从政府网站服务能力指数整体情况来看，四川省政府网站服务能力指数均值为 83.95，全国政府网站服务能力指数均值为 75.49，表明四川省政府网站服务能力高于全国平均水平。在图 5-25 中可以看到，四川省省辖内所有地级市的政府网站服务能力均高于全国平均水平。

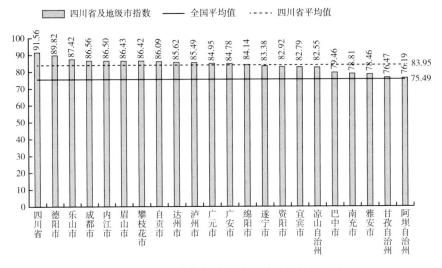

图 5-25　2024 年四川省政府网站服务能力指数

3.四川省优秀地级市案例

德阳市在四川省下辖 21 个地级市的政府网站服务能力指数排名中位列首位，在全国地级市政府网站服务能力指数排名中也位居前列，其信息服务能力、事务服务能力、服务传递能力、服务创新能力指数均处于高水平区间，其中信息服务能力、事务服务能力指数为 100，参与服务能力指数与其他地级市相比也处于优势地位。

在四川省下辖 21 个地级市中，乐山市的政府网站服务能力指数仅次于德阳市，其政府网站在信息服务能力、事务服务能力以及服务传递能力方面表现较为突出，位于高水平区间。乐山市人民政府网站在信息服务能力方面，为用户提供了丰富的政务公开信息，保证了政务信息的易得可得、及时性与权威性，保障了用户对于政务信息的需求；在事务服务能力方面，乐山市人民政府网站办事服务栏目可直接链接到四川政务服务网乐山市专栏"乐易办"，该网站在保证基础事务服务的前提下，罗列了热门服务以供用户参考，提升了用户的服务体验（见图 5-26、图 5-27）。

在四川省，成都市的政府网站服务能力指数仅次于乐山市，在全国地级市中位居前列。成都市人民政府网站的信息服务能力指数与事务服务能力指

政策文件 政策解读 更多>>

乐山市人民政府关于对毛杰等有突出表现的见义勇为个… 10-18

乐山市人民政府办公室关于印发《乐山市自然灾害救助… 10-18

乐山市人民政府办公室关于2024年全市政府网站和… 09-13

乐山市人民政府办公室关于印发《乐山市政府立法听证办法》的通知 09-06

乐山市人民政府关于"9·18"试鸣防空警报的通告 09-06

乐山市人民政府关于表扬我市参加第33届巴黎奥运会… 09-06

市政府常务会议 新闻发布会 更多>>

市政府召开第69次常务会议 2024-09-13

市政府召开第68次常务会议 2024-08-28

市政府召开第67次常务会议 2024-07-18

市政府召开第65次常务会议 2024-06-21

市政府召开第63次常务会议 2024-06-07

市政府召开第62次常务会议 2024-05-22

政府信息公开专栏

政策 政府信息公开指南

政府信息公开制度 法定主动公开内容

政府信息公开年报 市政府公报

国家、省和县区平台链接

基础信息公开

机关简介 权责清单

行政许可服务事项 收费项目

财政预决算 招考录用

政府采购 政府工作报告

图 5-26 乐山市人民政府网站政务公开页面

图 5-27 乐山市人民政府网站"乐易办"页面

数均为 100。该网站首页已经对数字政府板块搭建完善，下设有一网通办、一网公开、一键回应、一网监管等主要功能，成都市人民政府网站结合城市特色为用户推广提出了"蓉易+"品牌服务，从个人服务、企业服务、部门服务三大类为用户提供完整的事务服务流程，保证用户的服务满意度（见图 5-28）。

图 5-28　成都市人民政府网站数字政府板块

第三节　省市政务微博最佳实践

（一）直辖市政务微博最佳实践

北京市在直辖市政务微博服务能力指数测评中表现最佳（见图 5-29），信息服务能力、服务传递能力、服务创新能力都很出色。北京市政务微博拥

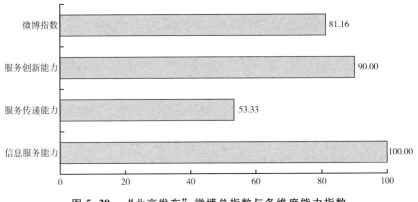

图 5-29　"北京发布"微博总指数与各维度能力指数

有约 900 万的粉丝数量，同时其视频累计播放量更是高达 1.62 亿次，这显示了其在微博平台上拥有着庞大的受众基础和强大的影响力。此外，北京市在政务传播方面一直走在前列，是较早开始利用新媒体进行政务传播的城市之一。这些数据和实践充分展示了北京市政务微博在信息服务、服务传递和服务创新方面的领先地位，为其他地区提供了良好的借鉴和示范。

"北京发布"的微博内容涵盖了政务新闻、生活资讯、教育宣传、文化传播等多个方面，不仅丰富多彩，而且贴近民生，满足了公众多样化的需求。其主要目的是向公众传递政务信息、提供咨询服务，以及及时倾听公众诉求，从而实现政务信息的有效传播和民意的及时反馈。在展现形式方面，"北京发布"采用了多样化的方式，包括文字、图片、视频、链接等，使信息更加生动直观，更具吸引力和影响力。此外，还积极引入了微博直播、微博投票等形式（见图 5-30、图 5-31），这些创新手段，有效促进了政府与民众之间的互动和交流，提升了政民沟通的效率和质量。

图 5-30　"北京发布"通过微博直播形式进行信息交流发布

与此同时，"北京发布"还与北京相关部门以及其他官方媒体如《人民日报》等进行了密切的联动（见图 5-32）。这种合作不仅加强了新媒体之间的联

北京发布 🛡 ⅼ
2023-11-24 来自 微博网页版

【#北京市2024年重要民生实事项目网络投票#活动开始啦！诚邀您的参与！】为深入贯彻党的二十大精神，认真落实以人民为中心的发展思想，紧紧锚定"践行宗旨为民造福"目标任务，2024年，北京市将紧扣"七有"目标和"五性"需求，继续办理一批市民群众最期盼、最关心的重要民生实事，着力解决市民群众急 ... 展开

⤴ 4 　　　　　💬 4 　　　　　👍 5

图 5-31　"北京发布"通过微博投票形式与公众进行互动

系，提升了信息的传播效果，也为"北京发布"提供了更丰富的资源和更广泛的宣传渠道。通过与其他官方媒体的联动，可以更好地发挥新媒体矩阵的整体效应，共同推动政务微博服务能力提升，为市民提供更加高效、便捷的服务。

北京发布 🛡 ⅼ 🖋
6-18 17:37 来自 微博网页版

【《人民日报》大篇幅报道海淀：未来产业蓄势起势】全球首个通用人工智能体"通通"，正在"就读"仿真"幼儿园"，经过1年训练，心智已从三四岁儿童水平提升至五六岁；全球首个智能心脏超声机器人，能自主完成心脏超声扫查，检查准确性与资深医生保持一致；全球首个实时孪生心脏计算模型，仅需0.84秒即可模拟出患者1秒钟的心脏跳动情况，为药物筛选、治疗方案优化等提供仿真试验平台……

北京海淀区，约430平方公里土地上，集聚了近万家国家级高新技术企业、51家独角兽企业。向新攀登、探索未来，一个个充满科技感的场景在这里照进现实。🔗
《人民日报》大篇幅报道海淀：未来产业蓄势起势 收起

图 5-32　"北京发布"与"人民日报"联动

（二）省级政务微博最佳实践

1. 四川省

在省级政务微博服务能力指数测评中（见图5-33），四川省政务微博表现最佳，粉丝数量为658.3万，微博总数达10万余条，视频累计播放量达5902.1万次，在省级政务微博中影响力巨大。在服务创新能力方面，"四川发布"展现出了极高的水平，指数为100。通过采用多种推广渠道，如社交媒体、官方网站、新闻发布会等，"四川发布"成功扩大了政务微博的影响范围，提高了覆盖面和曝光度。同时，其积极采纳新技术和新方法，如微博直播、微博故事、微博投票等，为用户提供了更加丰富多样的服务和互动体验，有效提升了微博的吸引力和用户黏性。在信息服务能力方面，"四川发布"发布的微博内容有用性仍有待提升。尽管微博信息的数量庞大，但部分内容的实用性和权威性有待加强，建议加强对内容的筛选和编辑，提供更加精准、权威、实用的信息服务。另外，在服务传递能力方面，用户活跃度相对较低，需要重点关注此问题。建议提高微博内容的更新频次，增加互动性，增强用户参与感，进一步激发用户的活跃度，促进政务微博的持续健康发展。

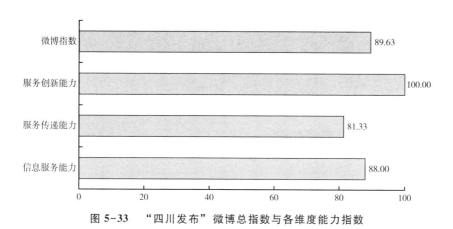

图5-33　"四川发布"微博总指数与各维度能力指数

四川省政务微博充分展现了其口号"始终站在你身边，为你传递政务信息，提供群众服务资讯"的理念。其微博内容涵盖了广泛的领域，既包括了日常安全提醒，如冰雪运动安全须知、景区流量红色预警等，为广大市民提供了及时的生活安全提示；同时，还涵盖了生活技能、文化宣传等内容，为市民提供了丰富多彩的生活知识和文化信息。此外，"四川发布"微博还通过分享美景、娱乐等内容来增加用户的浏览兴趣，为用户打造了一个全方位的信息阅读平台，旨在让用户在享受生活乐趣的同时，也能获取到有益的信息和知识，增强了政务微博的吸引力和实用性。

"四川发布"关注民生问题，积极与四川省人民政府进行连接，推动政策法规的公开意见征集和结果反馈。在渠道推广吸纳能力方面，表现突出，通过积极宣传相关渠道，如宣传"天府市民云"App 等，为市民提供更加便捷的服务渠道，提高了政务微博的覆盖范围和服务效率。此外，"四川发布"还能够灵活运用新元素，如通过微博投票等方式与民众进行互动（见图 5-34），通过微博直播等形式推动公众参与（见图 5-35），为政务微博的互动性和创新性增添了新的活力，进一步拉近了政府与市民之间的距离，促进了政民沟通和互动。

图 5-34　"四川发布"通过微博投票等方式与民众互动

2. 云南省

云南省在省级政务微博服务能力指数测评中同样表现突出（见图 5-36），其政务微博"云南发布"拥有庞大的粉丝数量，达到了 519.6 万，视频累计

四川发布
2-1 14:30 来自 微博网页版

【直播预告 | 四川省国资国企改革发展工作新闻发布】2024年2月1日（星期四）15:00，省政府新闻办将在成都举行四川省国资国企改革发展工作新闻发布会，省政府副秘书长、省铁路机场办主任张勇及省国资委、省能投集团、川航集团有关负责人介绍情况，并答记者问。四川发布微博将全程图文直播，敬请关注！

图 5-35　"四川发布"通过微博直播形式推动公众参与

播放量高达 5380.3 万次，微博总数也达到了约 8.5 万条，显示出其在社交媒体上的巨大影响力。"云南发布"的信息服务能力和服务创新能力指数分别达到了 96.00 和 90.00，这显示了该微博在信息服务和服务创新方面的不俗水平。然而，在服务传递能力方面，"云南发布"与用户的交互性（转发数、评论数、点赞数）亟待提高，以更好地促进政府与市民之间的互动和沟通。

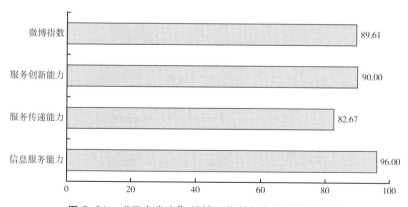

图 5-36　"云南发布"微博总指数与各维度能力指数

"云南发布"通过文字、图片、视频等多种方式进行信息发布，为用户推送有用、实用的内容，在"权威性""时效性""易得可得"等指标上均表现较好（见图5-37、图5-38）。并且，其发布的微博内容严谨准确、实用便民，与市民生活息息相关。此外，"云南发布"还积极宣传落实理论学

图 5-37 "云南发布"通过文字+视频配合的方式进行信息发布

图 5-38 "云南发布"通过微博投票形式进行小调查

习相关工作，贴心整理两会、党的二十大等重要会议的相关内容，方便公众
参与学习。该微博的形式多样，时常通过微博投票形式进行一些民意小调查
或者有趣话题的讨论，为政民互动增添了一份活力，拉近了政府与市民之间
的距离。

（三）地级市政务微博最佳实践

1.武汉市

湖北省武汉市在地级市政务微博服务能力指数测评中表现最佳（见图
5-39），其微博指数以及服务创新能力、服务传递能力、信息服务能力等三
个子维度的指数均为100，成绩十分优异，展现出了在政务微博服务领域的
卓越水平。其政务微博"武汉发布"的粉丝数量高达381.1万，视频累计
播放量更是达到了1.21亿次，受众规模庞大，累计发布微博数量超过了19
万条，信息规模巨大，这些数据都彰显了其在微博领域的影响力和活跃
程度。

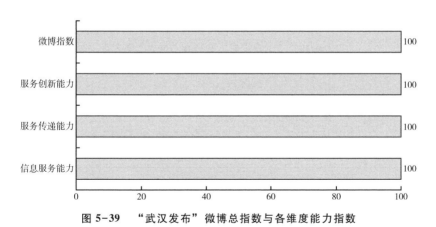

图 5-39 "武汉发布"微博总指数与各维度能力指数

"武汉发布"微博账号十分活跃，发布微博频次高，内容丰富多样，包括
生活、健康、科教、旅游、天气等，为广大网民提供了丰富多彩的信息服务，
极大地丰富了用户的生活，提高了用户的黏性。该微博账号的官方定位为
"主要用于发布市委、市政府的中心工作和重要决策部署，全市重大主题活

动，市委、市政府新闻发布类信息，文化生活服务类信息，天气和自然灾害等突发性公共事件预警应对信息；回应督办落实网民诉求"。展现出了其在内容发布和互动回应方面的高度负责和专业性（见图5-40、见图5-41）。

图5-40   "武汉发布"公布春节地铁运营时间

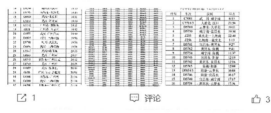

图5-41   "武汉发布"发布列车最新停运信息

2. 广州市

广东省广州市在地级市政务微博服务能力指数测评中表现卓越（见图 5-42），微博指数为 95.89。其政务微博号"中国广州发布"在信息服务能力以及服务传递能力方面表现优异，指数分别为 100.00 和 97.33，凸显了其在向公众传递政务信息、提供咨询服务方面的卓越表现。该微博的信息服务能力指数为 100，其发布的微博内容丰富多样，包括政务新闻、生活资讯、文化宣传等，能够全方位地满足用户的信息需求；同时，其服务传递能力指数也相当突出，有着高质量的微博内容和高效率的信息传递方式。"中国广州发布"的粉丝数量为 534.6 万，视频累计播放量达到 4963 万次，累计发布微博数量约为 8.5 万条，受众规模和信息规模较大。然而，其服务创新能力指数为 90.00，在新技术、新方法采纳能力方面还有进步空间，建议其进一步拓展在新技术应用方面的探索，如更多地利用视频、直播、微博故事等形式，提升政务微博的吸引力和互动性。

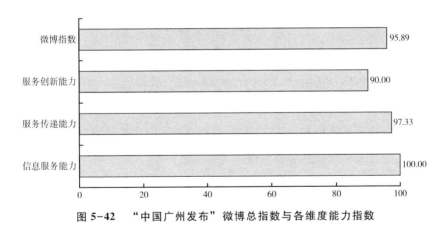

图 5-42　"中国广州发布"微博总指数与各维度能力指数

"中国广州发布"与政务微博群、中国广州政府网、中国广州网等进行链接，其口号是"'微'言大义，'博'系温暖，'中国广州发布'与您携手共织千年羊城美景、同绘国际商贸中心繁华、分享'幸福广州'美好生活"，展现了其致力于与广大用户共同构建美好城市的决心和使命感。广州市政务微博发布的内容组织清晰有条理，会通过链接跳转到相关的微博文章、视频等，方便用户获取信息，为用户提供了极大的便利（见图5-43）。微博内容会以标签形式进行标记，分类明确、实用性强，有助于群众快速、准确地获取所需信息，提升了政务微博的用户体验和服务水平。

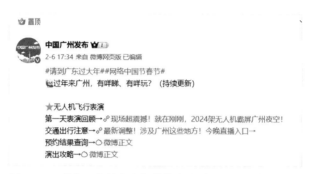

图5-43　"中国广州发布"微博内容清晰易得有条理示例

3. 宿迁市

江苏省宿迁市的政务微博"宿迁之声"在地级市政务微博服务能力指数测评中同样表现出色（见图5-44），各维度均有不错的表现，其微博指数以及服务创新能力、服务传递能力、信息服务能力等三个子维度的指数分别为95.50、100.00、90.67和96.00，大部分的三级指标为100，显示了其在政务微博服务方面的高水平。该微博拥有庞大的粉丝数量，达到了243.7万，视频累计播放量也高达1523万次，累计发布微博数量超过11万条，展现了其在受众规模和信息规模方面的可观实力。

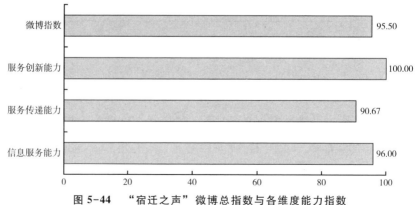

图5-44　"宿迁之声"微博总指数与各维度能力指数

"宿迁之声"的口号是"聆听自然韵律,品味青春宿迁的和谐之美;沐浴西楚雄风,见证敢试敢闯的创业激情。欢迎来到宿迁之声。宿迁之声因您而动听!"其口号鲜明地表达了对于宿迁市发展的热情和信心,并以此激发市民的归属感和参与感。此外,该微博还开通了"宿问速答"栏目,使用户可以通过评论或私信留言,第一时间提交至相关部门并及时给予回复,从而促进了公众参与,提高了信息获取的便捷性和积极性,增强了政务微博的互动性和服务性(见图5-45)。

图5-45 "宿迁之声"开设并置顶"宿问速答"栏目

(四)省份政务微博最佳实践

1.江苏省政务微博服务能力指数情况

省份政务微博服务能力指数是省级政府以及该省份地级市政务微博服务能力的综合指数。在省份政务微博服务能力指数测评中,表现最佳的是江苏省,其省份政务微博服务能力指数为83.23。在全国地级市政务微博服务能力测评中，达到高水平的城市共有 29 个，江苏省辖内的地级市指数处于高水平的就有 9 个，约占高水平地级市数量的 31%，约占江苏省地级市总数的 69%。江苏省的所有地级市政务微博服务能力水平均达到较高及以上水平，超过 2/3 的地级市的政务微博服务能力水平在全国处于领先地位。

与 2023 年相比，2024 年江苏省各地级市政务微博服务能力指数略微下降，整体浮动较小，只有南京市变化较大，省级政务微博服务能力指数也有部分下降，但总体趋势呈现有升有降，发展相对稳定。在具体城市中，泰州市、镇江市、南通市分别提高了 3.27、3.37、1.41，这些城市在政务微博服务能力方面取得了显著的进步，为全省政务微博发展树立了良好的榜样（见表 5-2）。

表 5-2　江苏省政务微博服务能力指数年度对比

地区	2024 年指数	2023 年指数	指数变化
江苏省	64.70	72.82	−8.12
南京市	74.77	97.55	−22.78
连云港市	80.59	83.30	−2.71
徐州市	82.25	85.83	−3.58
宿迁市	95.50	98.54	−3.04
淮安市	87.73	89.39	−1.66
盐城市	68.73	71.59	−2.86
泰州市	91.84	88.57	3.27
扬州市	76.78	76.86	−0.08
镇江市	78.59	75.22	3.37
南通市	87.75	86.34	1.41
常州市	87.28	90.49	−3.21
无锡市	94.11	94.12	−0.01
苏州市	94.57	97.90	−3.33

2. 江苏省各地级市政务微博服务能力指数情况

从地级市政务微博服务能力指数整体情况来看（见图 5-46），江苏

省各地级市政务微博服务能力的平均水平远高于全国平均水平。江苏省
13个地级市政务微博服务能力平均指数为84.65，而全国地级市平均指
数仅为55.90，这表明江苏省地方政府在利用微博平台传递政务信息和提
供服务方面的表现非常突出，处于领先地位。同时，江苏省省级政府以
及各地级市的政务微博服务能力指数均高于全国平均水平，展现出其在
政务微博服务领域的绝对领先地位，为其他地区提供了可借鉴的经验和
模式。

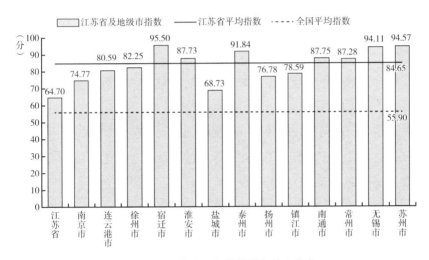

图5-46 江苏省政务微博服务能力指数

3.江苏省优秀地级市案例

（1）苏州市政务微博"苏州发布"

江苏省苏州市在地级市政务微博服务能力指数测评中表现卓越（见
图5-47），其微博服务能力指数为94.57，服务创新能力十分优异，指数
为100.00，服务传递能力以及信息服务能力指数均为92.00。"苏州发
布"的粉丝数量为300.8万，视频累计播放量为2335.5万次，发布微博
数量超过14万条，这些数据充分展示了其在影响力、活跃度等方面的出
色能力。

"苏州发布"作为苏州市人民政府新闻办公室官方微博，其所发布的内

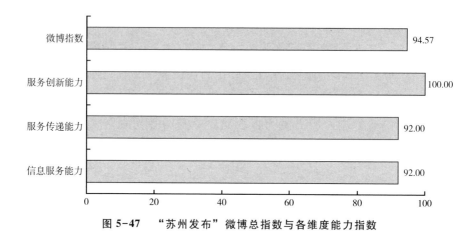

图 5-47　"苏州发布"微博总指数与各维度能力指数

容紧密贴合当地文化特色，传播着苏州独特的魅力。该微博紧跟时事，关注社情民情，不仅宣传当地文化，还时刻发布与市民生活息息相关的实用信息，具有很强的实用性和时效性（见图 5-48）。"苏州发布"微博的内容丰富多样，贴近民生，既展示了苏州市政府的形象，也为市民提供了实用的服务和资讯（见图 5-49）。

【#苏州人馋了一年的冬酿酒开酿了#】10月25日，在苏州的一家冬酿酒生产车间里，工人们忙得热火朝天。今年的冬酿酒正在紧张酿制中，按吨量的新糯米用现代化流水线蒸熟后，趁热倒入巨大的酿酒槽当中酿造。每到这个季节，老苏州人都会非常想念一年一次冬酿酒的味道。到了冬至夜，家家户户的饭桌上都会准备好香醇可口的冬酿酒。一起期待吧！#苏州准备了超600吨冬酿酒招待你#@蟹视频 □ 蟹视频的微博视频 收起

图 5-48　"苏州发布"微博内容具有苏州特色

（2）无锡市政务微博"无锡发布"

江苏省无锡市政务微博"无锡发布"的服务能力指数为 94.11，其信息服务能力达到 100，这意味着其发布的信息具有较高的权威性、时效性、易获取性和实用性（见图 5-50）。在服务传递能力和服务创新能力方面，"江苏发布"也有不错的表现，指数分别为 92.00 和 90.00，显示了其在政务信息传递和服务创新方面的积极探索与努力。

图 5-49 "苏州发布"微博内容实用性强

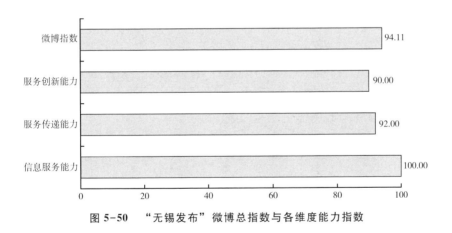

图 5-50 "无锡发布"微博总指数与各维度能力指数

"权威发布,服务民生,我们邀您共话无锡。"无锡市政务微博所发布的内容涵盖了通知公告、文化宣传、旅游宣传、科普等多个方面,丰富多彩。微博内容充满了生活气息,活泼有趣,能够吸引用户的眼球。此外,"无锡发布"善于利用问答、投票等方式与用户互动,提高了用户的浏览兴趣,增加了话题的参与率,促进了与市民的沟通互动。"无锡发布"政务微博的互动性和生活化内容,使其在市民中拥有广泛的关注度和影响力(见图5-51)。

图 5-51　"无锡发布"利用问答、投票等方式与用户互动

第四节　省市政务微信最佳实践

（一）直辖市政务微信最佳实践

在 2024 年政务微信服务能力测评中，上海市政务微信服务能力表现突出。如图 5-52，上海市政务微信"上海发布"在事务服务能力和参与服务能力方面表现极好，指数均值达到 100。上海市政务微信的服务传递能力相比其他直辖市较为优秀，指数为 84.44，而所有直辖市的服务传递能力均值仅为 58.06。相比之下，上海市政务微信的信息服务能力稍显薄弱，指数为 75.00。整体而言，"上海发布"在事务服务能力、参与服务能力、服务传递能力三个方面表现突出。"上海发布"政务微信下设"市政大厅""随申办""我爱上海" 3 个快捷菜单，起到了信息公开、政务服务和政民互动的作用。

在信息服务能力方面，"上海发布"每天均会推送 10 条以上具有高时效性的微信，其内容包括交通、卫生、医疗、文化、体育等，覆盖面广、普

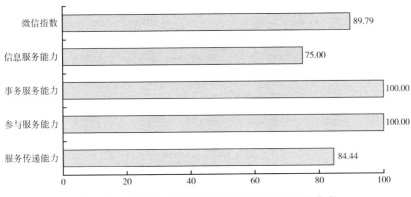

图 5-52　上海市政务微信总指数与各维度能力指数

及率高。除了常规的信息发布之外，"市政大厅"板块中提供路况查询、入
学信息查询、医院报告查询、疫苗接种查询等服务，还包括上海市各区、各
部门和重要机构的政务微信矩阵。"上海发布"结合本地特色，推出"我爱
上海"快捷菜单，涵盖多语种城市形象片、上海概览、沪语童谣等多类型
栏目，便于民众了解上海文化和历史，有助于增强民众文化自信和城市自
豪感。

"上海发布"在事务服务能力方面也表现出色。民众可以通过公众号自
动回复或者一级菜单进入事务办理入口"随申办"。"随申办"不仅有覆盖
面广的办事服务，涵盖了婚育婴幼、交通出行、社会保障、医疗卫生及教育
科研等方面；同时也具备清晰的事务分类，按专题和部门进行划分；此外，
还推出了"保障性租赁住房申请一件事""阶梯水电气一户多人口办理一件
事""新能源汽车专用牌照申领一件事"等"一件事"服务模式，为民众提
供更为便捷的事务服务；"上海发布"还具有热门推荐模块，向民众推荐
"跨省通办上海专区""一网通办微课堂""长三角无感漫游"等新颖、热
门的服务模块。在新春期间，"随申办"的页面为龙年主题，呈现方式更为
亲民（见图 5-53）。

在参与服务能力方面，"上海发布"的表现也同样出色。"随申办"的
互动菜单栏中设有"市委领导信箱"和"市政府领导信箱"，并在

图 5-53 "上海发布"政务微信服务功能界面

"12345"专区中提供了"诉求提交""找茬""金点子""随申拍""点点通"服务。此外，还提供了"问卷调查""人民建议征集""在线访谈""诉求公开"等参与服务入口，用户可以自由选择上述渠道参与政务活动，实现政民互动。

另外，"上海发布"的服务传递能力表现良好。在便捷性上，除了有可以对民众起到引导作用的有效自动回复外，还具备了便捷且富有特色的二级菜单，为民众提供便捷丰富且不失条理的信息服务。"上海发布"具有可观的受众规模，几乎所有的推送阅读量都以万为单位计数，部分推送的阅读量甚至超过了 10 万次，阅读、点赞总量排在全国政务微信前列（见图 5-53）。

（二）省级政务微信最佳实践

1.青海省

在中国大陆参与测评的 27 个省级政务微信中，青海省领跑全国，其政务微信"青海政务"在信息服务能力、参与服务能力、事务服务能力方面表现突出，指数均达到高水平，政务微信在信息公开、政务服务、政民互动方面的作用得到了很好的体现。而服务传递能力稍显不足，指数为 66.67，主要是因为受众规模相对较小，影响力稍显不足（见图 5-54）。

在信息服务能力方面，"青海政务"表现优异。"青海政务"每日都会发布 7 条左右图文消息，及时推送具有权威来源的省内热点资讯，满足民众的信息需求。同时，"青海政务"在其一级菜单"政策"栏目中设立了"国务院文件""省政府文件""政策查询""政策解读"二级菜单，发布最新国家政策与政府文件；在其一级菜单"掌上政务"栏目中设立了"微信集群""政务微博"二级菜单，进行多种信息源的链接。

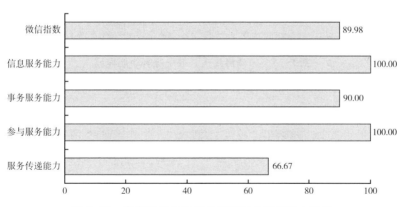

图 5-54　青海省政务微信总指数与各维度能力指数

在事务服务能力上，"青海政务"表现较好，集成化程度高。"青海政务"设置"掌上政务"一级菜单，并通过下设的"青海省人民政府"二级菜单链接至青海省"全国一体化在线政务服务平台"，能够快速、全面地进行办事服务，具有清晰的办事流程、便捷的办理方式和透明的处理进度。

在参与服务能力上，"青海政务"在其"掌上政务"一级菜单中设置"青海政务督查"二级菜单，包括"问题线索反馈""工作建议""涉企乱收费问题"三类反馈渠道；其"青海省人民政府"二级菜单可链接至各类信访反馈渠道；在其"互动交流"一级菜单设置"@国务院""青海12345""我为政府建言献策"二级菜单。其中，"青海12345"又包括"我要投诉""我要举报""我要建议""我要求助""我要咨询"等互动方式，并进行热点知识、新闻公告和他人诉求的选登（见图5-55）。

图 5-55　"青海政务"政务服务功能界面

2. 黑龙江省

黑龙江省的政务微信"黑龙江政务"菜单栏分类清晰，将信息发布、政务服务、政民互动三方面区分开，并分别设置一级菜单为"公开目录""政民互动""服务专区"。"黑龙江政务"在信息服务能力、事务服务能力、参与服务能力方面表现较好，指数分别为85.00、90.00和100.00。而服务传递能力指数仅为45.56，主要是因为信息规模较小（见图5-56）。

在信息服务能力方面，"黑龙江政务"每日发布5条以上省内相关资讯，时效性高；并在一级菜单"公开目录"中设置二级菜单"政策文件""政策解读""政府公报""门户网站"，发布黑龙江省重要政府信息；在一级菜单

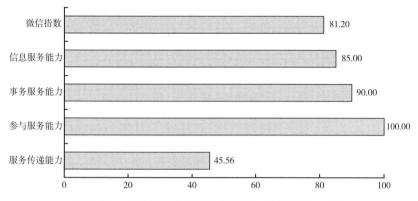

图 5-56　黑龙江省政务微信总指数与各维度能力指数

"政民互动"中设置二级菜单"政务新媒体矩阵",提供丰富的信息源参考。

在事务服务能力方面,"黑龙江政务"表现较优。"黑龙江政务"在其一级菜单"服务专区"中设置二级菜单"带你去办事""龙江政企查""政策码上查""快问快答",贴合办事服务进行介绍引导,并通过"门户网站"跳转至黑龙江省"全国一体化在线政务服务平台"进行办事服务,且办事服务涉及事项全面(见图 5-57)。

图 5-57　"黑龙江政务"政务服务功能界面

在参与服务能力方面，"黑龙江政务"表现优异，设置了多种互动渠道。"黑龙江政务"在其一级菜单"政民互动"中设置"@国务院""我向省长说句话""建言征集"等二级菜单，参与服务渠道丰富。

（三）地级市政务微信最佳实践

1. 临夏回族自治州

在我国参与测评的333个地级行政区划单位中，甘肃省临夏回族自治州政务微信服务能力表现突出，其政务微信"临夏市人民政府办公室"在信息服务能力、事务服务能力、参与服务能力方面均表现优异，指数均为100，极大地发挥了政务微信在信息传播、办事服务和政民互动方面的作用。"临夏市人民政府办公室"的服务传递能力指数为73.33，相对来说已在我国前列，不足之处主要是因为受众规模相对较小，阅读、点赞量稍显不足（见图5-58）。

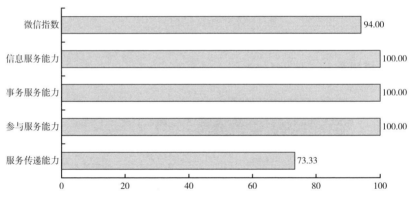

图 5-58　"临夏市人民政府办公室"政务微信总指数与各维度能力指数

在信息服务能力方面，"临夏市人民政府办公室"每日及时推送企业和公众所需的、密切关注的省内及市内热点资讯的图文信息数量在8条以上。一级菜单"政务公开"中包括二级菜单"本市概况""政府网站""通知公告""政策解读""疫情防控"，分别为公众提供地理位置、资源优势、时政要闻、政府信息等最新资讯；一级菜单"三抓三促"针对"抓学习促提升　抓执行促落实　抓效能促发展"开展专题宣传，介绍城市建设目标；一级菜单"便民服务"中的二级菜单"信息公开"更好地提供政府信息公开服务，方便公民、法人或其他组织依法获取政府信息。

在事务服务能力方面，"临夏市人民政府办公室"表现优异。"临夏市人民政府办公室"通过一级菜单"便民服务"中的二级菜单"网上办事"可链接至甘肃政务服务网，或是直接通过聊天框中输入"2"获取相关链接（见图5-59）。在甘肃政务服务网中，提供"热点专题"栏目进行热点项目快捷链接，例如"工程建设项目审批""不来即享""投资项目审批"等；提供"特色服务"栏目，包括"跨省通办服务""省内通办服务""秒批秒办""助企惠企"等，提高事项办理便捷度；并依据"个人生命周期"和"企业生命周期"划分相关事项，快速、可视化事项办理；此外，还有"集成服务""政务超市""政策资讯"等。总体上看，"临夏市人民政府办公室"充分发挥了政务微信在办事便捷方面的作用。

图 5-59　"临夏市人民政府办公室"政务服务功能界面

在参与服务能力方面，"临夏市人民政府办公室"也表现优异。一级菜单"便民服务"中的二级菜单"政民互动"中涵盖了"12345""在线问答""我要写信""民意征集""意见建议征集""回应关切""在线访谈"等多种政民互动渠道；二级菜单"督察征集问题线索"和"国务院督查"则开展了专题的线索征集及互动。

在服务传递能力方面，"临夏市人民政府办公室"设置了智能问答，简化了公民获取信息的方式，丰富了信息获取渠道。虽然受众规模相对较小，但"临夏市人民政府办公室"一直保持着较高的信息规模，后续可从受众规模着手进行提高，扩大影响力。

2. 三亚市

在我国参与测评的 333 个地级行政区划单位中，海南省三亚市的政务微信公众号"三亚市人民政府网"服务能力排在前列，尤其在信息服务能力、事务服务能力、参与服务能力方面都有亮眼的表现（见图 5-60）。

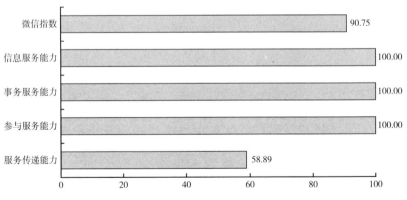

图 5-60　"三亚市人民政府网"政务微信总指数与各维度能力指数

在信息服务能力方面，"三亚市人民政府网"所推送的图文信息大多属于企业和公众密切关注的热点资讯和便民服务信息，并且这些信息大都来源于官方资料，具有较高的权威性和准确性。除了日常信息推送外，"三亚市人民政府网"下设的一级菜单"政务公开"，包括"党的二十大""政务公开""政策解读"等，分别提供会议、政策等信息，更全面地满足民众的信息需求。此外，"三亚市人民政府网"还开设了"文明三亚"一级菜单，发布"社会主义核心价值观""换届纪律十严禁"等内容。

在事务服务能力上，"三亚市人民政府网"表现出彩，办事服务丰富。在一级菜单"政务公开"下的二级菜单"政务服务"和"市政府网小程序"均可进行事项办理，其中，二级菜单"政务服务"链接至"海易办"小程序，并提供了"我要查询""个人办事""法人办事""办件进度"等栏目，并涵盖了大量的办理事项。除常规人才专区、教育专区外，开设"消费一码通离岛免税"特色专题，针对性进行事务办理，简化流程，提升用户体验。此外，"三亚市人民政府网"在一级菜单"互动服务"下设二级菜单"小微企业服务专栏"，针对性进行事项办理（见图5-61）。

图5-61　"三亚市人民政府网"信息服务和事务服务功能界面

在参与服务能力上，"三亚市人民政府网"表现亮眼。在一级菜单"互动服务"下包括"@国务院""互联网+督查""同心建言""互动交流""小微企业服务专栏"，其中，"同心建言"面向各领域专业人士，从"建言献策""调研报告""社情民意""同心微言""理论研究""统战论坛"六方面收集意见，以期为中心工作建真言、献良策、出实招，为科学决策、民主决策提供参考；而"互动交流"面向广大民众，包括"领导信箱""征集调查"等栏目。

在服务传递能力上，"三亚市人民政府网"特设智能问答小助手，通过问答提供咨询、辅助办事，可通过聊天框直接唤起，极大地方便了用户操作。"三亚市人民政府网"在信息规模和受众规模两方面仍有提升的空间，后续可持续改善（见图5-62）。

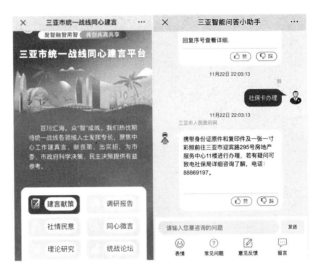

图5-62 "三亚市人民政府网"参与服务和服务传递功能界面

3.合肥市

在我国参与测评的333个地级行政区划单位中，安徽省合肥市政务微信"合肥市人民政府发布"在服务能力上也表现不俗、具有代表性，尤其是在信息服务能力、参与服务能力、服务传递能力方面表现亮眼，而其事务服务能力指数仅为60.00，不足主要体现在事项全面性以及程序规范性等方面（见图5-63）。

在信息服务能力方面，"合肥市人民政府发布"每日及时推送8条以上企业和公众所需的、密切关注的省内及市内热点资讯。在一级菜单"政务"中设置二级菜单"合肥要闻""政府公报""重要转载""双微矩阵"栏目，介绍政务要闻并对政府公报进行同步；在一级菜单"服务"中设置二级菜单"就业服务"和"招聘合集"，为民众提供就业信息专题资讯。

在参与服务能力方面，"合肥市人民政府发布"表现优秀。"合肥市人民政府发布"在一级菜单"政务"中设置二级菜单"政府公报"，可链接至

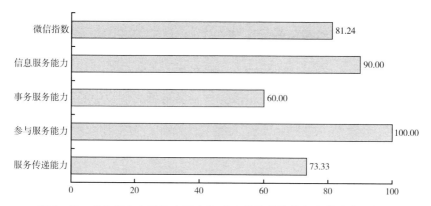

图 5-63 "合肥市人民政府发布"政务微信总指数与各维度能力指数

人民政府"互动交流"模块，包括"合肥市12345热线""我要写信""民意征集""网上调查""在线访谈"等栏目，政民互动渠道广泛。

在服务传递能力方面，"合肥市人民政府发布"也表现良好，位居我国前列。尤其在受众规模方面，"合肥市人民政府发布"受众面广，消息发布阅读量大多在1万人次以上，具有较大影响力，服务传递能力强（见图5-64）。

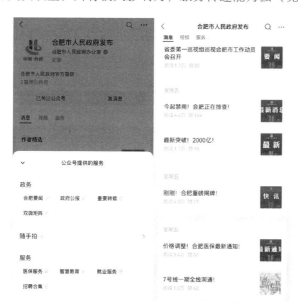

图 5-64 "合肥市人民政府发布"政务服务功能界面

（四）省份政务微信最佳实践

1.内蒙古自治区政务微信服务能力指数情况

内蒙古自治区在 2024 年省份政务微信服务能力测评中表现突出，其省内地级市政务微信共有 12 个，其中处于高水平区间的城市共有 7 个，处于较高水平区间的城市共有 5 个，无处于中或低水平区间的地级市，其政务微信服务能力整体水平位于全国前列。

与 2023 年相比，2024 年内蒙古自治区政务微信服务能力指数整体变化较大，呼和浩特市政务微信指数小幅度下降，除此之外，省级及地级市政务微信指数均有所提升。通辽市、巴彦淖尔市、乌兰察布市 3 个地级市的指数提升明显，其中，巴彦淖尔市是提升最快的城市，由 2023 年的28.98 上升至 2024 年的 73.06，政务微信服务能力指数共提升 44.08，提升幅度可观。从整体上看，内蒙古自治区及其地级市政务微信服务能力大部分在上升，且内蒙古自治区整体政务微信服务能力发展态势良好，表现突出（见表 5-3）。

表 5-3　内蒙古自治区政务微信服务能力指数年度对比

地区	2024 年指数	2023 年指数	指数变化
内蒙古自治区	86.98	74.00	12.98
呼和浩特市	76.91	82.78	-5.87
呼伦贝尔市	87.15	84.16	2.99
通辽市	80.79	40.07	40.72
赤峰市	87.29	79.80	7.49
巴彦淖尔市	73.06	28.98	44.08
乌兰察布市	82.64	38.58	44.06
包头市	78.48	74.00	4.48
鄂尔多斯市	80.46	63.25	17.21
乌海市	77.05	61.82	15.23
兴安盟	80.20	63.31	16.89
锡林郭勒盟	81.23	65.90	15.33
阿拉善盟	76.00	63.48	12.52

2.内蒙古自治区各地级市政务微信服务能力指数情况

从政务微信服务能力整体情况来看，全国政务微信服务能力指数平均值为67.34，内蒙古自治区平均综合指数为80.63，领先全国平均水平19.75%。内蒙古自治区及其下辖12个地级市的微信服务能力指数均高于全国平均水平，说明内蒙古自治区整体的政务微信服务水平在全国范围内处于领先地位，在政务微信的建设上表现较好，值得肯定（见图5-65）。

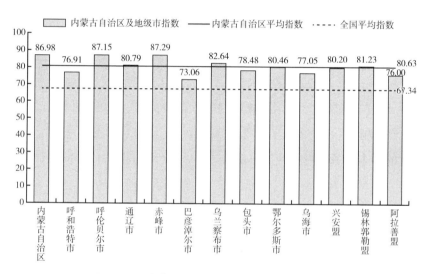

图5-65　内蒙古自治区政务微信服务能力指数

3.内蒙古自治区优秀地级市案例

赤峰市政务微信"赤峰市人民政府发布"的服务能力指数在内蒙古自治区下辖地级市中居于前列，微信指数为87.29。在信息服务能力、事务服务能力和参与服务能力方面的建设成效显著，均保持在高水平（见图5-66）。

在信息服务能力方面，"赤峰市人民政府发布"除了常规的信息推送外，其开设的"微政务"一级菜单栏下设5个二级菜单，分别为"全国要闻""赤峰要闻""赤峰概况""通知公告""政务微信"，发布的内容均为全国、省内、市内的权威信息。在事务服务能力方面，"赤峰市人民政府发

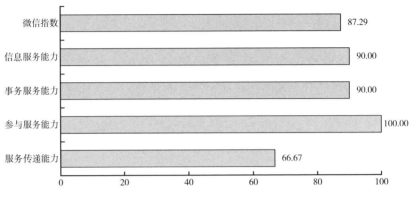

图 5-66 "赤峰市人民政府发布"政务微信总指数与各维度能力指数

布"开设了"微服务"一级菜单，包括"办事咨询""办事进度""个人办事""法人办事""我要投诉"5 个二级菜单，为民众提供了程序明晰、类型丰富的办事服务。在参与服务能力方面，"赤峰市人民政府发布"在"微互动"一级菜单下开设了"新闻发布""营商环境评估调查""优化营商环境""互联网+督查""@国务院"5 个二级菜单，为民众建言献策、投诉咨询提供了便利的渠道。

第五节 省市政务 App 最佳实践

（一）直辖市政务 App 最佳实践

2024 年上海市政务 App"随申办市民云"数字服务能力总指数达到了100，在信息服务能力、事务服务能力、参与服务能力、服务传递能力 4 个维度指数均为 100，其凭借丰富的主题服务库，不断新增的服务事项，满足居民掌上办事需求的服务，持续提升服务能级和用户体验的能力，当选直辖市政务 App 最佳实践（见图 5-67）。

在信息服务方面，"随申办市民云"信息栏目设置醒目，首页下方设置"热点关注""政策图解""政府公报""办事指引""政策专区"专栏，

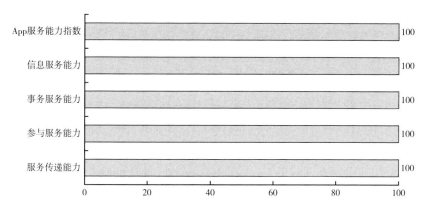

图 5-67　上海市政务 App "随申办市民云" 服务能力总指数与各维度能力指数

"热点关注""政策图解"可点击切换,"政府公报""办事指引""政策专区"滚动播放,给予用户更多选择。其中,"热点关注"针对市民关心内容,增加更新数量,增强更新时效,注明消息来源,权威性更强。"政策专区"是集成式发布政策库,支持信息检索服务,提供人口发展、招生入学、住房保障、养老服务相关政策信息。

在事务服务方面,个人事项办理中,"随申办市民云"提供丰富的"一件事服务",即企业职工退休、灵活就业、保障性租赁住房申请、还清房贷、新能源汽车专用牌照申领、阶梯水电气一户多人口办理、多元化解矛盾纠纷服务、公民婚育、医疗付费、学生参保共济、公共信用信息修复、出生、居住证办理、二手房水电气有线电视过户、文明养犬、公民身故,共计16 项"一件事服务",基本涵盖市民社会生活的方方面面。在企业事项办理中,"随申办市民云"提供"一网通办"企业上市服务专区,为企业提供评价报告、发行上市辅助、各地政策共享、路演培训报名等服务,助力企业培育成长,为企业上市之路保驾护航;还设置有"普惠金融服务专区",支持中小微企业等市场主体的融资诉求。

在参与服务方面,"随申办市民云"开设互动专区,专区最上方滚动播放不同政务部门的社会调查问卷,征集市民评价、意见和建议。除问卷形式外,还设有人民城市人民建——人民建议征集的"征集令"板块,鼓励市民通过邮箱、邮寄信函、电话、"随申办市民云"我要建议等方式提供宝贵建议，畅通沟通渠道。此外，专区还公开"市委领导信箱""市政府领导信箱""诉求"，设置"12345"板块，提供"12345"市民热线"智能小沪"在线回应市民关切。

除此之外，"随申办市民云"还提供"个性化定制服务"。"我的"频道设置用户自定义、勋章展示和个性化个人数据板块等功能，让掌上办更贴心，让常用服务"触手可及"。上海市各行政区"旗舰店"也开启"内卷"模式，纷纷上新服务，不仅有金山区提供"老人办证预约"服务，关心行动不便的老人，还有虹口区上线"公证服务""人才服务""中小企业""元宇宙"四个特色专区，更有奉贤区"VR政务大厅"提供一站式在线服务。各行政区"旗舰店"的"花式内卷"让"随申办市民云"移动掌上办更实用、更便捷。

（二）省级政务App最佳实践

1. 浙江省

2024年，浙江省政务App"浙里办"在数字服务能力测评中表现最为出色，在省级政务App中服务能力指数排名占据首位，总指数为95.51，切实做到让用户尽览政策资讯，办理各类服务。2024年，"浙里办"以用户需求为导向，App的视觉体验、界面布局、办事分类更加整齐划一；设置上优化细节体验，个性化功能和服务更加突出；事务服务上聚焦市民关切，涵盖范围更加广泛，从上学的"浙里问学"专区到工作的"数字工会"专区，再到看病问诊的"云陪诊"服务，"浙里办"在稳扎稳打做好原有服务的基础上推陈出新，努力做市民的贴心"小管家"（见图5-68）。

在信息服务方面，"浙里办"没有设置信息栏目，但在互动栏目个人频道里设置有"玩转浙里办""政策解读""回应关切""直播访谈"等模块，提供政策信息、市民关切信息、App个人版功能使用等信息服务，方便市民查阅观看。与个人频道不同，法人频道在互动栏目专门设置有"活动公开"，提供企业关心的"信息服务"。此外，"浙里办"依托省、市、县一体

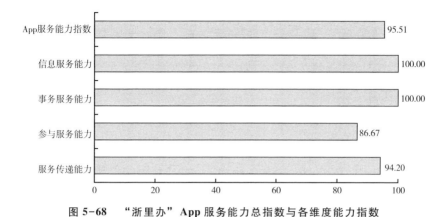

图 5-68　"浙里办" App 服务能力总指数与各维度能力指数

化宣传矩阵，围绕上新功能、高频事项攻略、重要事件、重要节点等开展常态化联合宣传工作，积极与新华社、人民网、《浙江日报》等国家、省级主流媒体开展合作，不断提升"浙里办"品牌知晓度和影响力。

　　在事务服务方面，"浙里办"的办事栏目较 2023 年框架模块无较大改变，仅栏目的界面交互发生了微调，从原来的矩阵型变成列表型，支持名称换行显示，还标注出常用的服务。同时，在"浙里办"首页热门服务旁边，新增了"我的常用"个性化定制功能，方便市民使用经常浏览的服务，精简查找环节。此外，App 首页搜索栏内滚动播放热门办事事项服务，用户可直接点击进入办理。浙江省政务服务助理"小浙"智能机器人界面，也汇总提供"注册登录、公积金、卫生健康"三类市民关心程度最高相关的事项服务指南，方便市民掌上办事。

　　在参与服务方面，"浙里办"开设互动栏目，互动栏目也提供"个人频道"和"法人频道"切换。个人频道中提供个人版"浙里办"App 超实用功能全攻略，包括"长辈版"快捷使用方法、实用功能、快速查找线下大厅等攻略；法人频道中提供法人版"浙里办"App 超实用功能全攻略，包括法人用户中心实用功能、个法账号频道切换，内含视频讲解，清晰易理解。此外，个人频道设置"民呼我为"模块，征集市民反馈建议；法人频道设置"企业诉求"模块，征集企业建议与诉求。

在服务传递方面，"浙里办" App 可在 Android 和 iOS 的应用商店或通过浙江省人民政府官网上的二维码进行下载，"浙里办"的政策资讯和各类服务也都可以通过链接发送分享给他人。

2. 陕西省

2024 年，陕西省的政务 App "秦务员"在省级政务 App 服务能力测评中突飞猛进，总指数为 95.10，排名前三。"秦务员"在信息服务能力、事务服务能力、参与服务能力和服务传递能力 4 个维度均表现出色，其中又以信息服务能力、事务服务能力表现最为突出，两项指数均值达 100，很好地发挥了政务 App 传递政务资讯、提供便捷掌上办事服务的功能，是市民认可的"勤"务员（见图 5-69）。

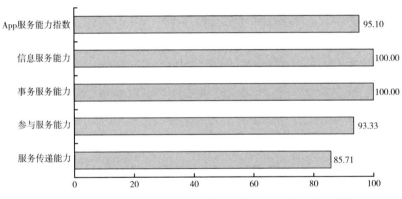

图 5-69 "秦务员"App 服务能力总指数与各维度能力指数

在信息服务方面，"秦务员"App 设置有政策专区"政策直通车"。最上方提供搜索框，可按"政策层级、适用对象、行业分类、主题分类、关键要素（发布日期、发文部门）"分类搜索，方便用户根据分类条件快速筛选所需信息。同时，专区设置"最新政策、政策推荐、热门专题、政策解读、行业政策"五大模块，最新政策上方滚动播放；政策推荐可根据用户兴趣选择"换一批"；热门专题涵盖纳税缴费、营商环境、就业创业、农业农村、社会保障、体育文化、医疗卫生七类；政策解读类别提供部门和图像两类，图像解读图文并茂更加通俗易懂；行业政策涵盖市民衣食住行、教育医疗工作等 19 类，全面地为市民提供各领域的政策资讯。

在事务服务方面，"秦务员" App 在线事务办理功能"越来越完善、越来越好用"。目前涵盖了全省省级超 800 多项，地市 5800 多项政务办事，让市民可以足不出户，轻松办事。在办事栏目，为方便市民快速定位办事需求、办事条件，"秦务员" App 还提供详细的办事指南查询功能，办事指南中提供"线下办理"与"在线办理"两种方式，线下办理告知申请材料、受理地点及时间、咨询电话等，在线办理根据流程操作可直接掌上进行。此外，"秦务员" App 在首页专门设置"上新服务""NEW 服务"模块，方便用户关注了解 App 功能上新。

在参与服务方面，与其他省级政务 App 相比"秦务员" App 同样设置了"12345""意见反馈""市民权益保护"等反馈交流功能。但优异独特的是，"秦务员"在 App 内各个界面均提供"点我反馈"功能，让用户能够在"当下观看或者操作界面时"及时录入反馈建议，无须退出寻找"12345""意见反馈"等模块提交建议。但"秦务员" App 在参与服务方面也存在缺少诉求公开的不足。

在服务传递方面，"秦务员" App 服务能力稍显薄弱。下载方面，App 的二维码可在陕西省政务服务官网的侧边悬浮栏浮窗清晰显示，便于查找，也可以在 Android 和 iOS 的应用商店下载，App 的易得性较强。同时，App 自身设置有评价反馈功能，便于市民对 App 提出使用体验的评价建议。但 App 内的政策资讯、服务以及 App 本身都不能直接被市民通过社交平台传递分享，用户只能通过上述下载方式获取 App 和 App 内资讯，这影响了资讯、服务的传递。

3. 贵州省

2024 年，贵州省的政务 App"多彩宝"在省级政务 App 服务能力测评中表现中等偏上，事务服务能力指数获得 100；参与服务能力维度表现优异，与山西省、云南省、宁夏回族自治区、陕西省并列第一；但信息服务能力与服务传递能力有待提升。"多彩宝" App 的显著特色与优势在于：其打造了"数字政务+数字民生+数字商务"三位一体的移动政务服务平台，功能不仅局限于实现信息服务、事务服务、参与服务、服务传递四方面，也提供越来越多的民生内容，还有独属于自己省的生活化、个性化服务（见图5-70）。

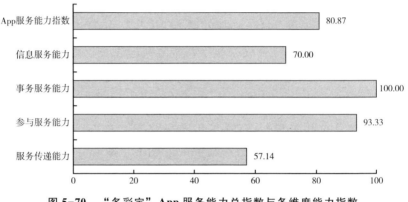

图5-70 "多彩宝" App 服务能力总指数与各维度能力指数

在信息服务方面，在搜索框里可查询到"多彩宝" App 设置有"政策公开"、"残疾人相关政策"与面向企业的"政策兑现"特色专题。"政策公开"与"残疾人相关政策"信息更新频率与时效相对较低，不易获取最新政策资讯；面向企业的"政策兑现"特色专题设置有"涉企政策""政策兑现""抢先知道"三个模块，便于企业了解惠企政策。

在事务服务方面，"多彩宝" App 上线各类高频政务民生服务 4000 余项，省级各部门打造"部门旗舰店"提供在线专项办理，涵盖市民生活方方面面。同时，App 还提供各类专题服务共十项，如特色专题"贵州人办家乡事"，方便在外地的贵州人自主申报、帮办代办，以及优待扶持的"特殊人群服务"专题。此外，"多彩宝" App 统计公开"政务服务好差评"，根据市民反馈不断提升服务质量，其透明务实的作风赢得市民信赖。

在参与服务方面，"多彩宝" App 设置有"贵人互动"特色专题，该专题名字有趣，服务有爱，互动有效。专题中提供便民、高效、规范、智慧的"12345 互动""贵人客服""智能问答""我要纠错""随手拍"等服务，让市民可以通过该专题畅所欲言，且切实做到"事事有答复、件件有回音"。在首页还设置有"问卷调查"征求市民关于"高效办成一件事"的意见建议。在服务传递方面，从贵州政务服务网服务渠道可获取"多彩宝"App下载二维码，App可通过微信、QQ、微博分享到社交平台上。

综上所述，"多彩宝"App不仅有与PC端贵州政务服务网实力相当的信息服务能力、政务事务服务能力，还有独特的数字"民生服务"，如：实现水、电、气、电视等民生服务五级（即省、市、县、乡、村）全覆盖，围绕线下社区打造15分钟便民生活圈，开设"社区一刻"线上专区，融合社区办事、民生服务、物业服务及相关的后市场服务，还开设"多多严选""蔬菜认养""天天消费券""黔乡村周边游"等后市场专区，让市民不仅可以办事，还能够在线购物、生活。

（三）地级市政务App最佳实践

1. 南昌市

2024年1月，江西省移动政务服务平台"赣服通"6.0版上线，"赣服通"6.0升级版创新引入人工智能（AI）、大数据分析、生成式AI等现代信息技术，推出全国首个全场景、交互式智能办事模式。江西省省级政务"赣服通"App是省内各地级市共用共建的移动平台，2024年江西省各地级市移动政务服务平台数字服务能力表现优异且均衡，各项服务能力质量提升显著，在此以南昌市为最佳实践进行分析（见图5-71）。

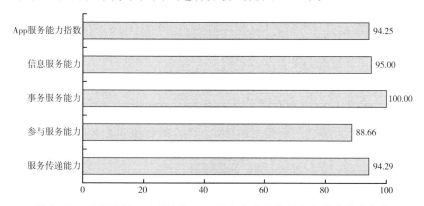

图5-71　"赣服通·南昌市"App服务能力总指数与各维度能力指数

在信息服务方面，"赣服通·南昌市" App 首页设置办事攻略，分享"赣服通·南昌市"上线功能解读、热点政策解读等资讯。其中，资讯形式多样，有文字版、图文版、短视频版，资讯下方用户还可以点赞、收藏、评论，右上角还可以转发至社交平台。稍有不足的是办事攻略内没有各类资讯的明确分类，也没有提供查询功能，不方便用户快速查找感兴趣的信息内容。

在事务服务方面，"赣服通·南昌市"围绕企业从开办到注销、个人从出生到身后的生命周期全过程，重点推出了 22 个"一件事一次办"服务；聚焦公共、就业、教育、医疗、交通、法律、文旅等重点领域打造主题专区，深入拓展应用场景；提供线上政务大厅，实现线上线下融合，为企业群众提供大厅导航、智能填表、免证办事、大厅评价、取件通知等服务功能。

在参与服务方面，"赣服通·南昌市"提供全流程、全场景交互式办事体验。将"智能小赣事"打造成"善思考"的办事小助手，实现拟人化的引导服务体验；打造"会办事"的企业小秘书，实现场景化的导办服务体验；打造"超智能"的咨询小客服，实现交互式对答交流；打造"懂数据"的小管家，实现智慧化的信息查询体验。另外，设置"12345 热线"，支持"意见诉讼"在线提交，诉讼历史、诉讼流程详细可查询。

在服务传递能力方面，"赣服通·南昌市"6.0 版流畅度、清晰度很高，使用无卡顿白屏。页面设置体现"红色摇篮地"特色，大气美观。功能设置上操作简单，用户交互感、体验感良好。

2. 济南市

济南市使用山东省移动政务服务"爱山东" App，用户可在"爱山东" App 中切换到济南市，从而获得济南市独立设计页面，并获取政策资讯和办事服务。2024 年，济南市移动政务服务"爱山东·济南市"数字服务能力总指数为 94.25，列全国地级市前 3%，其各项维度指数均排名靠前，表现出色（见图 5-72）。

在信息服务方面，"爱山东·济南市" App 设置"我的政策"栏目。该栏目分为惠企"政策兑现"模块、"政策文件""政策专区""政策解读"

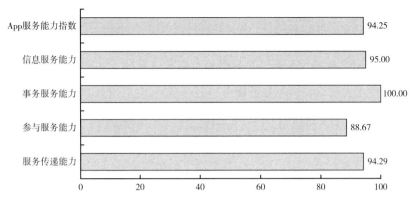

图 5-72　"爱山东·济南市"App 服务能力总指数与各维度能力指数

"政策专区"模块，针对感兴趣的模块，用户可自主选择订阅。政策解读提供"听、读、看"多种形式，"每日一听""政策图解""视频讲堂"三大方式可供用户自主选择。此外，该栏目还提供独一无二的政策信息个性化定制，即"政策计算""政策匹配"功能，一方面，用户可以选择关键词，根据选择的条件"政策计算"为用户计算出适合的政策，另一方面，根据用户点击、浏览偏好，App 精准化提供智能匹配政策。

在事务服务方面，"爱山东·济南市"App 4.0 版本功能更强大、服务更聚合。App 首页打造全新智"惠"生活板块，围绕"住行医游学"五大主题，物流寄递、房源超市、入学考试、就医问诊、文旅活动应有尽有，市民生活所需即是努力方向，不断推动服务理念由"办事轻松"向"生活更轻松"转变。

在参与服务方面，"爱山东·济南市"App 设置有专门的互动栏目。与2023 年相比，2024 年互动栏目全新升级，将原来的"12345 便民服务热线""接诉即办""办事咨询"三大模块升级为"民声在线""有事问客服""短视频""文旅活动""志愿服务"五大模块，互动参与服务更详细、更贴切、更符合用户习惯。此外，"爱山东"App 面向全省开展以"上线五周年，期许大家提"为主题的 2024 年"你说我办"调查问卷活动，问卷最后一问为"您期待以上建议在哪个地区实现？"精准定位市民期待。

3. 淮北市

2024 年"皖事通·淮北分厅"数字服务能力总指数为 92.01，其信息服务能力、事务服务能力、参与服务能力、服务传递能力 4 个维度发展较为均衡。下载使用方面，安徽省政务服务 App 一体化能力较强，省内地级市均共用安徽省级政务 App"皖事通"，"皖事通·淮北分厅"App 在首页左上角将城市切换为"淮北市"即可使用。省级、地级市政务 App 一体化打造既可以避免移动端平台重复搭建浪费政务资源，也能够避免用户重复下载 App，便捷实用。2024 年，"皖事通·淮北分厅"凭借其个性化地级市定制服务、别出心裁的适老化服务设置，当选地级市政务 App 最佳实践（见图 5-73）。

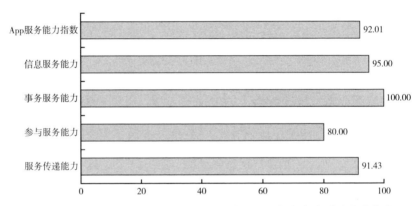

图 5-73　"皖事通·淮北分厅"App 服务能力总指数与各维度能力指数

在信息服务方面，"皖事通·淮北分厅"提供便民资讯。除在资讯的详情界面提供文字阅读外，还设置"说给你听"功能让用户能够以"听广播"的方式获取资讯信息。"说给你听"功能的设置，给用户获取信息方式的更多选择，让不方便仔细阅读的用户也能够便捷获取新闻资讯。

在事务服务方面，除上线的常规政府办事事项能便捷办理外，"皖事通·淮北分厅"还是"皖事通"App 第一批上线"智慧停车"服务的分厅，能够让市民在拥堵的城市中直达通畅通道位。此外，"皖事通·淮北分厅"还是积极上线推广"皖美拍"应用模块的分厅，"皖美拍"为广大市民提供 53 类证件、9 种规格和底色的照片，让市民能够自主采集、上传、使用照片，照片授权后可在驾驶证、社保卡、教师资格证等 27 个业务系统中通用。

在参与服务方面，"皖事通·淮北分厅"设置有"12345 热线"，提供有"办件评价""我的投诉""我的建议"功能，方便用户反馈。在服务传递方面，"皖事通"App 易在应用商店和安徽省政府网站获取，App 还可通过微信、QQ、微博三大社交平台进行分享传递。

（四）省份政务 App 最佳实践

省（区、市）政务 App 服务能力指数包含省级政府及其地级市政务 App 服务能力的综合指数。"我的宁夏"政务服务 App 是宁夏回族自治区政府主导创立的移动城市生活服务平台，整合了宁夏回族自治区各部门以及所辖地级市的各级政府部门面向公众和企业的服务资源，为企业和群众提供政务服务办事、公开政策查询等在线服务，以及生活缴费、医疗挂号等便民服务。2024 年，宁夏回族自治区政务 App 服务能力突飞猛进，服务能力指数为 94.65（见图 5-74）。

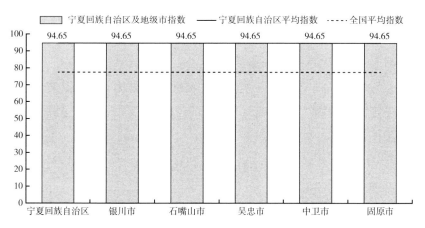

图 5-74　宁夏回族自治区政务 App 服务能力指数

从政务 App 数字服务能力整体得分情况来看，与 2023 年相比，宁夏回族自治区及其下辖地级市政务 App 服务能力指数排名均有大幅度提升。其中，宁夏回族自治区 5 个地级市的 App 服务能力表现出色，政务服务一体化均衡发展程度较高，在全国地级市政务 App 排名中 5 个地级市均处于领跑地位；同时，宁夏回族自治区省级政务 App 服务能力指数排名也位列省级政务 App 服务能力前列，高于全国省级的平均水平。

在信息服务方面，"我的宁夏" App 首页设置"美丽新宁夏"、"政策解读"与"政策公开"三大模块，为市民提供宁夏本地新闻、政策动态和惠民惠企政策。在服务传递方面，"我的宁夏" App 可通过社交平台分享政策资讯，还能够"邀请好友"加入"我的宁夏"用户大家庭，让亲朋好友一起体验便捷优质服务。

在事务服务方面，"我的宁夏" App 整合了各类服务系统和入口，成为宁夏回族自治区政务服务和生活便民服务的最大移动端入口，主要提供"查、办、问、评"四大功能。现阶段，"我的宁夏" App 可线上办理的业务涵盖热门服务、特色专题、主题服务等专区，囊括 1500 多个便民事项，让用户可以轻松"指尖办""掌上办"，此外更有超 3500 个事项能够实现"掌上查""掌上约"。用户可通过首页顶部"我要查""我要办"快速进入查询和办事页面，或者在热门推荐服务区域、主题集成服务区和热门精品服务区快速定位办事事项。除政务办事服务外，"我的宁夏" App 还上线 60余类生活服务业态，提供便民服务。

在参与服务方面，"我的宁夏" App 提供"适老化"服务，推动消除老年人享受智能技术的"数字鸿沟"，App 可切换"长辈模式"。搜索功能可语音识别无需打字，宁夏方言也可识别。此外，App 还提供人工智能助手"宁小夏""12345 热线专区"进行问题答疑，还有"好差评系统"收集用户对已办理事项的评价反馈。

第六节　省市政务短视频最佳实践

（一）直辖市政务短视频最佳实践

在直辖市政务短视频服务能力指数中，北京市居首位，指数为 64.71，在服务传递能力和服务创新能力方面表现优异，信息服务能力指数为 100（见图 5-75）。与其他直辖市的政务短视频账号相比，北京市政府新闻办公室官方抖音号——"北京发布"拥有最多的点赞、转发、评论数量，账户活跃度高，用户黏性良好，发挥了信息公开、政务服务的基础作用，同时重民生、有温情。

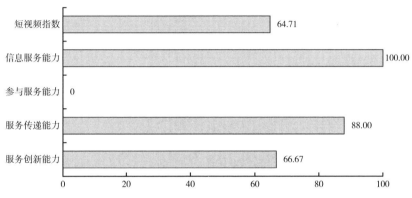

图 5-75 "北京发布"政务服务能力总指数与各子能力维度指数

北京市政务短视频不局限于传递政务信息，还提供涉及城市宣传、风俗民情、地域文化、时事新闻等多个方面的内容，发布的原创视频不仅内容充实有用，而且信息及时有效，并且在转发非原创视频时能够做到准确标识作品来源（见图 5-76）。

在服务创新能力方面，北京市政务短视频不仅整理发布了众多短视频合集，还利用短视频渠道进行直播，整理历史直播动态，汇总直播主要内容。短视频合集包括"文化名家访谈""大学宝藏寻迹""瞰北京"等，涵盖党建、文化、高校、美景、发布会等多种类型，用户可以通过点击作品下方的合集链接浏览所有已发布的合集内容，能够方便快捷地按照主题进行体系化检索和编排。其中，"聚焦全国文化中心建设"合集已更新至第 100 集，累计播放量达到 623 万次，展示了北京作为首都在文化建设方面的使命和表率作用。

图 5-76　"北京发布"政务服务功能界面

（二）省级政务短视频最佳实践

1. 浙江省

浙江省在省级政务短视频服务能力指数测评中一马当先，短视频服务能力指数为 81.31（见图 5-77）。浙江省人民政府新闻办公室官方抖音账号——"美丽浙江"在信息服务能力、服务传递能力和服务创新能力上均表现优异，其发布视频的数量、频率以及粉丝数量在省级账号中名列前茅，推动了政务信息的传播深度与广度，在省级层面起到了一定的榜样作用。

具体来看，在信息服务能力方面，浙江省表现得非常优秀，指数为 100。"美丽浙江"（见图 5-78）发布的视频内容有权威性、及时有效，与社会热点和民生趣事息息相关；更新频率高，测评期间每日发布原创日常动态约 30 条，还会发布部分具体政务服务事项的操作流程，具有很强的实用性。在参与服务能力方面，浙江省利用简洁有力的宣传标语介绍了视频账

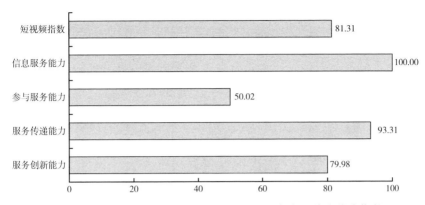

图 5-77 "美丽浙江"政务服务能力总指数与各子能力维度指数

号，注明了投稿邮箱和投稿小程序，主动倾听民众心声，号召全民一起投稿，发布民众关注度高和感兴趣的信息。在服务创新能力方面，浙江省善于运用合集的方式吸引用户查看、传递政务信息并且弘扬社会正能量；同时，浙江省敢于标新立异，尝试通过直播频道传达信息内容，每月开设直播40余场，紧跟时代潮流，且直播内容不局限于省级层面的信息，关注到村级信息，开辟了政民互动与交流的新途径。

图 5-78 "美丽浙江"政务服务功能界面

2. 西藏自治区

西藏自治区在省级政务短视频服务能力指数中表现优秀，中共西藏自治区委员会网络安全和信息化委员会办公室官方抖音账号——"网信西藏"的各服务子能力发展得较为均衡，取得了 70.39 的好成绩（见图 5-79）。

图 5-79　"网信西藏"政务服务功能界面

西藏自治区政务短视频账号的宣传口号是"网传天下，信知西藏"（见图 5-80），其日常发布的内容不仅涵盖文化宣传、网络安全、法律常识等多个领域，更是在主页整理收集了具有西藏特色的歌单，在传承和弘扬优秀中华传统文化和西藏文化的同时，极大地提高了用户的浏览兴趣，充分体现了希望通过互联网联结民众与当地发展的口号内容。与浙江省不同的是，其短视频主题多与党建和时政快讯有关，较少关注当地民生及社会热点，但账号主页也提供了投稿邮箱，鼓励民众投稿当地生活见闻，同时该渠道也可能成为一个良好的接收民众建议的渠道，真正做到"从群众中来，到群众中去"，努力为群众服务。

（三）地级市政务短视频最佳实践

1. 包头市

内蒙古自治区包头市在地级市政务短视频服务能力指数中成为典范，包

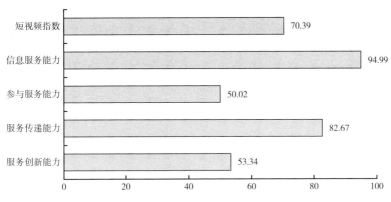

图 5-80 "网信西藏"政务服务能力总指数与各子能力维度指数

头市互联网信息办公室官方抖音号——"包头发布"政务服务能力总指数
为 78.58，在信息服务能力和参与服务能力维度表现优异，其中参与服务能
力指数为 100 取得了突出成绩，弥补了服务传递能力和服务创新能力的相对
短板（见图 5-81）。

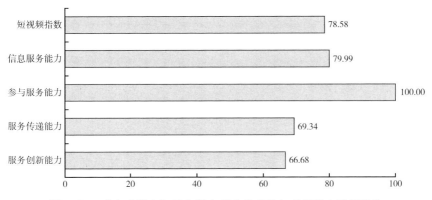

图 5-81 "包头发布"政务服务能力总指数与各子能力维度指数

"包头发布"政务短视频账号以"在这里，知包头，爱包头，做贡献"
作为信条，日常发布的视频囊括时事新闻、便民信息和自然风景多个领域；
公开投稿邮箱，同时支持公众私信联系，鼓励多渠道来信，同时表明可以投
稿有趣有料、正能量和热点新闻等，丰富短视频内容。此外，包头市政务短

视频不仅在直播动态中提供了直播回放，还将部分精彩直播回放整理成合集，不仅增加了直播视频的曝光量，还能让公众在检索时更加便捷、快速地找到感兴趣的内容。此外，包头市政务短视频最值得被其他城市学习的就是参与服务能力中的"参与回应"，"包头发布"政务短视频积极给粉丝的评论点赞并参与回应粉丝的评论，对于粉丝的部分疑问和诉求有针对性地回复，展现热情友好的态度，让公众感受到温暖和关怀（见图5-82）。

图 5-82 　"包头发布"政务服务功能界面

2. 大理白族自治州

云南省大理白族自治州在地级市政务短视频服务能力指数测评中表现非凡，中共大理州委宣传部官方抖音号——"大理发布"政务服务能力指数为77.83，在各个维度表现稳定，其中信息服务能力和服务传递能力突出（见图5-83）。

"大理发布"在服务传递能力上，其受众覆盖面广，发布原创视频频率高，传播影响广泛，收到的点赞、评论和转发数都名列前茅。正如"风花雪月，自在大理"，"大理发布"短视频内容风格独树一帜，日常发布的短视频内容涉及当地新闻、时政以及风景、人文等，不仅时效性强，转载视频或素材也均标明来源。值得一提的是，大理白族自治州充分运用自身风景文化优势发展短视频政务服务项目，不仅利用"每日云图"合辑记录大理的

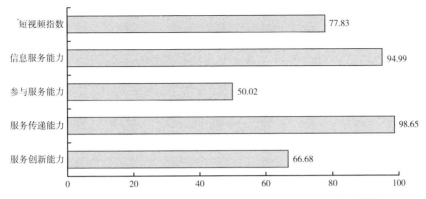

图 5-83　"大理发布"政务服务能力总指数与各子能力维度指数

日常风景，展示地方特色美景和魅力，推广当地文化，同时为文旅发展相关的视频建立合集，激发游客的旅游兴趣，为游客提供实用的旅游参考信息，有效提升了当地旅游业的竞争力和吸引力，从而带动经济高质量发展，增进社会福祉与繁荣（见图 5-84）。

图 5-84　"大理发布"政务服务功能界面

3.遵义市

贵州省遵义市在地级市政务短视频服务能力指数测评中创新进取，遵义市新闻中心官方抖音号——"遵义发布"同样在信息服务能力和服务传递能力上表现出色（见图5-85）。其发布的视频内容以当地公共活动及便民信息为主，目标用户定位清晰，政务短视频不仅时效性强、权威性强，视频正上方还附有醒目且简短的文字说明，便于用户快速获取视频内容，同时也给中老年用户提供更好的体验感。由此，"遵义发布"短视频的点赞、评论和转发数量名列前茅，账号的活跃度和交互性值得其他地级市借鉴。值得一提的是，遵义市短视频账号也善于通过与其他官方账号或个人账号共创短视频，结合短视频平台热点内容或创作方式，创新出有当地特色的视频内容，打造多样丰富的用户互动场景，提供多元化的用户体验。

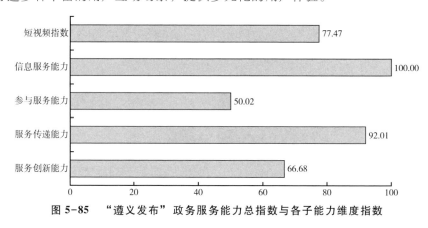

图5-85 "遵义发布"政务服务能力总指数与各子能力维度指数

（四）省份政务短视频最佳实践

省份政务短视频服务能力指数是包含省级和各省所辖地级市在内的政务短视频服务能力综合指数。在省份政务短视频服务能力指数中，浙江省的指数均值为58.36，表现突出，同时其拥有较高水平政务短视频的地级市数量最多，整体发展持续向好，故2024年仍然选择浙江省作为省份政务短视频最佳实践。

1.浙江省政务短视频服务能力指数情况

在2024年地级市政务短视频服务能力指数中，浙江省内有7个地级市排名靠前，并且除绍兴市和舟山市外，其他拥有短视频账号的地级市指数排名均较靠前，可见浙江省政务短视频服务能力整体水平位于全国前列。

与 2023 年省份政务短视频服务能力指数相比，2024 年浙江省省级指数仍然排名第一，保持全国范围内的最高水平，各地级市指数则变化各异，服务能力进步的地级市占多数（见表 5-4）。其中金华市、舟山市和温州市在 2024 年开通政务短视频账号，金华市和温州市政务短视频发展迅速，在全国各地级市开通政务短视频账号数量大幅增长时，表现优异，足见重视程度之高，工作落实之到位。除衢州市外，地级市指数均未明显落后于 2023 年，杭州市、嘉兴市的政务短视频服务能力更是在 2024 年进入全国前 10。总体来看，浙江省各地级市政务短视频建设发展稳中有升，超过半数地级市政务短视频服务能力处于较高水平，与其他省（区）相比优势显著。

表 5-4　浙江省政务短视频服务能力指数年度对比

地区		2024 年指数	2023 年指数	指数变化
浙江省		81.31	71.58	9.73
	杭州市	76.52	65.44	11.08
	湖州市	70.76	82.65	-11.89
	嘉兴市	70.43	57.12	13.31
	绍兴市	7.85	5.69	2.16
	舟山市	36.93	—	36.93
	宁波市	69.65	73.55	-3.90
	金华市	47.91	—	47.91
	衢州市	62.04	78.05	-16.01
	台州市	61.01	42.47	18.54
	丽水市	52.48	38.18	14.30
	温州市	63.47	—	63.47

2.浙江省各地级市政务短视频服务能力指数情况

从地方政府政务短视频服务能力指数整体情况来看，浙江省政务短视频服务能力指数均值为 58.36，高于全国的指数均值（34.45），由此可见浙江省政务短视频的服务能力水平要明显高于全国平均水平（见图 5-86）。浙江省省级政府以及所有地级市全部开通政务短视频，指数情况也基本高于全国平均水平，展现出浙江省在全国范围内的绝对领先地位。其中，指数最高的地级市是杭州市，此外，湖州市和嘉兴市在政务短视频的建设上也展现出了卓越的能力，值得称赞。

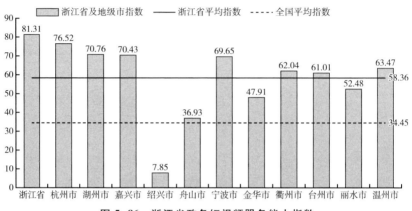

图 5-86　浙江省政务短视频服务能力指数

3. 浙江省优秀地级市案例

杭州市网信办官方抖音账号——"韵味杭州"服务能力指数为 76.52，处于较高水平，在信息服务能力和服务传递能力上表现亮眼（见图 5-87）。"韵味杭州"（见图 5-88）在全国处于领先地位的地级市政务短视频中稳中求胜，日常发布的内容主要为当地实时资讯和文旅宣传，视频内容合集分类明确，涉及亚运会、亚残运会、美丽乡村、浙江高考等多方面内容，大大提升了用户获取信息的便捷性，可以帮助用户深刻了解当地的乡村发展和重大体育赛事等，充分展现了杭州深厚的人文关怀，推动了城市文化和旅游发展。同时，视频文案均注明了来源，保证了内容的权威性和准确性。虽然"韵味杭州"未能在参与服务能力和服务创新领域中获得更突出的成绩，在参与回应和渠道推广吸纳两方面有待加强，但是其专注于短视频本身，满足了政务短视频借助新媒体手段进行政务宣传、展示和服务的初心，通过趣味化、接地气的方式进行活动介绍和形象展示等，不断提高内容质量和公信力，值得所有政务短视频账号学习并突破。

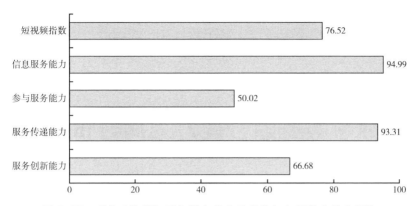

图 5-87 "韵味杭州"政务服务能力总指数与各子能力维度指数

图 5-88 "韵味杭州"政务服务功能界面

· 第六章

政府数字服务综合能力空间分布

第一节　中国数字服务综合能力总体情况

（一）直辖市与省级政府数字服务综合能力分布

上海市的数字服务综合能力指数表现最佳，浙江省、北京市紧随其后，这3个省（区、市）政府数字服务综合能力指数均位于高水平区间（80，100]；重庆市、四川省、云南省、内蒙古自治区、福建省、甘肃省、天津市、湖北省、湖南省、江西省、河北省、安徽省、吉林省、贵州省、黑龙江省、陕西省、辽宁省、山东省、青海省、海南省、新疆维吾尔自治区、河南省、广西壮族自治区等23个省（区、市）政府数字服务综合能力指数位于较高水平区间（60，80]；西藏自治区、山西省、宁夏回族自治区、广东省、江苏省等5个省（区、市）政府数字服务综合能力指数位于中等水平区间（40，60]。整体来看，各地区之间省级政府的数字服务综合能力指数差异较大，中部及北部地区省级政府的数字服务综合能力指数相对较高，部分地区内省级政府的数字服务综合能力指数也存在一定程度差异。总体来说，由于数字服务综合能力由政府网站、政务微信、政务微博、政务App、政务短视频5个渠道构成，大多数省级政府在单一渠道发展具有优势，但其余渠道发展有较大提升空间，整体渠道之间发展存在较大差异，发展不均衡。

（二）直辖市与省级政府网站服务能力指数分布

北京市、四川省、上海市的政府网站服务能力指数表现优秀，与天津市、内蒙古自治区、重庆市、福建省、浙江省、海南省、陕西省、湖南省等8个省（区、市）共同居于高水平网站服务能力指数区间（80，100]；河南省、甘肃省、湖北省、青海省、贵州省、广西壮族自治区、山东省、江苏省、云南省、山西省、辽宁省、黑龙江省、江西省、广东省、河北省、安徽省、吉林省、西藏自治区、宁夏回族自治区等19个省（区、市）政府网站服务能力指数表现良好，居于较高水平区间（60，80]；新疆维吾尔自治区政府网站服务能力指数居于中等水平区间（40，60]。总体来说，中部地区直辖市与省级政府网站服务能力指数表现突出，东部较西部略有优势，南北部差异较小，直辖市整体水平较为领先。整体来看，直辖市与省级政府网站服务能力指数普遍较高。

（三）直辖市与省级政务微博服务能力指数分布

直辖市与省级政务微博服务能力指数整体相比网站较低。四川省的政务微博服务能力指数表现最佳，与北京市、吉林省、云南省、新疆维吾尔自治区4个省（区、市）共同居于较高水平区间（80，100]；河南省、湖北省、黑龙江省、陕西省、江西省、广东省、甘肃省、山西省、内蒙古自治区、浙江省、贵州省、海南省、西藏自治区、山东省、辽宁省、广西壮族自治区、江苏省、河北省、湖南省、天津市、上海市、重庆市22个省（区、市）的政务微博服务能力指数位于中等水平区间（60，80]；青海省、安徽省、宁夏回族自治区的政务微博服务能力指数较低，有较大提升空间。总体来说，直辖市与省级政务微博服务能力指数发展存在阻碍，部分直辖市与省级政务微博发展停滞；在地区分布上，中北部地区直辖市与省级政务微博服务能力指数较好。

（四）直辖市与省级政务微信服务能力指数分布

青海省的政务微信服务能力指数表现最佳，与上海市、广西壮族自治区、内蒙古自治区、安徽省、浙江省、福建省、陕西省、海南省、贵州省、云南省、重庆市、山东省、北京市、黑龙江省、河南省、湖南省16个省（区、市）共同居于高水平微信服务能力指数区间（80，100]；山西省、河北省、湖北省、广东省、宁夏回族自治区、辽宁省、天津市、甘肃省、新疆维吾尔自治区、四川省、吉林省11个省（区、市）政务微信服务能力指数表现良好，居于较高水平区间（60，80]；江西省、西藏自治区、江苏省政务微信服务能力指数不高。总体来说，直辖市与省级之间政务微信服务能力指数发展差异较为明显，个别省级政务微信发展较缓慢，极差大于50；在地区分布上中部地区政务微信服务能力指数优势突出，各地区内部政务微信服务能力指数也存在较大差异。

（五）直辖市与省级政务 App 服务能力指数分布

上海市政务 App 服务能力指数表现最佳，指数为100，与浙江省、甘肃省、陕西省、宁夏回族自治区、江西省、山东省、安徽省、内蒙古自治区、重庆市、福建省、云南省、天津市、河北省、北京市、黑龙江省、贵州省16个省（区、市）共同居于高水平微信服务能力指数区间（80，100]；吉林省、四川省、广西壮族自治区、湖南省、辽宁省、西藏自治区、山西省、湖北省、青海省、新疆维吾尔自治区10个省（区、市）的政务 App 服务能力指数位于较高水平区间（60，80]；河南省、海南省指数不高。总体来说，直辖市与省级政务 App 服务能力发展较为成熟，在中部地区、东部地区发展优势较突出。

（六）直辖市与省级政务短视频服务能力指数分布

浙江省的政务短视频服务能力指数表现最佳，位于高水平区间（80，100]；西藏自治区、四川省、北京市、重庆市、云南省、江西省等6个省（区、市）的短视频服务能力指数表现较优秀，共同居于较高水平区间（60，80]；湖北省、上海市、海南省、湖南省、新疆维吾尔自治区、吉林省、甘肃省、广东省、江苏省、内蒙古自治区、福建省、河北省等 12 个省（区、市）的政务短视频服务能力指数位于中等水平区间（40，60］；天津市、安徽省、辽宁省、贵州省、青海省、河南省、黑龙江省、山西省等 8 个省（区、市）的政务短视频服务能力指数位于低水平区间（0，40］；截至 2024 年底，还有部分省（区、市）没有开展短视频相关服务。整体来看，直辖市与省级政务短视频服务能力指数发展不均衡，浙江省在短视频服务发展上走在前列，值得其余省级政府借鉴学习。

第二节　中国数字服务综合能力区域分析

（一）东北地区数字服务综合能力区域分析

东北地区包括黑龙江省、辽宁省和吉林省等 3 个省级行政单位。数据显示，2023 年东北三省的数字服务综合能力指数均处于较高水平区间（60，80］。

黑龙江省政务 App"龙易办"提供了服务零距离、办事零等待、沟通零障碍的功能，全力推进跨地区、跨部门、跨层级政务服务互联互通，依托"龙易办"App，坚持以人民为中心的发展思想，以企业和群众"办好一件事"为目标，以深入推进"一网通办""全省通办"改革为抓手，打造"办事不求人"政务服务品牌，推动企业和群众办事由政府"端菜"向市场主体"点菜"转变、由办成向办好转变。吉林省以数字政府为先导，引领行政管理、政务服务和营商环境的质量变革、效率变革、动力变革，建设高效的数字政府。辽宁省的政务微信"辽宁发布"作为政务新媒体起到带头示范作用，结合本省实际情况，通过调整其栏目设置和内容发布机制，推进创新发展，不断提升平台建设管理水平（见表 6-1）。

表 6-1　东北地区各省级行政单位典型做法

省份	目标	典型做法
黑龙江省	以"办好一件事"为目标，深入推进"一网通办""全省通办"改革	黑龙江省政务 App 为促进政务服务规范化、便利化，全面重塑黑龙江省民生营商新环境，加快建设覆盖业务流程、部门全协同、效能全监管的全省一体化在线政务服务平台；依托"龙易办"App 实现政务服务"就近办、马上办、指尖办"和"不见面审批"等，让数据多跑腿，群众少跑路； 坚持"一件事"线上"一次登录、一网通办"，线下"只进一门、一窗受理"。在政务服务平台或"黑龙江全省事"App 专窗实现一次登录、统一受理；依托"黑龙江全省事"App 推进更多高频民生事项"掌上办"
吉林省	以数字政府为先导，实现数字吉林新跨越	吉林省人民政府采用"同城双活、两地三中心"模式建成"吉林祥云"大数据平台。持续完善全省电子政务外网，实现省市县乡村政务部门全覆盖，建成省市县乡村五级数据共享体系。建设全省统一的政务服务事项管理系统，与国家事项平台实现了目录同步和数据交互的闭环管理。持续强化"吉林祥云"大数据平台网络、主机、应用、数据、移动端、安全监测等安全防护体系建设，有效保障平台资源安全； 依托网上办事大厅"吉事办"，打造统一规范的网上政务服务总入口、掌上办事总门户，综合提供在线预约、在线申报、在线咨询、在线查询以及公众评价等服务，大力提升全省网上办理能力，全省全程网办政务服务事项达 5.6 万项； 自主研发应用"综合受理、集成审批、统一发证"的全省一体化全流程审批系统，推动审批服务向基层延伸，实现省市县乡村使用一套系统、一个平台进行全流程在线审批，964 个乡镇（街道）便民服务中心全部实现政务服务延伸，累计办件 16 万余件
辽宁省	推进创新发展，建立以"辽宁发布"为引领的政务新媒体矩阵	通过省政府门户网站、"辽宁发布"政务微信微博等渠道，主动公开政府信息 3 万余条。开设"三年行动""奋力夺取开门红"等专题，持续为全面振兴发展提供有力支持。在省政府门户网站开设政策解读专栏，2023 年发布 AI 解读 17 个、动漫解读 86 个、政策图解 127 个； 调整省政府门户网站和"辽宁发布"微信号栏目设置和内容发布机制，提升信息发布的及时性、准确性、权威性。建立以"辽宁发布"为引领的政务新媒体矩阵。全面升级改版省政府门户网站"政府公报"栏目，实现公报的集中展示、历史查询、目录汇总、电子版下载等功能，"辽宁发布"同步推出电子公报专栏，扩大知晓度和影响力

　　资料来源：《黑龙江省人民政府关于加快推进政务服务标准化规范化便利化的实施意见》；《"数字"让吉林更美好——数字吉林建设五年综述》；《辽宁省人民政府办公厅 2023 年政府信息公开工作年度报告》。

（二）华北地区数字服务综合能力区域分析

华北地区包括北京市、天津市、山西省、河北省、内蒙古自治区5个省级行政单位。数据显示，2023年华北地区有1个省（区、市）数字服务能力综合指数为高水平，3个为较高水平，1个为中等水平。

北京市整体数字服务综合能力表现优秀，其网站服务能力、微博服务能力、短视频服务能力均在华北地区中表现突出。北京市人民政府网站"首都之窗"建设成熟，在5个渠道中表现突出。作为国际性大都市，网站服务为国际友人提供了英语、韩语、日语、法语等9种外语显示；在政务服务、政民互动方面，北京市人民政府网站保证了权威性、便民性、功能性等，提升了政务服务的质量。天津市网站服务能力、微信服务能力、政务App服务能力均表现出色，其中政务App"津心办"服务能力在5个渠道中表现最为亮眼，"津心办"一直以"精心、敬心、用心、暖心"为宗旨，在便民服务上做到了全覆盖、强针对。山西省微博服务能力、微信服务能力以及网站服务能力表现较为优秀，其中微信服务能力在5个渠道中表现最为亮眼。山西省政务微信主要分为"资讯要闻""微观山西"以及"政务服务"板块，在保证了信息的权威发布与解答的基础上为用户提供了便捷。河北省政务App服务能力在5个渠道中表现最佳，"冀时办"作为河北省深入推进"放管服"改革推出的官方移动政务服务App，以提升政务服务能力、优化群众办事体验为目标，真正实现了"一机在手、办事无忧"。内蒙古自治区的数字服务综合能力在全国位居前列，其网站服务能力、微信服务能力以及政务App服务能力均表现出色，其中政务App服务能力、微信服务能力在华北地区5个省级行政单位中表现最佳，5个渠道中内蒙古自治区政务App服务能力最突出。"蒙速办"App是内蒙古自治区政务服务局基于内蒙古政务服务网一体化平台建设的移动端掌上办事官方唯一入口，为辖内市民及有需要的人士提供了便捷的各类事务服务（见表6-2）。

表 6-2 华北地区各省级行政单位典型做法

省(区、市)	名称	典型做法
北京市	政府网站"大兴调查研究之风"	北京市人民政府网站专设"大兴调查研究之风"板块,坚持党的群众路线,"从群众中来、到群众中去",增进同人民群众的感情,真诚倾听群众呼声、真实反映群众愿望、真情关心群众疾苦,设立"民生民声""营商环境"板块,提供给群众留言民生问题、营商问题的渠道,广泛汇聚民智、民力,增进民生福祉积极探索开展"民呼我为""接诉即办"等,畅通群众意见反映渠道,从人民群众最关心、最直接、最现实的利益问题入手,着力办好群众关心的"关键小事";围绕民生诉求等方面深入基层开展调研,实行问题"大起底、大排查、大整改"
天津市	政务 App:"津心办"暖民心	天津市不断推进"互联网+政务服务"和"放管服"改革措施落地落实,在 2019 年底上线"津心办",以"精心、敬心、用心、暖心"为宗旨给群众提供最尽心的服务。2024 年 2 月 1 日天津市"津心办"正式上线了新生儿服务专区,全面涵盖新生儿相关的事项办理、查询及权威服务资讯,包含了出生证办理、户口登记和医保参保、阶段疫苗注射,新生儿出生"一件事"全流程办理以及提供的权威科普答疑都广受市民的好评
山西省	"微服务"便利政民	山西省政务微信充分利用微信信息传递能力强、便捷性高的特点,在"资讯要闻"板块中及时发布要闻信息、政府会议、访谈内容以及政策文件与解读,保障了用户的信息需求,在"微观山西"板块中提供了山西印象的音视频吸引游客,同时设立"政务联播"板块为市民提供最息息相关的一手政务快报;通过"政务服务"板块,为市民与政府之间搭建了交流平台,围绕营商环境服务、民生服务等各类问题提供了不同等级的留言平台,并设立了智能问答解决相关不便问题,保障了服务的质量与服务对象的广泛性
河北省	"冀时办":一机在手,办事无忧	"冀时办"是河北省移动政务服务的主要提供渠道和总入口,为各级各部门移动政务服务应用提供公共通道和公共支撑,不仅可以在线办理行政审批类事项,而且提供了查询、预约、缴费等千余项高频便民应用服务。"冀时办"汇聚省、市、县、乡、村各级政务服务应用资源,为用户提供了权威、统一、便捷的移动政务服务;聚焦用户需求,以民生热点为导向,提供了涵盖个人全生命周期重要时间节点所需的服务;其依托先进科技,以智能化、场景化为抓手,根据客户的点击偏好,为用户提供个性化服务,打造了千人千面的 App 首页

省(区、市)	名称	典型做法
内蒙古自治区	"蒙速办"：统一放心好服务	目前"蒙速办"已接入 12 个盟市、2 个计划单列市和 103 个旗县共计 6000 余个部门，累计已上线 5 千余项应用功能、15 万余项政务服务事项，全区累计注册用户超过 1700 万人，访问次数突破 7 亿次，"蒙速办"突出"统一"思想，实现了统一身份认证，"一次登录、全国漫游"；统一用户中心，用户信息一网汇聚；统一电子证照，全区互通互认；统一事项服务，为全区用户提供无差别、均等化的政务服务；统一搜索服务，全区政务服务一网搜索；统一"好差评"，提供办事服务实时在线评价，促进服务水平不断提升；统一咨询投诉，为用户在办事服务中遇到的难点堵点问题，提供政务服务投诉建议服务

资料来源：政府官网信息与报道。

（三）华东地区数字服务综合能力区域分析

华东地区包括上海市、安徽省、江西省、浙江省、福建省、山东省、江苏省等 7 个省级行政区划单位。数据显示，2023 年，华东地区的 7 个省（区、市）中，2 个省（区、市）数字服务能力综合指数为高，5 个省（区、市）数字服务能力综合指数为较高，整体较往年数据有明显提升。

上海市在华东地区各省级行政区中数字服务综合指数最高，政务服务网站表现突出。为进一步保障老年人和有障碍人群平等便捷地通过政府门户网站获取政府信息、使用政务服务、参与政民互动的权利，奉贤区政府门户网站进行适老化和无障碍服务能力建设，构建奉贤区数字政府"无障碍"环境。浙江省的政务 App 指数排名靠前，"浙里办"关注个体工商户、企业等各类市场主体的业务变化，以法定代表人、经办人的办事体验为中心，持续升级法人频道，提升法人用户的办事体验。安徽省和山东省政务 App 指数占据了各渠道指数的最高分，同时在华东地区各省级行政区划单位中表现较为优异。安徽省通过"皖企通"这一政务服务主入口打造了"免申即享"平台，不仅提升了政务服务的便捷性和高效性，也为企业提供了更加优质、高效的政务服务体验。山东省"鲁通码"平台的运行，让数据多跑路、群众少跑腿，加速实现了"一部手机走齐鲁"的进程。江西省和福建省在政府网站和政务 App 上均有良好的表现，关注"一件事一次办"业务的发展。江西省以增强办事群众的获得感为第一标准，进一步打破部门壁垒，再造服务流程，推出"一件事一次办"集成化办事套餐，提升办事群众的获得感。福建省从不断丰富应用场景、推动应用模式创新、推进"一件事一次办"标准化入手，进一步便利群众办事，激发市场活力。江苏省则在政务 App 的建设中有创新、有突破，基于人工智能技术，不断优化服务能力，扩大服务范围，为企业和群众提供更加智能、高效、优质的个性化服务体验（见表6-3）。

表 6-3　华东地区各省级行政单位典型做法

省份	名称	典型做法
上海市	数字化政务服务"听得见"、"看得见"、适老化	为积极应对人口老龄化国家战略，更好满足老年人、残疾人多层次、多样化的信息交流需求，上海市奉贤区助力跨越数字鸿沟，其政府门户网站打造无障碍适老化改造，入选"2023数字政府创新成果与实践案例"名单，打造了有温度的政务服务； 在构建"无障碍"政务服务环境的过程中，奉贤区政府门户网站一方面通过前端实施无障碍辅助工具技术改造应用，实现数字化政务服务"看得见"。用户可以个性化调节版面背景色和字体大小，同时也可以根据自己的使用习惯，自定义辅助功能组合模式，成为视力障碍老年人群访问政府网站的有力工具。另一方面，奉贤区政府门户网站采用语音合成智能技术提供语音播报，使老人、视障人群能够在线"听得见"政府网站和移动端上的在线文字稿件，并按设计栏目目录组成语音频道，供特定老年人群正常享受信息； 此外，奉贤区政府网站构建"长者专版"，整体视觉设计聚焦简单和易懂，做到界面元素的简约化、服务形式的差异化、信息内容的扁平化、功能标识的统一化和操作流程的一致性，并依托访问热度和用户行为分析，提供适老辅助阅读功能和内容精准推送

省份	名称	典型做法
安徽省	"免申即享"平台精准服务企业	安徽省以优化营商环境为核心目标,充分运用互联网思维,通过"皖企通"这一政务服务主入口,有效整合了财政涉企资金预警比对系统、预算管理一体化系统以及全省其他相关系统的数据资源,打造出一个便捷高效的"免申即享"平台,实现了政务服务的一网通办; 自"免申即享"平台投入运行以来,截至2023年12月,安徽省1725项惠企政策通过该平台实现了"免申即享"和"即申即享"的政务服务新模式,涉及资金高达70.5亿元,覆盖了超过三万个项目,惠及了两万多家企业。这一成绩不仅推动了营商环境的持续改善,也充分展示了安徽省政府在创新服务方式、提升政务服务效率方面的坚定决心和实际行动。通过实现惠企政策业务的跨部门、跨层级协同,安徽省政府站在企业的角度,对政策供给的全流程进行了改革,以数字化手段推动政府流程的优化和再造
江西省	"一件事一次办"	2023年江西省完成19个事项的"一件事一次办"改革,并在江西政务服务网、"赣服通"两个平台全面上线运行,包括社会救助、企业职工退休、大中专学生就业落户等,群众、企业在办理时,能实现线上"一端受理",线下"一窗办理",从而一次办妥; 通过统一全省办理标准、强化数据共享共用、线上线下深度融合,江西省将原先分散在多部门的审批事项,全部归集到全省统一的"一件事一次办"平台上办理,实现了省、市、县、乡四级窗口一件事一网通办,办理环节、申请材料、跑动次数和办理时限均得到精简,同时相关信息资料利用大数据、AI人工智能等信息技术可跨层级、跨系统、跨部门、跨业务互认通行,在用户授权后能实现表单智能填报、材料自动调取。其中,江西省推出"公民身后一件事"将民政、医保、公安等6个部门26个材料表单整合归并,综合办理时长由142个工作日压缩至15个工作日,压缩率超90%,让群众少跑腿的同时,极大缩短了办理时长,解决了不少群众急难愁盼的问题,取得了良好的社会效果

续表

省份	名称	典型做法
浙江省	"浙里办"再升级	截至 2023 年 6 月，"浙里办"实名注册用户数已突破 1 亿户，包含浙江省内外的个人用户和法人用户，日均活跃用户数 300 万户。"浙里办"坚持以用户为中心，立足企业、群众办事视角，通过强化数据共享、重塑办事流程、深化业务协同，减材料、减环节、减时间，提升政务服务效率； 浙江省政府工作报告把持续优化营商环境作为"一号改革工程"，为增强政务服务效率，"浙里办"上线了法人频道，提供企业从开办到注销全生命周期服务。企业法定代表人可以按照"企业开办、准入准营、企业变更"等阶段选择办事事项。"浙里办"还推进惠企政策直达快享，变"企业找政策"为"政策找企业"，让奖补政策直达企业。同时，"浙里办"法人频道和法人用户中心均已在"浙里办"支付宝小程序和微信小程序上线，为企业办事按下"快捷键"
福建省	"一件事一次办"改革集成高效	福建全省共优化整合推出 2479 项"一件事一次办"事项。"一件事"事项办理时间压缩 57.72%，申请材料减少 46.55%，跑动次数减少 64.85%。在"数字福建"建设推动下，福建省公共数据汇聚共享平台已接入省、市近 1800 个业务信息系统，汇聚 800 多亿条有效数据记录。在此基础上，省级政务服务"一件事一次办"集成化办理平台 2022 年上线运行，打通 12 个部门、18 个省级统建系统，完善实名认证和授权、电子签名、电子印章系统功能，为"一件事一次办"改革提供有力支撑。此外，福建开发"政务服务机器人"、自助服务一体机等便利化新技术、新应用，为群众和经营主体提供智能极简的审批服务； 政务服务标准化更是将福建"一件事"集成改革推向纵深，改革管理更规范，改革成果持续巩固。2023 年 9 月，福建省地方标准《政务服务"一件事"集成套餐服务要求》正式实施，对政务服务"一件事"集成套餐服务的事项要求、办事指南要求、平台要求、服务要求、监督检查与评价改进等技术内容进行规范。线上线下服务规范性方便企业和群众了解事项办理的对应部门及业务流程，并提供准确、清晰、易用的办事指引，推动全省政务服务由"一网通办"向"一网好办"提升

省份	名称	典型做法
山东省	政务 App："码"上新生活	近年来,山东省积极推进数字强省建设,努力打造"无证明之省",深化数字变革创新,持续扩大"无证办事"的覆盖范围和深度。2023 年 7 月,山东省政务服务平台"爱山东"正式推出了"鲁通码"服务,以身份证为个人身份信任源点,聚焦民众日常需求和办事便利,用政府的"证照库"取代了民众手中的"档案袋",将多个码融合成一个码集中展示,搭建一条快速、便捷的"无证办事"通道; 自"鲁通码"上线以来,各市迅速拓展其应用场景,接入并打造了众多实用场景。截至 2023 年底,"鲁通码"已在政务办事、交通出行、酒店入住、文化旅游等六大领域实现了 4.2 万余项场景应用,实现了亮码即用、一码通行的便捷体验。部分地级市更是实现了"鲁通码"在交通场景的"一码通乘",让市民和游客无须频繁切换手机 App,仅凭一个"鲁通码"即可轻松乘坐地铁、公交等交通工具。此外,"鲁通码"还能代替身份证、景区门票等,解决了民众生活中的各种小烦恼。现在,只需一个二维码,就能轻松享受大数据带来的便利。截至 2023 年底,山东省各市已有近百万用户申领了"鲁通码",开启了全新的"码"上生活,真切感受到了数字化带来的便捷与高效
江苏省	智能客服即将上线	为持续提升企业群众的获得感和满意度,打造掌上办事服务新模式,江苏省政务 App"苏服办"将推出新一代智能客服,集服务咨询、搜索、投诉建议、"好差评"于一体,为"苏服办"App、支付宝小程序提供智能问答服务。这一创新举措将使"苏服办"成为全国首家在政务服务移动端运用智能客服大模型的平台; 即将上线的"苏服办"智能客服不仅大幅提升了响应速度,更通过先进的语义分析技术,实现了对用户意图的精准识别。这意味着用户能够更快速、更便捷地得到解答,大大提高了用户体验和对话效率。智能客服背后的大语言模型技术,使它能够与用户进行多轮对话,实时理解用户提问的真实意图,并提供精准、高效地回答。这种互动方式不仅简化了办事流程,降低了操作的复杂性,还极大地提升了用户的办事效率。不仅如此,"苏服办"智能客服还能根据用户的需求,智能推荐相关的服务应用,帮助用户更快速地找到所需办理的业务,从而进一步提升用户的便利度和体验感。"苏服办"智能客服致力于让政务服务充满温度,让每一次与用户的交流都充满人情味和关怀,确保用户能够感受到诚意

资料来源:上海市奉贤区人民政府门户网站、《人民日报》、南昌新闻网、人民网、《瞭望》新闻周刊、"江苏政务服务"微信公众号。

（四）华中地区数字服务综合能力区域分析

华中地区包括湖南省、湖北省和河南省 3 个省级行政单位。2024 年华中地区的 3 个省级数字服务能力综合指数均为较高水平。湖南省的网站服务能力指数是湖南省所有渠道中最高的一项，同时也是华中地区网站服务能力指数最高的省份；湖北省的短视频、微博服务能力指数表现优秀，在华中地区位列第一；河南省的微信服务能力指数是河南省所有渠道中最高的一项，同时也是华中地区微信服务能力指数最高的省份；政务 App 方面，湖南省表现优秀，河南省有提升空间。

湖南省人民政府网站政务信息公开权威、完整、及时，保障了用户的信息需求，在事务服务方面不断深化"一件事一次办"改革的典型，扩大"跨省通办""一网通办"等事项范围，在个人服务与企业服务上保证"即办快办"，便捷用户使用，保证了服务质量；河南省政务微信发展较优秀，"微河南"向用户提供了河南要闻、省政府机构信息、河南人文历史信息，"微政务"提供了政务公开信息，"政民互动"提供了政务微信大厅、网上咨询等平台实现了用户服务"掌上办"的便捷性；湖北省政务微博运营良好，其微博发布内容贴近生活，贴近公众，能够抓住热点，提供针对性的服务，受到大众好评（见表 6-4）。

表 6-4　华中地区各省级行政单位典型做法

省（区、市）	名称	典型做法
湖南省	"一件事一次办"网站服务暖人心	2019 年湖南省正式启动"一件事一次办"改革，2023 年不断深入扩大服务事项，以"一件事一次办"为基础，打好便民服务"组合拳"，以"网上办""掌上办""帮代办""联审办""就近办"等方式，用全方位、全天候、全生命周期的服务"保驾护航"，2023 年发布了首届服务企业群众十大典型案例名单，这些案例既有推进"三集中三到位"、深化"一件事一次办"改革的典型，也有着眼落实"三高四新"美好蓝图，大力开展"三送三解三优"行动，打好优化发展环境持久仗的典型

省（区、市）	名称	典型做法
湖北省	"抓热点，引好评"微博服务贴人心	截至目前，湖北省政务微博共计163.1万粉丝，湖北省官方微博"湖北省政府门户网站"不仅聚焦本省热点，而且关注全国焦点，案例选取灵活，多采用图、视频等形式，能够形成强烈的吸引力，保证了传播与教育的质量，广受用户好评。湖北省官方微博讲实际、抓热点，切实解决群众问题，不再是单纯的信息发布、自说自话的平台，更成为政府解疑释惑、回应关切的渠道，也让群众切实体会到了政务机构主动回复、双向互动的能力
河南省	"一网办，掌上办"微信服务便利好	河南省大力坚持"一网通办"，事项网上可办、办事流程统一、线上线下融合、评价监督形成闭环、数据共享形成支撑，河南省政务微信服务助力"一网通办"，由省行政审批政务信息管理局牵头对事项名称、办事材料、办理时限等32个政务服务事项要素信息进行标准化梳理，将政务服务事项线上办理流程统一规范为受理、审核、决定、送达等环节，并逐项明确各环节的办理时限、标准和结果。在此基础上持续推进减环节、减材料、减时间、减跑动、优流程，省本级行政许可事项承诺办结时限比法定时限压缩68.13%。河南省不断推进实现政务服务事项"三级三十二同"，越来越多的事项正在从"一网通办"向"一网好办"转变

资料来源：各省政府官网信息与报道。

（五）华南地区数字服务综合能力区域分析

华南地区包括广东省、广西壮族自治区和海南省3个省级行政单位。华南地区的数字服务综合能力指数均值为61.88，处于较高水平，数字服务综合能力指数标准差为5.28。3个地区中，海南省和广西壮族自治区的数字服务综合能力指数为较高水平，广东省的数字服务综合能力指数为中等水平，华南地区的数字服务综合能力具有较大的发展潜力。

华南地区的3个省（区）中，海南省数字服务能力综合指数表现优异，在不同政务渠道的建设方面，海南省的政府网站、政务短视频建设优于其余2省（区），广西壮族自治区在政务App和政务微信的建设上更具优势。各省（区、市）在不同渠道的建设上，海南省和广西壮族自治区的政务微信建设相较于其他渠道表现更好，广东省的政府网站建设相较于该省其他渠道表现更优。

海南省建立政府数字化应用体系，重点推进"海易办"平台的建设，其次，通过推动"海政通"平台的完善，不断优化领导视窗平台机制，提升"一网"服务效率。广西壮族自治区通过上线"数字"加持服务，实现了智能审批24小时"秒报秒批"、让群众"少跑腿"、让数据"多跑路"等，打造了泛在可及、智慧便捷、公平普惠的数字化服务体系。广东省创新推出一批国内领先的标志性政务应用成果，其中"粤省事"成为国内用户规模最大、业务集成度最高、用户活跃度最高的省级移动政务服务平台（见表6-5）。

表6-5 华南地区各省级行政单位典型做法

省份	名称	典型做法
海南省	实现数据驱动的改革和创新，丰富应用体系[①]	"海政通"和"海易办"两大基础平台已基本建成，满足了大部分应用的使用要求。2023年，省营商环境建设厅牵头启动了五项攻坚行动，其中包括"平台之外无系统"，将500多个系统纳入"海易办"和"海政通"体系下，形成了政府数字化转型的应用体系。伴随着这些应用系统的建设，陆续出台了多项标准规范，为未来系统建设提供指导。"海易办"的成效包括统一入口、统一受理、一件事一次办、智能快办等，而"海政通"的活跃用户已达到19万户。"海政通"的功能升级包括云化OA版本推出，以及会议系统和机关内部办事的优化。领导视窗的建设也取得显著进展，现有21个专题、77个主题和超过5000个数据指标； "海政通"和"海易办"虽然分别独立运作，但之间存在密切的耦合关系。"海易办"平台面向企业和公众提供服务，包括100多个系统，如后勤审批系统等。而"海政通"则主要服务于政府侧，支撑数百个系统。这两个平台实际上是统一的，因为政府的所有工作本质上都是为了服务企业和公众
广西壮族自治区	"数字"加持 服务"上线"，强化"一网通办"[②]	广西在"桂通办"平台上开设的"智能审批"专区，上线了教师资格认定、公共卫生许可证变更、工伤事故备案、劳务派遣经营许可等109个智能审批事项，为审批工作提供数据共享减材料、系统自动核验等服务，实现智能审批办结出证，极大提高了办事群众的办事效率。同时，广西通过围绕"智能审批"积极开展研究创新，推出教师资格认定、网络预约出租汽车驾驶员从业资格证、巡游出租汽车驾驶员从业资格证等一批"扫脸即办"业务，实现更大范围"不见面审批""零跑腿"

省份	名称	典型做法
广西壮族自治区	"数字"加持　服务"上线",强化"一网通办"	截至 2023 年 12 月 15 日,"桂通办"平台上 99.9% 的政务服务事项已实现"最多跑一次",办件实际提速率达 91.7%,行政许可即办事项比例达 56%,全区政务服务事项网上办理率超 87.81%。同时推进广西政务 App"掌上办、指尖办"建设,目前已实现自治区、市、县、乡、村五级覆盖,上线安全生产、出入境等 28 类共 787 项便民服务应用,用户注册量超 4992 万户,汇聚超过 34.26 万件可办理事项,App 事项可办率达 99.19%,办件量超 463 万件
广东省	打造"粤系列"移动政务服务品牌,打通政务服务"最后 100 米"③	"粤省事"平台作为广东数字政府首个标志性成果,经过五年多的建设发展,汇聚了各地各部门政务服务超 2500 项,实名用户达 1.84 亿户,成为国内用户规模最大、业务集成度最高、用户活跃度最高的省级移动政务服务平台;2023 年 11 月,粤港双方签署《粤港政务服务"跨境通办"合作协议》,启动粤港两地"跨境通办"服务专区,并首次推出跨境通办"粤智助"和"跨境政务服务地图"。粤港两地专责部门创新建立"粤港在线"身份互认体系,依托广东省统一身份认证平台,通过"可用不可见"的可信身份认证技术对接,首次实现内地政务系统对香港市民身份的在线认证,实现粤港政务服务跨境在线身份认证

资料来源:①《郭方明:海南省大数据管理局:海南省政府数字化应用体系介绍》;②《"数字"加持　服务"上线"——广西推进数字政府建设提升政务服务水平工作纪实》;③《办事更便利更高效! 广东一体化政务服务能力全国"五连冠"》。

(六)西南地区数字服务综合能力区域分析

西南地区包括重庆市、四川省、贵州省、云南省和西藏自治区 5 个省级行政区划单位。总体来看,西南地区的数字服务综合能力指数均值约为 71.74,处于较高水平。数据显示,云南省、四川省、重庆市和贵州省 4 个省(区、市)的数字服务综合能力指数为较高水平,西藏自治区的数字服务综合能力指数为中等水平,且指数距离较高水平仅差不到一分。由此可见,西南地区的数字服务综合能力具有稳健且可持续的上升趋势。

西南地区的 5 个省（区、市）中，重庆市数字服务综合指数表现最优。在不同政务渠道的建设方面，重庆市在政务 App 上表现突出，四川省的政务短视频、政务微博和政府网站取得领先地位，西藏自治区的政务短视频服务能力发展势头强劲，云南省和贵州省的政务微信建设相较于西南各省（区、市）表现最佳。

四川省政务服务网站建设领先，大数据应用广泛，数字经济发展迅速，数字政务服务便利，这将使其保持快速发展的势头，为公众提供更加便捷、高效、优质的政务服务。云南省政府网站的沉浸式、情景式"一件事"服务通过创新的服务模式，提升了政务服务的效率和质量。重庆市大力发展高效协同的数字政务，将"一件事"集成套餐服务作为数字重庆建设一项极具辨识度的重要内容，取得了积极成效。贵州省通过构建大数据驱动的政务新机制、新平台、新渠道，形成"用数据对话、用数据决策、用数据服务、用数据创新"的"云算云治"现代化治理模式。西藏自治区政务服务网站提供了丰富的政务服务功能，企业和公众办事效率大幅提升，为打造公平有序的营商环境助力（见表 6-6）。

表 6-6 西南地区各省级行政单位典型做法

省份	名称	典型做法
四川省	聚焦数字政府建设[①]	四川省政府网站重点发展一网通办、一网监管、一网公开、一网协同专区建设，聚焦政府工作信息宣传"主阵地"、群众办事服务信息"总入口"的定位，以强化制度规范建设、夯实数据底座能力、深化访问数据分析等为抓手，持续优化提升省政府网站对全省政府网站数据资源的分类聚合管理能力。2023 年，四川省政府网站在政府信息公开、群众办事引导、在线互动质效等方面取得突破性成效，政务服务"一网通办"持续升级拓展，3800 余项政务事项实现"网上办"，3408 个办理事项在全省范围内基本实现无差别受理、同标准办理。同时，四川省强化对公众搜索热点、在线留言咨询等数据分析，专人收集并梳理全省热线网站、行业部门网站公开的公众热点问答数据，策划上线热点搜索信息服务专题，形成普惠适用的智能问答知识库，持续优化省政府网站智能搜索、智能问答服务功能

续表

省份	名称	典型做法
云南省	沉浸式、情景式"一件事"场景服务②	为提升政务服务效率和用户体验,云南省政府网站通过提供沉浸式、情景式的网页设计,将用户带入具体的办事场景中,使政务服务更加直观、生动和易于理解。用户可以根据自己的需求和实际情况,对应相应的办事场景,了解办事流程、所需材料以及办理方式等信息,从而更加便捷地完成各项政务事务。不仅能够提供更加个性化的服务,还能够根据用户的反馈和需求,不断优化和改进服务内容和方式。这种服务模式不仅提高了政务服务的效率和满意度,也增强了政府与公众之间的互动和信任
重庆市	"1361"整体构架③	重庆市政府搭建数字重庆"1361"(即一个一体化智能化公共数据平台、三级运行和治理中心、六大应用系统、一个一体化基层智治体系)整体构架,积极探索超大城市数字化转型新路径。数字政务方面,2023 年,重庆数字政务应用系统加速迭代升级,加速推进数字化集成改革,将多个部门相关联的"单项事"整合为"一件事",聚焦个人、企业全生命周期,推出 75 项"一件事一次办"集成套餐服务,包含个人服务 35 项、企业服务 40 项,办件总量超过 80 万件,平均减环节 78.2%、减时间 76.4%、减材料 60%、减跑动 92.8%;3 个应用进入数字化城市运行和治理中心,实现"三级贯通"
贵州省	数据汇聚、数据打通、高效利用④	通过坚持省级统筹、平台联通、数据集中、业务协同的思路,贵州信息化集约建设机制推动数字政府建设取得显著成效,实现了数据汇聚、数据打通、数据高效利用的云平台建设目标,政府管理、社会治理和民生服务水平明显提升,数字政府建设水平稳居全国前列; 面对各级各类政务数据和应用,贵州由省级层面提供统一云计算、云存储、云管控、云安全等云服务,实现对云、政务外网和政务数据平台、政务服务平台安全运维工作的全方位管理。全省数据共享交换平台上架目录超过 3.81 万个,人口、法人、电子证照等基础库、主题库汇聚数据超过 9.38 亿条,实现"上联国家、横通厅局、下通市州"。公共数据归集水平全国领先,政府数据开放入选全国 5 个 A 类地区之一

续表

省份	名称	典型做法
西藏自治区	政务环境促营商环境优化⑤	西藏政务服务网让群众和企业少跑腿、好办事，持续改善营商环境，共享"互联网+政务服务"发展成果。截至2023年12月底，政务环境方面，西藏行政审批事项数量由347项减少到185项，减少近一半，办理时间由16.1个工作日减少到12.4个工作日，"全程网办"行政审批事项达到72.3%。经营主体和各族群众满意度大幅提高，政务环境高效便捷，这种从管理型向服务型的转变，不仅简化了企业运营的行政流程，更为企业带来了前所未有的发展机遇

资料来源：①四川省人民政府网站；②云南省人民政府网站；③重庆市人民政府网、《重庆日报》；④贵州省大数据发展管理局、《贵州日报》；⑤人民网《西藏优化营商环境取得显著成效》。

（七）西北地区数字服务综合能力区域分析

西北地区包括甘肃省、陕西省、青海省、新疆维吾尔自治区和宁夏回族自治区5个省级行政区划单位。西北地区的数字服务综合能力指数均值为66.09分，处于较高水平，数字服务综合能力指数标准差为7.47。数据显示，青海省、陕西省和甘肃省的数字服务综合能力指数处于较高水平，其余省份的数字服务综合能力指数处于中等水平。总体来说，西北地区的数字服务综合能力指数仍旧保持良好的增长趋势，各地区指数均有不同幅度的增长，有较大的发展潜力。

西北地区的5个省份中，甘肃省数字服务综合能力指数表现突出。在不同政务渠道的建设方面，甘肃省的政务App建设优于其他4个省份，新疆维吾尔自治区的政务微博和政务短视频建设相较于其他4个省份表现最佳，青海省的政务微信和陕西省的政府网站建设表现最优。在不同渠道的建设上，青海省和新疆维吾尔自治区的政务微信建设相较于其他渠道表现最好，陕西省、甘肃省和宁夏回族自治区的政务App建设相较于其他渠道表现更好。

新疆维吾尔自治区聚焦政务服务平台建设、办事堵点、制度建设等方面，持续深化政务服务"跨省通办""一网通办"等工作，推动政务服务从"能办"向"好办"转变，打造更加便捷高效的政务环境。陕西省依托"秦务员"一体化政务服务平台，以政务服务的标准化、规范化、便利化、数字化、协同化为目标，建立完善省级统筹、部门协同、整体联动、一网办理、线上线下融合的"秦务员"一体化政务服务体系。青海省加快推进"一件事一次办"打造政务服务升级，进一步提升全省政务服务标准化、规范化、便利化水平，更好满足企业群众办事需求，推动更多政务服务事项"套餐式""主题式"集成办理。宁夏回族自治区坚持改革引领和数据赋能双轮驱动、业务融合和技术应用相互促进，聚焦难点痛点，加速各行业应用系统整合和数据融合，提速政府治理流程优化和模式创新，不断提升政府履行经济调节、市场监管、社会管理、公共服务、生态环保等职能的数字化水平，奋力打造整体协同、敏捷高效、智能精准、开放透明、公平普惠的数字政府。甘肃省于 2023 年 12 月 18 日正式建成并上线运行公共资源交易"全省一张网"，实现公共资源"一门进入、一网交易"（见图 6-7）。

表 6-7　西北地区各省级行政单位典型做法

省份	名称	典型做法
新疆维吾尔自治区	"跨省通办"基础上拓宽"丝路通办"	2023 年，新疆全面推进"跨省通办"工作，在完成 150 项国家"跨省通办"任务的基础上，进一步拓宽"丝路通办"跨省事项范围及深度，已实现 178 项事项"丝路通办"； 为进一步提高群众、企业办事便利度，除"跨省通办"外，新疆还大力推进"一件事一次办"工作，打造"一件事一次办"升级版。2023 年，自治区要求的 18 个"一件事一次办"主题套餐已全部上线运行，全年累计产生办件 9.3 万件，平均减时间 6.8 个工作日，减材料 5.7 份，减跑动 2.4 次； 作为新疆政务服务应用程序，新疆进一步完成"新服办""新企办"建设。2023 年"新服办"新增 126 项自然人事项，目前共实现 454 项移动端可办；"新企办"新增 151 项涉企事项，目前已实现 451 项涉企事项移动端可办，初步建成"服商、招商、经商"三商融合示范场景应用

省份	名称	典型做法
陕西省	提升"秦务员"政务服务能力，建设人民满意的服务型政府	做优做强"秦务员"平台移动端，打造全省掌上办事主渠道。推动各级各部门"应接尽接""应上尽上"，将相关服务应用接入"秦务员"平台移动端，实现统一管理、同源发布、同质服务，统一对外提供移动政务服务； 依托"秦务员"平台建设企业和个人专属服务空间，以统一社会信用代码、居民身份证号码为索引，关联企业群众各类常用电子证照的相关信息，完善"一企一档""一人一档"。充分运用"秦务员"平台集成的数据和服务资源，以"秦务员"平台移动端亮码或展码形式加快融合政务类常用卡、码、证功能，生成服务码，规范和拓展场景应用，实现"一企一码""一人一码"；以社保卡为基础融合公交卡、健康码等便民类服务，并与服务码融合，实现群众办事"一卡通"，政务服务"一码通"。积极探索"一卡通""一码通"在健康医疗、养老育幼、交通出行、文化旅游等领域的应用
青海省	推进"一件事一次办"，打造政务服务升级	各级政府政务服务中心和乡镇（街道）便民服务中心设置"一件事一次办"综合受理窗口，在一个窗口进行咨询告知、综合收件、内部流转、结果送达等服务，全面施行"前台综合受理、后台分类审批、统一窗口出件"，推行帮办代办、快递办理等服务，并鼓励有条件的地区延伸至村（社区）便民服务站。同时，以全省一体化政务服务平台为基础，在青海省政务服务网、"青松办"App 设置"一件事一次办"专栏，便利企业群众线上申办、自助申办； 坚持传统服务方式与智能化服务创新并行，线下积极推行容缺受理、告知承诺、帮办代办、快递办等服务举措，为企业、群众提供多元化、个性化的服务。线上完善省一体化政务服务平台和"青松办"App 中的"一件事一次办"专区功能，升级完善办理须知、信息确认、核定界面、申报成功界面及办理进度与结果查询、智能问答等相关功能，提升线上可操作性

续表

省份	名称	典型做法
宁夏回族自治区	改革引领和数据赋能双轮驱动,业务融合和技术应用相互促进	自治区坚持统一规划、统筹建设、分别负责、分级管理,着力提升云、网、数等基础底座,已建立起全区统一的政务云和覆盖全省域的电子政务外网。截至 2024 年底,自治区非国产政务云已部署全区 300 余家单位 1200 多个信息系统,电子政务外网共接入各级党政机关、事业单位、行政村(社区)近 1 万家,覆盖率达 98.6%。自治区政务数据平台及五大基础数据库、九大主题数据库加快部署实施,全区自然资源和空间地理、社会信用、生态环保等已建成数据库在政府治理体系中角色作用愈加凸显,一体化政务大数据体系逐步形成; 2023 年以来,与 55 个国家部委审批系统、53 个自治区审批系统已全部实现对接,与 33 个自治区监管系统实现了统一入口、单点登录,宁夏矛盾纠纷多元化解系统已与人民调解、社区警务、法院诉前调解、智慧消防等多个治理类系统打通连接,实现全区矛盾纠纷一网归集、多元化解,逐步破解了基层和群众反映多年的系统壁垒、重复录入等难题
甘肃省	公共资源交易中心建成"全省一张网"	甘肃省公共资源交易中心建成全省统一的公共资源交易大数据底座和网上服务大厅,移动端服务大厅,集成信息、场所、交易、见证、合同、档案等各类服务功能,提供 76 个不同场景服务应用,实现了全省交易业务"移动办""掌上办"和一网交易;完成原有 12 个电子服务、交易、监管系统的整合升级,新建电子交易系统 4 个,建成专家网络自主抽取、电子合同签约管理等 6 个配套辅助系统,全流程电子化交易率达到 98.9%。依托全省统一的公共资源交易区块链服务平台,向各级平台部署应用区块链技术服务,实现了全省公共资源交易数据确权、数据区块链存证查证,全省上链交易数据已达 90 余万条

资料来源:《2023 年"跨省通办"超 1.7 万件 新疆政务服务从"能办"转向"好办"》;《陕西省加快推进政务服务标准化规范化便利化大力提升"秦务员"政务服务能力实施方案》;《"进一张网办全省事"全力打造政务服务的"青海模式"》;《宁夏数字政府建设提速让群众共享数字化发展成果》;《甘肃省公共资源交易中心建成"全省一张网"》。

第七章

大模型辅助政务服务评价及应用展望

第一节　大模型辅助数字政务服务能力评价

回顾 2023 年，自然语言处理的研究取得了重大的突破，并进入了大模型（LLM）时代，这一年也被称为"大模型元年"。大模型的崛起标志着人工智能技术迈向了一个新的阶段，众多科技巨头、研究机构、知名高校也纷纷在这一领域展开激烈的讨论，大模型在电了政务服务能力评价领域中的应用也逐渐成为一种趋势。本章将详细介绍如何选择适合的大模型，进行对比分析，如何科学地设定权重，以及有逻辑地展示权重设定的过程。

（一）大模型辅助数据收集

随着互联网技术的快速发展和政务服务数字化的大力推进，越来越多的政府部门和机构开始利用政务微信、政务微博、政府网站、政务 App、政务短视频等途径提供政务服务。然而，如何有效地评估这些电子政务服务渠道的使用效果和影响力，以及挖掘影响数字政务服务能力的因素，一直是政府部门和科研机构关注的重要课题。

本项目旨在利用大模型收集和分析网上人们关于政务微信、政务微博、政府网站、政务 App、政务短视频的使用体验和看法，总结出一些关键性影响数字政务服务能力的因素，从而辅助项目组更好地完成数字政务能力服务指数测评工作。

1. 确定数据来源

在工作中首先需要确定数据来源，包括网上论坛、社交媒体、博客等。在确定数据来源时，大模型可以发挥重要的作用。具体来说，可以通过以下步骤利用大模型确定数据来源。

（1）关键词生成：确定与政务服务相关的高频关键词。将一组描述政务服务场景的关键词输入大模型，例如"政务服务""政府服务""在线办事"等。通过模型的生成能力，可以生成更多与政务服务相关的关键词和短语，以扩展数据来源的覆盖范围。

（2）数据源筛选：在收集与政务服务相关的内容时，可以利用大模型来筛选数据源的类型和质量。输入一段描述某个网站或平台的文本，模型将预测其是否与政务服务相关。例如，输入"这是一个提供政务服务的网站，用户可以在线办理各种事务"，模型将预测该网站是否与政务服务相关。这有助于选择高质量的数据来源。

（3）确定获取策略：大模型还可以根据政务服务主题生成获取数据的策略。输入一些问题或请求，例如"如何从社交媒体上收集政务服务用户的反馈？"或"哪些博客或论坛上有关于政务服务的讨论？"，模型将根据输入生成针对性的建议，指导数据收集工作。

通过以上方法，大模型可以帮助项目团队有效地确定数据来源，从不同渠道收集用户对于政务微信、政务微博、政府网站、政务 App 和政务短视频的使用体验和看法。同时，根据模型生成的建议，项目组可以不断完善和优化数据收集策略，以提高分析结果的准确性和可靠性。

2. 采集数据

利用大模型生成与政务服务相关的问题，通过自动搜索、抓取等方式获取用户关于政务微信、政务微博、政府网站、政务 App、政务短视频的使用体验和看法（见图 7-1）。利用大模型采集数据的过程可以通过以下步骤实现。

（1）生成问题：针对政务微信、政务微博、政府网站、政务 App 和政务短视频等不同场景，生成一系列与政务服务相关的问题。例如：您使用政您好，我想用大模型来评价电子政务服务能力、将从政务微博、政务微信、政务网站和政务 App 四个渠道进行评价，你认为我应该采取什么提问策略呢？

您好！为了全面评估电子政务服务的能力，您可以从以下几个方面设计问题策略。

1.关注度与影响力

在过去的一年中，您是否关注过政务微博/微信/网站/App？

您认为这些渠道在您生活中的影响力如何？

2.信息发布与更新速度

您认为政务微博/微信/网站/App 发布的信息是否及时？

这些渠道的信息更新速度如何？

3.信息准确性与可靠性

您认为政务微博/微信/网站/App 发布的信息是否准确无误？

您对这些渠道提供的信息信任程度如何？

图 7-1　大模型辅助数据收集

务微信办理业务时遇到了哪些问题？您觉得政务微信的服务体验如何？您在关注政务微博时最关心哪些方面的信息？您是否收到过政务微博的官方回复？您在使用政府网站时有哪些不方便的地方？您对政府网站的界面设计和操作流程有何建议？您使用政务 App 的主要目的是什么？您是否愿意继续使用该政务 App？您是否观看过政务短视频？您认为政务短视频是否有助于提高政务服务能力？

（2）数据搜索与抓取：使用大模型生成的相关问题作为关键词或搜索条件，通过自动搜索、爬虫技术或 API 接口从网上收集用户的使用体验和看法。这些数据可以来自网上论坛、社交媒体、博客等渠道。在数据抓取过程中，可以进一步优化采集策略，如通过设置时间范围、用户类型等条件来筛选更相关的数据。

（二）大模型辅助数据处理

1. 数据清洗与预处理

对收集到的数据进行清洗和预处理，包括使用大模型去除重复信息，提高分析准确性。根据需求训练大模型，过滤与目标分析无关的内容，如广告、天气等。利用大模型进行中文分词，提高后续分析准确性。使用大模型去除停用词，减少噪声，关注实际意义词汇（见图7-2）。

@政务微博：您好!最近我发现我们当地的政务微博发布了很多有用的信息，比如疫情防控、交通出行等。但是，也有一些广告和无关内容掺杂其中，希望能加强管理。

我将演示如何执行这四项任务：

1. 去除重复信息：此例中没有明显的重复信息，所以无需进行去除。

2. 过滤无关内容：从示例中可以看出，用户提到了广告和无关内容。因此，我们可以训练一个大模型来识别这类内容，并将其过滤掉。例如，将"一些广告和无关内容"替换为"一些无关内容"。

3. 分词：将文本拆分成单独词汇的过程。在这个例子中，我们可以将文本拆分为

您好

最近

我发现

图 7-2　大模型辅助数据预处理

2. 数据标注

利用大模型进行数据标注，对清洗后的数据进行情感分类和主题分类，以便后续分析。具体步骤包括情感分类标注、主题分类标注以及结果修正。

项目组使用大模型预测文本的情感倾向（正面、负面或中性），给出相应概率。根据预测结果进行标注，并利用大模型预测文本的主题，给出相应概率。根据预测结果将文本标注到相应主题类别。为提高标注准确性，采用

监督学习方法训练大模型，并使用已标注数据集进行调整。结合规则或人工判断对预测结果进行修正。

3. 数据整理和计算

在进行电子政务指数的研究时，数据整理和计算是至关重要的步骤。在此过程中，项目组利用了大型预训练语言模型来协助处理数据和执行计算任务（见图 7-3）。以下是具体步骤。

首先，项目组从多个数据源收集了电子政务指数的相关数据，包括国家排名、各项指标情况等。为了确保数据的准确性和一致性，项目组向大模型提出了一些问题，如："请检查这些数据是否存在错误或不一致之处，并给出修正建议。"模型帮助项目组发现了数据中的问题，并提供了相应的解决方案。

其次，在数据整理阶段，项目组向模型提出了一些问题，如："请将这些数据按照国家的电子政务指数从高到低排序"。模型迅速完成了排序任务，为项目组节省了大量时间。

最后，在计算阶段，项目组利用大模型强大的数学运算能力来执行各种计算任务，如计算平均值、中位数、标准差等。例如，项目组向模型提出："请计算这些国家在电子政务指数方面的平均得分。"模型立即给出了答案。

您好，我已根据您提供的信息进行了数据处理。以下是 18 名专家和 200 个公民关于政务网站、App、微信、微博和短视频政务服务渠道重要性的得分统计结果：

渠道	专家	公民	主要特点
政务网站	9.2	8.5	稳定性高，功能全面，信息发布与查询的主要渠道
App	9.0	9.1	操作便捷，功能丰富，广泛使用于日常政务事务
微信	8.5	9.3	便捷性高，社交化传播迅速，互动性较强
微博	7.8	8.7	信息传播广泛，主要用于政策宣传和应急公告
短视频	6.5	7.9	新兴渠道，未来潜力大，适合宣传和教育类内容

图 7-3 大模型辅助数据整理和计算

根据需要对数据进行进一步分析和解释，并将大模型提供的结果整合到报告中。

通过使用大模型辅助数据整理和计算，项目组能够更高效、准确地处理和分析数据，从而为报告提供有力支持。这种方法不仅提高了研究效率，还为项目组的分析增加了可信度和准确性。

4. 数据可视化

为了更直观地展示电子政务指数的数据，项目组采用了数据可视化工具和技术。在此过程中，项目组利用了大型预训练语言模型（GPT-4）来协助生成图表和解释数据。以下是具体步骤：将分析结果通过图表、报告等形式进行展示，包括关键因素提取结果、因素重要性评估结果等。对于提取出的关键因素，可以使用柱状图、饼图、折线图等可视化工具进行展示，便于分析和解释（见图7-4）。

首先，项目组从相关数据源收集了电子政务指数的数据，并将其整理成结构化的格式。

其次，项目组向大模型提出了一个问题："请根据这些数据，生成一个可视化图，展示不同国家在电子政务指数方面的排名。"在收到模型的回复后，将其转化为适当的图表格式（如 Excel 或 Google Sheets）。

请根据这些数据，生成一个可视化图，展示不同国家在电子政务指数方面的排名。

综合指数热力图：使用热力图展示各省份的综合指数，颜色越深表示综合指数越高。这可以帮助我们快速定位哪些省份的表现较好，哪些较差。

import numpy as np

……（此处代码省略）

plt.show()

图 7-4　大模型辅助数据可视化

173

结果分析：对展示结果进行分析和解释，包括各因素对政务服务能力的影响程度、各因素之间的相互关系等。例如，可以分析哪些因素是影响电子政务服务能力的核心因素，哪些因素之间存在相互影响作用，以及这些因素是如何影响电子政务服务能力的。

为了更好地解释和理解数据，向模型提出了一些问题，如："请解释一下为什么某些国家在电子政务指数方面表现较好，而其他国家则相对较差。"模型提供了有价值的见解和分析。根据需要在报告中插入生成的图表，并引用大模型提供的解释和分析。通过使用大模型辅助数据可视化，能够更清晰地呈现电子政务指数的数据，使读者更容易理解和解读。这种方法不仅增强了报告的视觉效果，还为项目组的分析增加了深度和价值。

（三）大模型辅助指标权重的确定

利用大模型的深度学习和自然语言处理技术，对收集到的数据进行分析和挖掘，从中提取出影响电子政务服务能力的关键因素。可以从以下三个方面进行分析：一是通过用户满意度分析用户对各渠道的评价，了解用户对政府数字服务能力的满意程度；二是通过渠道差异分析针对不同渠道的用户互动情况和使用体验，分析各渠道的优势和不足；三是通过影响因素分析用户个人特征、服务内容、互动情况等因素对电子政务服务能力的影响程度。具体的使用步骤如下。

首先，将各种渠道收集的数据进行人工审核和整理。这可能包括用户反馈、服务使用情况统计数据、用户满意度调查等。将这些数据整理成适合GPT-4处理的格式，如文本文件或API请求，并在进行深入分析之前，对数据进行预处理，包括去除停用词、纠正拼写错误、转换文本为小写等。

其次，编辑定义任务和提示。为了指导GPT-4完成任务，需要定义一个明确的提示。比如分析用户满意度时，使用的提示是"请根据提供的用户反馈数据，分析用户对电子政务服务能力的满意程度。总结用户的主要观点，指出哪些方面受到好评，哪些方面需要改进。"比较不同渠道的优势和不足，使用的提示是"请根据给定的用户互动情况和使用体验数据，比较不同电子政务服务渠道（如政务微信、政务微博、政府网站等）的优势和不足。分析各渠道在内容、互动、易用性等方面的表现，并提出改进建议。"

再次，可以使用 GPT-4 进行分析，将预处理后的数据和提示一起输入到 GPT-4 中。使用 GPT-4 的 API 或其他接口来执行此操作。GPT-4 将根据提示对数据进行分析，并生成相应的输出，并进一步解析输出。GPT-4 的输出可能是包含多个段落的文本，每个段落都针对特定方面的分析。需要人工解析这些输出，提取关键信息和结论。如，从 GPT-4 的输出中生成关键因素列表，或者提取各渠道的优势和不足。

最后，指标权重计算和结果的可视化：使用熵权法 Topsis 将获得的关键指标进行权重计算，最后将 GPT-4 的输出转化为图表、报告等形式。可以使用各种可视化工具（如 Excel、Tableau、Python 的 Matplotlib 库等）来创建柱状图、饼图、折线图等。最后，将整个分析过程和结果汇总成一个报告（见图 7-5）。

1、构建判断矩阵：将四个渠道作为评价因素，构建一个4x4的判断矩阵，如下所示：
政务微博、政务微信、政务网站、政务APP.
政务微博.1.2.3.4.
政务微信.1/2.1.2.3.
政务网站.1/3.1/2.1.2.
政务APP.1/4.1/3.1/2.1.

2、计算权向量：使用Python，numpy库，计算判断矩阵的最大特征值和特征向量，得到四个渠道的权向量。

3、一致性检验：计算判断矩阵的一致性比率（CR），如果CR<0.1，则认为判断矩阵的一致性良好。
在本例中，CR=0.017，小于0.1，因此判断矩阵的一致性良好。
根据计算结果，四个渠道的权重分别为：政务微博（0.470）、政务微信（0.286）、政务网站（0.143）和政务APP（0.101）。

图 7-5　大模型辅助指标权重计算

在此过程中，应注意到，虽然 GPT-4 在处理自然语言任务方面具有强大的能力，但它仍然是一个基于统计和模式识别的工具。因此，在使用 GPT-4 的输出时，要采取谨慎的态度，并结合其他分析方法进行验证和补充。

（四）大模型辅助案例分析

在工作中，采用了大型预训练语言模型来辅助进行最佳实践案例的收集和分析。以下是具体步骤。

首先，项目组向大模型提出了一个问题："请列举几个电子政务服务的最佳实践案例。"在收到模型的回复后，项目组对结果进行了筛选和整理，以获取最相关和最具代表性的案例。对于每个选定的案例，项目组向模型提出了更详细的问题，例如："请详细描述广东省电子政府（eGovSG）的主要特点和成果。"模型为项目组提供了丰富的信息，帮助项目组深入了解每个案例的具体实践。

其次，在分析阶段，项目组利用大型模型的强大语义理解能力，对比分析了不同案例之间的异同点。此外，项目组还向模型提出了一些开放性问题，如："请谈谈这些最佳实践案例对项目组进一步提高电子政务服务能力的启示。"模型为项目组提供了有价值的见解和建议。

最后，项目组将大模型的分析结果与项目组的研究成果相结合，得出了关于电子政务服务的最佳实践案例的结论。

通过使用大型模型辅助案例分析，项目组能够快速、准确地收集和分析大量数据，从而得出有价值的结论。这种方法不仅提高了研究效率，还为项目组的报告增加了深度和广度（见图7-6）。

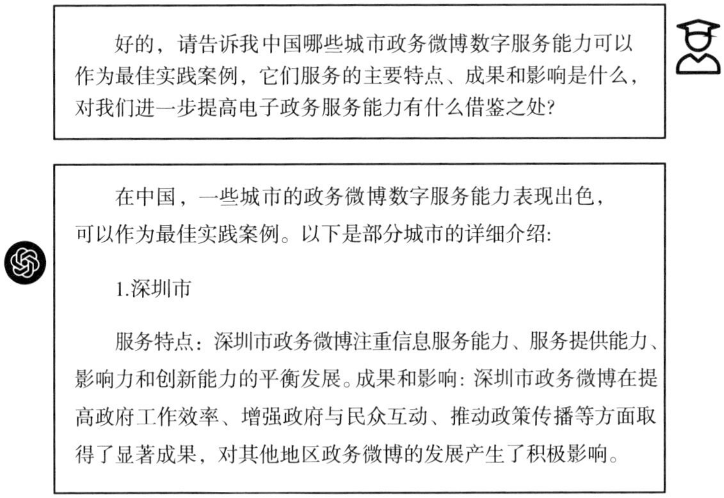

好的，请告诉我中国哪些城市政务微博数字服务能力可以作为最佳实践案例，它们服务的主要特点、成果和影响是什么，对我们进一步提高电子政务服务能力有什么借鉴之处？

在中国，一些城市的政务微博数字服务能力表现出色，可以作为最佳实践案例。以下是部分城市的详细介绍：

1.深圳市

服务特点：深圳市政务微博注重信息服务能力、服务提供能力、影响力和创新能力的平衡发展。成果和影响：深圳市政务微博在提高政府工作效率、增强政府与民众互动、推动政策传播等方面取得了显著成果，对其他地区政务微博的发展产生了积极影响。

图7-6　大模型辅助案例分析

第二节 政务大模型在数字政府建设中的应用案例分析

当前，我国数字经济蓬勃发展，数字政府建设已进入深化提质阶段。在新一轮的创新赛跑中，利用大模型技术来赋能数字政府创新变革，提升政府数字化履职能力已成为行业共识。

政务大模型是指基于数据驱动的智能模型，能够处理大量的政府数据，为政府决策提供科学依据和决策支持。它的关键技术包括大数据技术、机器学习、自然语言处理等。政务大模型能够有效地处理大量的政府数据，提高政府的决策效率和服务质量，为政府数字化转型提供了强有力的支撑。因此，研究政务大模型在数字政府建设中的应用具有重要的理论意义和实际应用价值。

在国外，政务大模型已经得到了广泛地研究和应用，如美国政府的Data. gov、英国政府的 OpenData. gov. uk 等。在国内，政务大模型也得到了越来越多政府和企业的重视和研究，如阿里巴巴、百度、华为等企业都在积极研发政务大模型技术。在本章中，项目组将详细介绍三个政务大模型的典型应用场景。

（一）大模型赋能数据治理

在数据治理领域，大模型赋能数据治理，从原有单点、被动的治理转变成主动、专项、有规划、体系化、自动化的治理。保障数据高质量，建立规范的数据标准，提升数据治理的能力，实现数据安全共享，并能将数据资产作用在业务上，发挥价值。比如，通过政务大模型的数据治理工具，结合专题业务数据，提供精准化政策解读、免申即享、智能咨询、智能派单、交互式智能政务办事等服务，实现各类业务主动触发和高效运转。随着城市化进程的加速和水资源的日益紧张，水务管理成了一个迫切需要关注的问题。为了提高水务管理的效率和智能化水平，大数据和人工智能技术的应用显得尤为重要。本节将以水务管理为例，探讨大模型如何赋能数据治理，提升水务行业的管理水平和运营效率。

1. 数据共享协同

数据治理旨在从多个维度对数据进行有效管理，以满足不同应用场景下的需求。大模型的引入可以在原有数据治理的基础上，实现数据治理的智能化、体系化和自动化。通过大模型的赋能，可以更好地解决数据质量提升、数据安全共享以及数据资产管理的问题。借助大模型的强大学习和推理能力，可以自动识别和处理数据质量问题，如数据的完整性、准确性、一致性和唯一性等，从而提高数据质量。同时，大模型可以对数据进行深度分析，理解数据之间的关联性和潜在价值，有助于在保证数据安全和隐私的前提下实现数据共享，也有助于实现对数据资产的统一管理和监控，包括数据的生命周期管理、数据标准和数据目录等，从而提高数据管理的效率和规范性。

水务大模型从海量数据中提取有价值的信息，实现数据和信息共享，促进水务相关企业的协同工作。这种协作和共同创造不仅提高了行业的效率和创新力，还为水务行业的可持续发展奠定了坚实基础。大模型的应用正在推动水务行业的创新和变革，实现更加高效、智能和可持续的发展。通过实时监测和分析水厂运营数据，政务大模型帮助水厂及时发现并解决了许多潜在问题，降低了设备故障率和维修成本，提高了运营效率。通过对水质数据的实时监测和预警，政务大模型确保了向市民提供的水质始终符合国家标准，保障了市民的饮水安全。政务大模型通过对水厂运营数据的深入分析，为水厂管理者提供了科学的决策依据，有助于优化水资源分配和调度，降低能耗和成本。

2. 简化流程缩短数据距离

高质量的数据是数据治理的核心目标。通过大模型的赋能，可以从多个方面保障数据的高质量，为数据的安全共享打下基础。借助大模型，可以自动识别和处理数据中的错误、重复、不一致等问题，提高数据清洗的效果和效率。通过大模型对数据进行校验，确保数据的准确性、完整性和一致性，从而提高数据的可靠性和可用性。利用大模型对数据质量进行量化评估，帮助企业找出数据问题的根源并进行针对性改进。

水务管理业务涉及多个方面，包括水务工程运维检修、水务客服和水务运营智能化等。通过融合 AI 技术，可以简化操作流程、提升运营效率、简化知识检索步骤，进而促进水务专业知识的积累和获取。同时，水务管理中的核心知识模块还可以支持人员培训、提供调优建议，显著提高水务决策中知识的应用效率。

首先是数据采集与整合，政务大模型通过物联网技术和传感器设备，实时采集水厂各个工艺环节的关键数据，如水流量、压力、水质等，并将这些数据与现有的管理系统进行整合。其次进行数据分析与挖掘，利用政务大模型的强大计算能力和数据挖掘算法，对采集到的数据进行分析和挖掘，发现潜在的问题和规律，为水厂运营提供决策支持。然后对数据进行可视化与报告，将分析结果以图表、报告等形式进行可视化展示，便于水厂管理人员及时了解运营状况，制定相应的改进措施。最后涉及数据安全与隐私保护，政务大模型采用严格的数据安全和隐私保护措施，确保数据的机密性、完整性和可用性。

3. 丰富数据服务类型

大模型在水务管理决策场景中具有广泛的应用前景，如工程巡检、水务客服和水务运营等。通过自然语言交互的方式，大模型可以实现设备参数、状态信息、检修维护信息的快速查询，提供可追溯的知识查询、分析、决策辅助服务。此外，大模型还可以重构水务客服知识库，提升知识利用效率，实现工单自动派发，提高客户服务效率。在水务运营方面，大模型可以学习污水处理厂运营和管理人员的经验，成为不断迭代的运营专家，覆盖知识沉淀、人员培训、调优建议等多个方面。

随着大数据时代的到来，数据成为国家和企业的战略性资源。通过大模型赋能数据治理，可以建立更加高效和安全的数据共享机制，提高数据质量和利用效率。具体表现为数据服务与创新能力提升，通过大模型赋能数据治理，可以更好地支持数据服务和产品创新，提高企业的核心竞争力。

当前，水务管理面临的挑战主要包括信息互通便捷性低和企业运营效率低。为解决这些问题，需要结合历史数据、专家知识库等，整合现有信息，提供运维建议。同时，利用先进的人工智能能力实现自动判断，优化水务流程，降低人工干预，从而提升运营效率。

本案例表明，政务大模型在水务运营领域的应用具有显著的价值。通过构建全流程数据治理体系，政务大模型不仅提升了水厂运营的效率和安全性，还有助于优化资源分配和降低成本。这为其他类似场景的数据治理提供了有益的借鉴和启示。

（二）大模型赋能政务服务

1.改善政务服务体验

随着互联网技术的飞速发展，人们对于政务服务的期望也在不断提高。传统的服务模式已经难以满足公众日益多样化的需求。在这一背景下，利用大模型改善政务服务体验，提高办事效率，降低办事成本，已成为各级政府的共同追求。

基于用户输入问题的政务大模型。以北京市政府智能问答系统"京京"为例，该系统运用大型语言模型技术，通过语义理解分析用户输入的自然语言问题，提供政策解读、法规查询、办事流程、审批指南等全方位便民服务。用户问答满意度达到95%以上，有效降低了线下咨询数量，提高了政务服务效率。大模型可以通过深度学习技术理解用户的问题，并根据问题的类型和内容，自动检索相关政策、法规和办事指南，为用户提供个性化的解决方案。这种基于用户输入问题的循道政务大模型，能够有效地提高政务服务的针对性和准确性（见图7-7）。

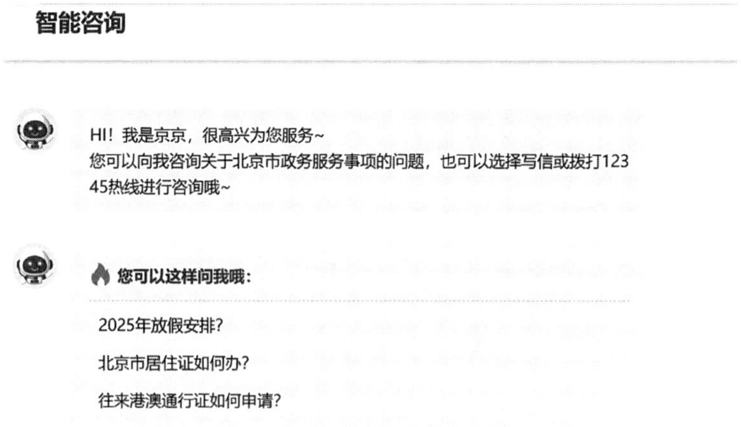

智能咨询

 HI！我是京京，很高兴为您服务~
您可以向我咨询关于北京市政务服务事项的问题，也可以选择写信或拨打12345热线进行咨询哦~

 🔥 您可以这样问我哦：

2025年放假安排？

北京市居住证如何办？

往来港澳通行证如何申请？

图7-7 北京市政府智能问答系统"京京"

秒级精准匹配事项与多轮情形问答。以广西南宁警方"壮警哥"智能客服为例，基于大模型开发的智能客服系统，能够快速响应网民报警、求助、咨询等业务需求，提供一对一精准服务。通过自动分析用户意图、自动关联相关政策等信息，用户问题的解决率达到90%以上。借助大模型的语义理解能力，政府网站可以在用户提交问题后数秒内，精准匹配相关事项，并通过多轮对话的形式，进一步了解用户需求，提供详尽准确的办事指引（见图7-8）。

图7-8　广西南宁警方"壮警哥"智能客服

通过智能问答系统的广泛应用，大量咨询类业务可以被有效分流，缓解了人工客服的压力，提高了政务服务的效率。例如，某市住房公积金管理中心在线问答系统通过部署大模型，实现了对用户问题的快速响应和精准匹配。用户在提交问题后，系统会智能推送相关政策、办理指南等信息，为办事群众提供便捷、高效、智能的办事体验。

"随手拍"是一个城市数字服务过程中比较"古典"的应用，大模型能力的加入创新了城市治理能力。比如原来市民如果在一个街区看到减速带破裂，需要拍照后输入一段话进行描述，然后上报12345便民热线进行工单流转。现在通过视觉大模型的理解，以及与 GIS 地图结合应用，在拍照完成后，系统会自动填写事件描述，事件上报 12345 便民热线派单。原来系统经常会派错部门，或者流转几天后才派单，现在在事件处置环节，大模型自动匹配到对应部门，并告诉他们应该如何处理，此外还可以通过提问互动来进行指导。

另一个案例是低保人群的补贴申领。低保人群很多人无法在线交流，有些问题机器也回答不了，所以只能靠打电话。比如有的低保户打电话就问"民政有针对我们'这类人'的补贴政策吗"，按照以往的智能问答逻辑，这个问题就无法回答。现在大模型就可以继续问"能不能简单描述家庭收入基本情况"，对方回答"全年收入 30000 元"，大模型此时就可以判别他"符合低收入情况"，然后如果继续问"那要怎么办理"，大模型就继续询问他的住址，这样就可以告诉他最近的办理地点。从以上用户输入的核心信息看，地址、收入、年龄等关键信息并没有包含在内，这就需要大模型通过多轮对话去捕捉真实需求。因此大模型对原来的政务服务办理模式实现了解耦，这种解耦是通过拟人化的交流进行的。

据统计，采用大模型进行智能问答的政务服务，其咨询类业务分流率可达到 95% 以上。这些成功的案例表明，大模型在改善政务服务体验方面具有巨大的潜力和价值。

2. 提高办事效率，为窗口减压

除了改善用户体验外，大模型还能在很大程度上提高政府部门的办事效率，减轻窗口工作人员的负担。

降低人为失误概率。以达州市税务局为例，该部门通过部署大模型，实现了对税收政策的智能解析和处理。以往，税务工作人员需要花费大量时间和精力来分析和处理各类税收政策和法规。现在，大模型可以快速完成这些任务，大大提高了税务局的工作效率，并降低了人为错误的发生。税收大数据分析平台整合了项目链条数据，集成项目信息、合同工期、项目进度、税费优惠、发票开具、拨款进度、税源预测数据等涉税信息，辅以图表展示，使重大项目服务监管得到有效提升。

大模型可以辅助政府部门完成各种日常事务，如审批流程自动化、文件审核等。通过自动化处理，不仅大大提高了工作效率，还减少了人为错误的发生。达州市税务部门以大数据技术为支撑，建立税收可视化服务平台，用项目关联参建纳税人，通过汇集数据、建立模型、分析风险，打造"项目—数据—服务—风险—应对"服务监管闭环，开展"一企一策"精准服务，帮助企业及时发现经济形势变化和防范涉税风险。在享受退税减税政策的同时，财务账务处理也得到了进一步规范完善，省去了在筛选政策、规范管理方面耗费的精力。

减轻政务窗口工作人员的压力。以黑龙江省人力资源和社会保障厅为例，该部门通过智能问答系统，实现了对公众咨询问题的快速处理。智能问答系统能够识别用户输入的自然语言问题，并提供针对性的解决方案。通过自动处理部分咨询工作，政务窗口工作人员可将更多的精力投入实质性的审批和服务中去，从而提高整体的服务质量。智能问答系统还可分担部分咨询和预审工作，政务窗口工作人员能够参考更多案例，如前面提到的某市政府智能问答系统、某省公安厅智能客服等案例（见图7-9）。

图7-9　黑龙江省人力资源和社会保障厅智能问答系统

实现政务服务从线下到线上的转变。以梅州市公安局为例，该部门通过部署大模型，实现了出入境管理服务的线上智能化处理。公众可以通过手机

App 或在线服务平台进行出入境申请，系统会自动完成相应的审核处理。这种线上服务模式不仅方便了公众办事，还有助于政府部门优化资源配置，提高管理效能。

大模型的应用推动了政务服务从线下模式向线上模式的转变。这不仅方便了公众办事，还有助于政府部门优化资源配置，提高管理效能。

循道政务大模型能够显著改善政务服务体验。通过精准匹配用户输入的问题，它能够在秒级时间内以多轮问答的形式提供精准引导，帮助用户快速找到所需信息，从而提升办事效率和体验。根据相关数据，基于该大模型的能力，咨询类业务的分流率可以从 40% 提升到 95%，极大地优化了政务服务的效率和用户体验。

（三）大模型赋能城市治理

随着城市化进程的加速和人口的增长，城市治理面临着前所未有的挑战。为了应对这些挑战，越来越多的城市正在寻求利用大模型来提高治理效率和准确性。本章将通过具体案例分析，探讨大模型在城市治理中的应用，以及如何利用这些模型实现高效、智能的城市治埋。

1. 实现高效、智能的城市治理

随着人工智能和大数据技术的发展，城市治理正逐步从传统的被动应对模式转向主动预防、智能决策的模式。大模型在城市治理领域的应用，为实现这一转变提供了有力的支持。

以北京市为例，该市通过部署政务大模型，实现了对城市规划、交通管理、环境保护等领域的智能治理。市民可以通过该市的智能问答平台，获取关于城市规划、交通出行、环境保护等方面的实时信息和专业建议。此外，政务大模型还可以通过对社交媒体、新闻报道等公共信息的实时监测和分析，及时发现和应对潜在的风险和问题。在智慧城市项目中，数据集成、处理与分析是实现智能决策的关键环节。以某智慧城市项目为例，该项目通过运用大模型对城市各个方面的数据进行集成、处理和分析，从而实现了城市资源的优化配置和智能决策。大模型在城市数据治理方面具有以下优势。一是自动识别和整合不同来源的数据。智慧城市项目涉及多种数据来源，如政府部门、企事业单位、社交媒体等，大模型能够自动识别和整合这些不同来源的数据，消除数据孤岛，实现数据的互联互通。二是深度挖掘和分析。大模型具有强大的数据挖掘和分析能力，能够从海量数据中提炼出有价值的信息和知识。通过对数据进行深度挖掘和分析，大模型可以为决策者提供更为精准和详尽的洞察，以支持其制定更为科学合理的政策。三是实时分析和预测。智慧城市项目要求对数据实现实时分析和预测。以大模型赋能的智慧城市项目为例，通过对交通流量数据的实时分析，该项目可以准确地预测交通拥堵情况，并据此为政府部门提供合理的交通管控建议，从而缓解交通压力，提高城市道路运行效率。四是分钟级生成城市治理方案。基于大模型的数据分析和挖掘能力，该项目可以在短时间内生成针对热点事件的处置方案，如调查事件原因、梳理事件脉络、生成处置建议等。相较于传统方式，大模型的应用极大地提高了城市治理的效率和精准度。

总之，通过运用大模型对城市数据进行集成、处理和分析，智慧城市项目能够实现城市资源的优化配置和智能决策。大模型的自动识别和整合数据、深度挖掘和分析、实时分析和预测以及分钟级生成城市治理方案等优势，为智慧城市建设提供了强大支持。

以四川省环保部门为例，该部门通过政务大模型，实现了对环境污染事件的快速响应和精准治理。生态环境部门通过科技赋能，不断提高大气治污精准度，使用智慧大脑提升"蓝天幸福感"，依托"生态智慧大脑"的污染溯源、数据分析、统筹调度和目标管理等应用功能，帮助解决道路工地扬尘、移动源污染、工业企业排污等各类大气污染问题5100余件。

当接到环境污染报告时，政务大模型可以自动分析事件的相关数据和信息，为环保部门提供实时的处置建议和方案。此外，通过对历史数据的分析和挖掘，政务大模型还可以为该部门提供针对性的污染治理策略和建议，提高决策的准确性和有效性。如一个App就能检测柴油货车尾气排放是否达标。这个软件就是四川省移动源污染物排放抽检动态监控系统，它背后连接的是全省移动源环保数据库。通过这个系统，在抽检现场能轻松检测柴油货车尾气排放是否达标，还能调阅车辆历史抽检记录。抽检现场，一名检测人员拿着一个橙灰相间的设备，看起来就像是一个工具箱，设备的一端连接着长长的金属探头。这就是检测设备的"鼻子"，嗅觉极其灵敏。检测需要两名人员进行配合，一名负责在驾驶室空踩油门，另一名需要将探头放置在车底的尾气管附近进行检测，检测数据通过无线通信的方式传回四川省移动源污染物排放抽检动态监控系统。整个检测过程不到 10 分钟。凭借"算法"得到空气质量信息，准确度达 80% 以上。

通过以上案例分析可以看出，大模型在城市治理领域的应用为实现高效、智能的城市治理提供了巨大的潜力和可能性。未来，随着技术的不断发展和创新，我们有理由相信大模型将在城市治理中发挥更大的作用。

2. 应对环保、公共安全等挑战

随着城市化进程的加速和人口的增长，城市面临着越来越多的环保、公共安全等挑战。为了有效应对这些挑战，越来越多的城市正在寻求利用大模型来提高治理效率和准确性。

精准预测城市发展趋势。以浙江省为例，该省通过部署大模型，实现了对城市发展情况的精准预测和智能调控。省内城市利用大模型对历史数据进行分析和挖掘，建立了一套城市发展预测模型。通过对交通、人口、产业结构等方面的数据进行分析，预测城市发展趋势和可能出现的问题，并提供针对性的调控建议。例如，通过对交通流量的实时分析，该预测模型可以预测未来的交通拥堵情况，提前为政府部门提供交通管控建议。

实时监测与预警城市环境状况。以某省的排污企业监测系统为例，通过部署大模型技术，实现了对省内城市环境状况的智能化监测与预警。该系统利用大模型对环境监测数据进行实时分析和挖掘，构建了环境预警模型，可对空气质量、水体污染、噪声污染等多维度数据进行动态监测和预警，并为政府部门提供科学的环境管理决策建议。例如，该模型能够基于气象数据和污染源排放数据，预测未来空气质量变化趋势，提前发布预警信息，为政府部门制定管控措施提供数据支撑。

大模型支持基于地理信息系统，对排污企业的数量、分布、规模等要素进行可视化监测，支持接入各类排污企业数据，对排污企业重点排放的污染物、污水废气排放情况、处置达标率等要素进行实时监测；支持结合专业模型算法，对污染物排放设立数据阈值告警触发规则，对污染物排放超标进行可视化告警，还可对重点关注排污企业进行详细信息查询，如企业名称、法人、废弃物排放许可证明等，辅助管理者实时监测企业污染物排放情况，提高对排污企业管理水平和环境治理力度。

落实疫情防控、安全生产等城市管理措施。城市通过部署大模型，实现了对疫情防控、安全生产等城市管理措施的有效落实。某城市利用大模型对各类城市管理数据进行分析和挖掘，建立了一套智能城市管理模型。

3. 提升民众参与度与政府公信力

随着公民民主意识的增强和互联网技术的发展，民众对于城市治理的参与度和关注度越来越高。为了更好地满足民众的需求，提高政府公信力，越来越多的城市开始利用大模型来提升民众参与度与政府公信力。

建立民众参与城市治理的机制与平台。北京交通大学联合中国计算机学会智慧交通分会与足智多模公司等自主研发的国内首个综合交通大模型——TransGPT·致远正式开源，建立了民众参与城市治理的机制与平台。该平台允许民众通过手机 App 或网站提交关于城市规划、环保、公共安全等方面的意见和建议。大模型会对这些意见和建议进行自动分类、分析和汇总，为政府部门提供有价值的参考信息。

借助政务大模型征集民意、解答疑问。以北京市为例，该市通过部署政务大模型，实现了对民意的有效征集和解答。市民可以通过该市的智能问答平台，向政务大模型提出关于城市规划、交通管理、环境保护等方面的问题和建议。政务大模型会根据市民的问题和建议，自动检索相关政策、法规和办事指南，为市民提供个性化的解决方案。同时，政务大模型还会定期汇总和分析市民的意见和建议，为政府部门的决策提供参考依据。

提升政府公信力与民众满意度。"代表通"是宁波市各级人大代表日常履职中不可或缺的一大应用。宁波移动助力市人大深化"浙里甬人大"综合数智应用，打造的"代表通"服务端有效拓宽了代表履职途径，助推代表主体作用发挥。依托宁波市超算中心的智算能力，宁波移动运用"大模型"开展民意分析利用，探索建立了民生实事线索分析、主题民意分析、法规民意分析三个"微场景"，赋能基层单元和民情民意感知中心建设，同时也为下一步构建"大模型"＋"小模型"人大特有民意库打下基础（见图7-10）。

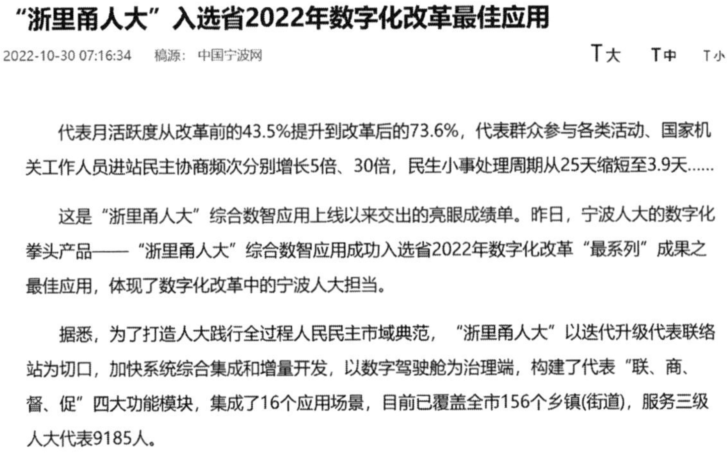

"浙里甬人大"入选省2022年数字化改革最佳应用

2022-10-30 07:16:34　　稿源: 中国宁波网　　　　　　　　　　　T大　　T中　　T小

代表月活跃度从改革前的43.5%提升到改革后的73.6%，代表群众参与各类活动、国家机关工作人员进站民主协商频次分别增长5倍、30倍，民生小事处理周期从25天缩短至3.9天……

这是"浙里甬人大"综合数智应用上线以来交出的亮眼成绩单。昨日，宁波人大的数字化拳头产品——"浙里甬人大"综合数智应用成功入选省2022年数字化改革"最系列"成果之最佳应用，体现了数字化改革中的宁波人大担当。

据悉，为了打造人大践行全过程人民民主市域典范，"浙里甬人大"以迭代升级代表联络站为切口，加快系统综合集成和增量开发，以数字驾驶舱为治理端，构建了代表"联、商、督、促"四大功能模块，集成了16个应用场景，目前已覆盖全市156个乡镇(街道)，服务三级人大代表9185人。

图7-10　"浙里甬人大"综合数智应用取得佳绩

通过建立民众参与城市治理的机制与平台以及借助政务大模型征集民意、解答疑问等，可以看出，大模型在提升政府公信力与民众满意度方面发挥了重要作用。以广东省为例，自该省部署大模型以来，其市民对政府工作的满意度逐年上升，政府的公信力也得到了显著提升。这充分证明了大模型在提升民众参与度与政府公信力方面的巨大潜力。

第三节　政务大模型赋能数字政府建设的未来展望

（一）探索与创新：政务大模型的应用前景与配套管理

随着全球各国积极探索大模型技术在政府治理中的应用，数字政府改革浪潮席卷而来。大模型在政务领域的应用探索已较为普遍，覆盖了政府内部办公、政务信息公开、政务服务提供、民生服务优化和国防航天等五大领域。从应用广度到深度，全球政务领域的大模型应用不断拓展，推动公共服务行业降低运营成本，提高效率。在此背景下，各国政府积极推动组织、人才和技术的变革以适应新的治理挑战，同时加快政务领域大模型应用规范。

政务大模型作为人工智能领域的突破性技术，已开始对数字政府建设产生深刻影响。本节将分析政务大模型的发展趋势和前景，及其在未来政务公开、政务服务和政务决策等领域的潜在作用。

1.大模型应用的广泛前景与风险等级管理

政务大模型在政务服务、文书写作等人与人互动及内容生产环节具有巨大潜力。同时，政府需要建立敏捷治理方式以适应技术快速变化，如采用监管沙盒推动政务大模型测试和应用。政府还应建立适当的风险分类分级管理框架，针对不同场景应用风险进行评估，实现分类分级管理。政府还应因地制宜地梯次推进场景应用探索，确保应用安全合规。

2.技术效率与服务效能提升的平衡

政府在推进数字政府中大模型技术应用时，需要兼顾技术效率和服务效能提升，实现收益最大化。需要充分理解大模型的技术特征，结合部门数字基础、治理需求等合理设计落地场景的优先级，做好效能监测评价。同时，政府需要综合考量战略重要性、技术门槛、资源投入、数据储备、系统兼容性等因素选择合适的部署方式。

3.积极发展垂直领域大模型

为了提高政务大模型的落地效果，政府应积极发展垂直领域大模型，并利用外围插件，实施大模型与政务知识图谱、政务知识库相结合的策略。

4.提供配套政策、人才和技术保障

推动大模型规模化应用需要政府提供配套的政策、人才和技术保障，借助内外部力量，形成技术应用和升级的良性生态。政府要加强引导，明确应用探索方向，引导市场提供符合特定场景、性能、安全要求的产品或服务。政府还应提供与新技术应用相适应的组织人才支持，加强数字素养培训，帮助公务人员获得人工智能的知识和技能。同时，加强与企业和社会的良性互动、合作共治，建立针对政务大模型的系统评估评测、监测处置能力，全面评估政务大模型综合水平，实现健康有序发展。

5.加强公共数据整合利用与治理

数据是大模型的基础燃料，政府需要加快公共数据的整合利用，以公共数据或公开政务文本为基础打造政务大模型训练的统一底座，在确保安全的前提下提升企业训练模型的可用性。政府还应统筹开展全量政务数据治理，细化各部门数据管理职责，加强数据源头治理的法规标准体系建设，实施数据质量工程，定期进行数据质量评估，提升高质量数据供给。

（二）从搜索到对话：生成式 AI 与政务服务的未来融合及其支持技术

1.从"搜索即服务"到"对话即服务"

随着政务大模型的推广应用，政务公开和政务服务模式将逐步从传统的"搜索即服务"过渡到更高效的"对话即服务"。通过分析用户需求、行为和偏好，政务大模型可为公众提供个性化的信息服务，降低信息过载现象，提高公众的政务服务和政策获得感。

2.生成式 AI 成为未来主流政务服务入口

政务大模型应用有望成为未来主流的政务服务入口。在 PC 时代和移动互联网时代，政府网站及政务服务平台已积累海量的信息和数据。然而，如何高效将用户与这些信息和服务连接仍是一大挑战。政务大模型应用能够充

分发挥其优势，通过与用户的自然语言对话，为用户提供更便捷、高效的政务服务。

3.大模型的插件生态助力政务服务

未来，政务大模型的插件生态将日益丰富，为政府行业应用提供多样化的支持。这些插件可以帮助政务大模型处理复杂业务场景，如打通部门数据壁垒、实现协同办公等。通过对话体系，政务大模型将实现办事数据的自动化串联，进一步提高政务服务效能。

4.大模型应用支持数据驱动的分析研判

原来的数据是静态式的统计对比，现在大模型可以通过关联分析、辅助决策、产业布局优化、政策制定辅助等来支撑决策的科学性。诸如企业补贴发放决策、预警研判等方面，政务大模型同样具有巨大潜力。

企业补贴发放决策支持。政务大模型可根据国家政策、地方文件等综合信息，辅助政府部门制定企业补贴标准。通过关联分析、影响评估等手段，为政府提供补贴发放策略建议，提高资金使用效率。

展会安保预警研判。政务大模型可对辖区内的企业和经营数据进行实时监控，结合历史治安数据、投诉记录等信息，识别潜在的安全风险。通过人脸识别、视频分析等技术，助力展会安保工作，保障公共秩序。

政务大模型在未来数字政府建设中具有巨大的潜力和广阔的发展空间。从提高政府透明度、便捷化政务服务到智能化决策支持，政务大模型有望为数字政府建设带来重要变革。

（三）数字政府与政务大模型的融合发展

政务大模型和数字政府的融合发展是未来公共治理领域的一大趋势，这种融合将实现政务大模型的广泛应用和普及，同时也推动数字政府的建设和发展。具体而言，政务大模型与数字政府的融合将呈现以下几个方面的趋势。

1.政务大模型成为数字政府建设的核心技术

随着政务大模型的成熟和应用，它将在数字政府中扮演越来越重要的角色，成为构建数字政府的核心技术之一。政务大模型具有强大的语言理解、生成和推理能力，将有效提升数字政府在各领域的智能服务水平。

2. 数字政府为政务大模型提供丰富的应用场景

数字政府的建设需要政务大模型的支持，同时也为政务大模型提供了广阔的应用场景，为政务大模型的发展提供了良好的实践环境。数字政府的众多业务领域，如便民服务、城市治理、公共安全、市场监管等，都将受益于政务大模型的广泛应用。

3. 政务大模型与数字政府共同推进国家治理体系和治理能力现代化

政务大模型和数字政府作为新一代信息技术和公共服务的集成者，将共同助力国家治理体系和治理能力现代化。双方紧密合作，将进一步提升政府治理效能和为民服务水平，使公共治理更加科学、民主、法治和高效。

4. 数据互促：安全与创新的平衡

政府利用大数据、人工智能等先进技术手段，对海量公共数据进行有效整合、分析和利用，从而推动政府治理模式的创新和公共服务水平的提升。在这个过程中，安全和创新是互促作用的关键因素，二者间的平衡对于推动数字政府的可持续发展具有重要意义。

在数字政府和政务大模型数据的互促作用中，保障数据安全是首要任务，需要采取多种措施确保数据不被泄露、篡改或滥用。政府应建立完善的数据治理机制，强化安全技术和防护手段，提高数据安全保障能力。政府数据的开放与共享是激发创新活力、推动公共服务与社会治理模式变革的重要手段。在保障数据安全的前提下，政府应积极推进公共数据的开放和共享，为各类创新主体提供丰富的数据资源，激发创新和经济发展潜力。同时，政府还应注意引进和培育先进技术手段，推动数据驱动的智能化治理进程。实现二者间的平衡关键在于营造一个既安全又有活力、既保护隐私又促进创新的数字政府环境。为此，政府需要建立健全数据管理法规和标准，规范数据处理和使用的流程，同时加强对数据安全和隐私保护的技术研究和创新，提高公共数据开发利用的安全性和合规性。

第四节 政务大模型赋能数字政府建设的挑战与对策

随着政务大模型的不断发展，其在数字政府建设中的应用日益广泛，为提升政务服务效能提供了新的可能。然而，大模型在赋能数字政府建设的同时，也带来了一些挑战。为了最大限度地发挥政务大模型的潜力，有必要深入研究和探讨应对这些挑战的策略。

（一）挑战

1. 数据偏见与"AI 幻觉"

在政务大模型的应用中，数据偏见和"AI 幻觉"是两个需要重点关注的问题，它们可能会给政府决策带来负面影响，并损害公众利益。政务大模型是基于大量数据进行训练的，如果这些数据带有偏见，那么训练出来的模型就可能产生不准确甚至错误的结果。数据偏见可能来自多个方面，如数据采集过程中的主观臆断、数据样本的代表性不足、数据标签的错误等。这些偏见使模型在为用户提供服务时可能出现不公平、不客观的情况，进一步影响政府决策的公正性和有效性。"AI 幻觉"是指模型给出的答案看似有道理，实际上却是错误的现象。这主要是由于模型在训练过程中过度关注某些特征或细节，在处理新的、不同的问题时出现理解错误。"AI 幻觉"可能会误导政府决策，影响公众利益。

以政务公开为例，在处理政策文件这类具备高度逻辑性和结构性的文本时，大模型的表现非常出色，能够将整个文件的关键点以规则和推理的方式组织起来，并用通俗易懂的语言回答用户的问题。然而，在面对一些复杂、模糊或不熟悉的场景时，大模型可能会产生幻觉，给出错误的信息或建议。

2. 数据隐私与数据安全问题

数据可以说是构成大模型的骨骼，为其提供了基础支撑。政务大模型的应用涉及大量敏感信息，如个人隐私、商业秘密等。在训练和应用过程中，如何确保数据的安全和隐私不受侵犯，避免泄漏和滥用，是数字政府建设面临的一大挑战。价值观对齐是使大模型的价值观与人类的价值观相对齐。使大模型按照设计者的意愿行事，而不作出超出意图之外的举动。在价值观对齐方面，由于人类社会的价值观是多元化的，且有用的人工智能与无害的人工智能往往存在冲突，所以大模型价值观对齐存在很大的难度。

在数据层，安全问题主要集中在数据泄露、数据污染等方面。三星的案例，其实就在于数据层面存在一定的泄露风险。在机器学习和深度学习的领域，数据的获取、加工及利用的方式决定了模型的性能和准确性。但是，数据层面的安全隐患却是不可避免的。

其中最常见的问题有三。一是数据的非法泄露，这可能导致敏感信息暴露；二是数据被恶意篡改，这可能导致训练出的模型有误导性；三是非法获取或使用未经授权的数据，这可能使模型偏离了其原本的目的。这些隐患都可能对模型的训练和应用带来不利影响，使其失去原有的效果甚至产生误导。

与数据安全同等重要的是算法模型的安全。在现代社会，大模型的训练往往需要消耗巨大的计算力，因此很多资源都集中在特定的数据中心。这就为潜在的攻击者提供了机会，他们可能会针对这些数据中心进行攻击，试图更改模型的参数或者整体结构。一旦成功，模型的输出可能会完全不可控，产生不可预知的结果。

另外，还有一种更加隐蔽的攻击方式——对抗性攻击。这种攻击的目的是使模型在某些特定的输入下产生错误的输出，这在一些关键领域如医疗政务服务、政务决策等领域，可能会产生严重后果。到应用层，安全隐患也不容小觑。比如生成内容的有害性和不准确性、滥用模型生成虚假信息等。

为了应对这些隐患，可能需要一系列的安全措施，包括但不限于数据加密、模型的版本控制和运行环境的隔离等。

3. 决策依据不透明与不可解释性

政务大模型虽然具有强大的决策能力，但其决策依据通常被视为黑盒，缺乏透明度，这可能导致模型的应用失控。在政府决策过程中，需要可解释的模型，以便人们了解其决策依据，确保决策的公正性和合理性。

如可解释性不足可能导致模型的应用失控，并在政府决策过程中产生伦理信任问题。在某些特定领域，如医疗、金融和法律，决策依据的可解释性至关重要。由于政务大模型的决策过程难以解释，可能无法满足法律和伦理要求，从而引发争议和信任危机。另外，政务大模型的预测和推理能力可能被滥用，导致不公平或歧视性的决策。例如，在招聘、贷款审批或资源分配等场景中，模型可能会不自觉地歧视特定群体，从而加剧社会不平等。

不可忽略的是政务大模型决策过程有时并不透明，这可能会导致责任归属不明确、公众信任缺失。当政务大模型的决策造成不良影响时，往往难以确定责任归属。模型的可解释性不足使追溯问题根源和问责变得困难，可能导致产生法律纠纷。当政务大模型的决策过程不透明时，公众可能对模型的决策产生怀疑和不满。这种不信任可能阻碍政务大模型在公共领域的广泛应用，限制其社会价值。

4. 对现有政务 IT 系统的冲击

政务大模型的应用将对现有政务 IT 系统产生冲击，可能需要调整原有的操作系统、数据库和中间件等架构。如何在不影响现有系统稳定运行的情况下，实现政务大模型与现有系统的融合与协同，是一大挑战。

政务大模型有潜力成为政务服务的全新入口，但不会替代或颠覆传统政府网站，而是诞生了一种融合与增强多渠道能力的应用形式。人们的习惯和使用场景各不相同，部分人可能更喜欢通过浏览、点击或触摸来获取服务，而其他人可能更喜欢通过对话形式实现。类似于 ChatGPT 的对话形式，政务大模型或许是一个过渡阶段的解决方案，但并非所有场景的最优解。在订票、打车等移动应用体验已相对完美的场景下，强行改为文字或语音对话模式可能会导致交互效率降低。然而，在诸如多任务办事等场景中，政务大模型有望通过任务分发和智能代理等方式串联不同 App 或平台中的办事流程与要素，实现高效办事。

政务大模型将以独立平台的形式存在，对现有的政府信息化软件结构产生一定影响。这种影响并非改变政务 IT 系统的体系架构本身，而是调整应用架构。这类似于从以 CPU 为核心的计算能力转变为以 GPU 为核心的计算能力。尽管政务大模型的出现和应用可视为政府数字化进程中的一次重要变革，但其最终能否产生颠覆性影响仍有待观察。

（二）对策

1. 加强数据治理，消除偏见与歧视

在训练政务大模型之前，应对数据进行严格的治理，消除潜在的偏见和歧视。通过使用去偏见技术，确保模型的客观公正。同时，建立有效的监管机制，防止在模型应用过程中出现人为偏见。为了解决数据偏见和"AI 幻觉"问题，可以在训练政务大模型之前，对数据进行严格的治理，消除潜在的偏见和歧视。使用去偏见技术，确保模型的客观公正，并采用高质量数据训练，持续投入资源进行高质量数据的收集和标注，从而提高模型的性能和准确性。同时加强对政务大模型应用过程的监管，及时发现并纠正数据偏见和"AI 幻觉"问题，确保模型提供的信息服务质量和公正性。在大模型的基础上结合专家知识和人工审核，提高信息服务的质量和准确性，降低"AI 幻觉"的产生概率。

2. 强化数据安全与隐私保护

建立严格的数据安全管理和隐私保护制度，确保数据在采集、存储、处理和传输过程中的安全。采用加密、隐私计算等技术手段，保护数据和隐私不被侵犯和滥用，并定期对数据进行备份，以防数据丢失或损坏。备份数据应存储在安全的位置，避免被非法访问。同时，对数据的访问进行严格的控制，只有授权人员才能访问敏感数据，这样可以避免数据被不当使用或泄露。

为了保障用户隐私，可以使用隐私保护算法对用户数据进行脱敏处理，保护用户隐私信息不被泄露。在收集用户数据时，征得用户同意，并明确告知用户数据的用途和使用范围。在使用用户数据时，也需要遵循用户授权范围和使用协议。遵守相关法律法规和标准，对用户数据进行合规处理。同时，也需要加强对内部员工的培训和监督，避免出现泄露用户隐私的行为。

未来也需要关注大模型的安全性和伦理规则，谨慎使用。由于类ChatGPT大模型应用具有很强的互动性，可能会对用户的交互内容进行学习。因此，在数字政府领域应用和部署大模型时，需要进行"切块式"的创新。政府和企业可以考虑建立一个工程化中台或者类似"伦理安全缓冲带"，很多数据在本地向量数据库中沉淀，对外部语料导入中间层进行理解或"问答审计"，构建一道安全防火墙。通过这种创新方式，在保证数据安全的基础上，实现政务大模型的广泛应用。

3. 提高决策依据的透明度和可解释性

政务大模型的设计与开发将越来越重视可解释性，开发者将努力确保模型的决策依据可以被理解和审计，以提高模型的公正性和合理性。开源大模型的可解释性将成为研究热点，研究人员将致力于解决政务大模型的黑盒问题，使其决策和推理过程更加透明。未来，研究将继续深入挖掘政务大模型的可解释性，寻求新的方法和技术来提高模型的透明度。政府和监管机构也将加大对政务大模型的监管力度，制定有关可解释性的标准和规范，以确保模型的安全和合规应用。

4. 优化IT系统架构，实现政务大模型与现有系统的融合

在保持现有政务IT系统稳定的前提下，对系统架构进行优化，实现政务大模型与现有系统的融合。通过制定统一的标准和规范，确保不同模型和应用之间的互操作性和协同作战。同时，加强政务大模型应用的宣传和培训，提高政府部门和公众的接受度和应用能力。

政务大模型将改变传统政务服务的提供方式，通过对话交互界面向用户提供更为便捷高效的服务。这要求对现有政务服务流程进行优化重构，以便更好地匹配生成式AI应用的用户体验。例如，在财务领域，企业可以通过政务大模型快速获取财务报表，简化财务总监和其他部门的对接流程，提高效率。

为了让政务大模型与现有系统相融合，需要整合各类API，使大模型可以方便地调用各种政务服务和数据。这将有助于打破"数据孤岛"，实现跨部门的资源共享和高效协同。同时，还需要关注API的安全性、隐私保护

等方面的问题，确保数据流通的安全可靠。

将政务大模型融入现有系统架构，需要确保模型的安全性、稳定性以及可靠性。为防范潜在的安全风险，需要对政务大模型进行全面的安全审查和监控，防止数据泄露、黑客攻击等安全事件的发生。此外，还需关注模型的稳定性，确保其在面对大量请求时仍能提供稳定可靠的性能。

在政务服务领域引入政务大模型将带来显著的改变。需要采取相应措施优化 IT 系统架构，实现政务大模型与现有系统的融合，确保在新的服务模式和算法下，政务服务的安全可靠、高效便捷并能持续优化。

第八章·

省市政府数字服务发展问题和建议

第一节　省市政府数字服务发展问题和建议

近年来，中国政府数字服务发展、政府数字化转型加速推进，以数字化促改革、以数字化提服务的理念不断深入人心，各地陆续出台政府数字服务建设相关规划文件，持续推进国家治理体系和治理能力现代化建设。我国地方政府治理模式的数字化转型已经产生了直观且深入的治理成效，但从实践角度而言，我国仍处于数字化转型的探索阶段，不同地区之间因技术条件、资源分配、发展环境等方面的差距所造成的数字服务能力差异依旧显著，不同省市的数字政府建设在组织机构、制度体系、治理能力和治理效果等方面均存在不同程度的差异。因此，省市政府如何识别阻碍政府数字化转型的因素，并结合当地实际制定合适的数字化转型方案以促进数字服务能力提升，已成为省市政府亟须解决的问题。

（一）省市政府数字服务发展的问题

1. 不同地区间发展不平衡

东部与中西部地区在数字政府建设进度和成效上存在差异。如浙江省的政府数字化转型走在全国前列，于 2018 年全面推进政府数字化转型进程，2021 年全面推进数字化改革，设立了到 2025 年实现经济调节、市场监管、社会管理、公共服务、生态环境保护、政府运行等政府履职核心业务数字化全覆盖等目标。聚焦党政机关整体智治、数字政府、数字经济、数字社会、数字法治五大综合应用，不仅上线了一批重大应用，而且涌现了彰显浙江辨识度、具有全国影响力的理论成果和制度成果。而西部地区在数字政府建设方面相对滞后，一些省份还存在缺失政务短视频、政务 App、政务微博等政务服务渠道的现象。

2. 顶层设计不够完善

一方面，数字政府建设的体系框架不够完善，应当更加强调数据资源体系与运维体系在数字政府建设中的重要功能，更加注重实现数字政府价值。另一方面，数字政府建设的统筹建设管理体制与整体联动机制不够完善。统筹建设管理体制与整体联动机制是推进数字政府建设工作的前提条件，虽然中央层面建立了国家电子政务统筹协调机制，厘清了中央有关部门的职能职责，但仍存在部门之间职能定位不清等问题，且地方政府的自主性不够，有时在数字政府建设过程中较为被动，不利于数字政府建设工作的及时和高效开展。

3. 省市政府数字服务建设创新能力不足

区域经济发展水平不平衡和地方创新水平较低是制约我国数字政府整体化、协同化、网络化的重要因素。不同区域经济发展水平和经济发展速度不同，导致政府与公众之间数字政府建设的价值观、数字政府建设的基础设施、数字政府建设人才、数字政府建设整体规划等存在较大差异，各地方数字政府建设水平失衡。同时，省市政府数字化转型过程中，在理念创新、技术创新、数据开放创新以及数据应用创新方面明显乏力，阻碍了省市政府数字化进程。

4. 统筹协同合作水平较低

地方数字政府建设统筹工作的情况比较复杂，各地做法也不尽相同，导致地方政府数字化进程中协同能力和水平参差不齐，制约了政府、社会和市场的相互合作。一方面，权责不够清晰。政府职能部门职责划分不清晰，职能部门存在重复交叉管理，尚未完全明晰对实际项目资金的归口管理权限，这容易导致政府、社会和市场之间协同合作路径和机制受阻。另一方面，地方政府上下级之间、部门之间、机构之间政策衔接不畅，导致政策零散化、碎片化，信息互联互通受到抑制，加剧了"信息孤岛"效应，不能有效形成共筹共建凝聚力、共享共治合力，抑制了数字政府建设的进程。

5. 数据信息安全保障体系有待完善

推进数字政府建设的根基在于数据，数据是驱动数字政府运行的核心要素。随着数字经济创新水平的不断提高，数字经济与实体经济融合程度不断发展，对数据利用的需求越来越多，这对数据提出了更高的要求。尤其是具备专业性强、权威性高、覆盖面广、可溯性强等特征的政务数据，在驱动数字产业化和产业数字化发展过程中、在赋能国家治理体系和治理能力现代化过程中、在提高社会数字化服务能力过程中展现了较强的能力。人们更多注重了数据发展所带来的利益，而忽视了数据利用过程中的安全隐患问题，集中体现在对数据的安全隐患理性认识不足，数据信息、网络信息和个人隐私容易泄露；对数据运用的程度和尺度把握不准，往往可能导致数据滥用、数据欺诈、信息轰炸、信息鸿沟等较为突出的数据安全问题。

（二）省市政府数字服务发展的建议

1. 聚焦联动优势，推动省市政府数字服务建设价值发挥

当数字技术基础设施薄弱、数字政务服务覆盖程度低的"技术条件"受限时，由于单一要素很难提升省市政府数字服务能力，因而应充分将其注意力聚焦到组织与环境之间的联动优势上。在立足于地方经济发展的前提之下，加大对数字服务议题的注意力分配并积极开放政府数据，发挥政府数据资源在提升政府透明度与社会治理能力中的多重价值。核心条件实质上能够替代部分边缘条件的功能，弥补部分边缘条件受限带来的困境。因此，省市政府数字服务能力提升要紧紧抓好数字基础设施建设、政府数据开放与地方经济发展水平三个核心指标。

2. 强化顶层设计，推动省市政府数字服务建设统筹规划

政策方面，国家层面出台了数字政府建设蓝图，为各省（区、市）下阶段数字政府建设指明了方向，提供了更具实操性、可落地的指导建议。技术方面，遵循统分结合，重大基础性平台如政务网络、政务云、大数据中心、应用支撑平台等，既可省级集中部署，也可适度灵活允许地级市按照省级层面的统一标准进行部署；重大公共性应用、各行业重要业务应用，可实行省级层面统一部署与地级市二次开发模式；地级市、区县基于统一基础设施、统一能力平台、统一开发标准，在省级层面统一的应用体系框架下，理性策划个性化特色应用。机制方面，国家、省、市、县（区）形成上下联动、横向联通的一体化推进格局，出台更具约束性的操作规范，确保公共财政资源效率最大化，同时制定科学的数字政府评价体系。

3. 重视基层创新，推动省市政府数字服务建设创新实践

21 世纪是信息技术飞速发展的时代，我国政府应该紧跟时代的脚步，利用互联网等信息技术，转变政务的运作方式，整合政务信息资源，推进政府业务电子化，建立电子化、信息化的政府信息系统。数字政府建设不但能够优化各级政府和部门工作流程，降低行政成本，而且有利于加强政府与公众、社会组织的互动，提高公共服务质量。当前，我国各省市应积极顺应数字化转型大势，形成多元尝试、多样创新、百花齐放的数字政府建设转型新格局。对于有代表性的地方实践成果，对其进行分析与提炼，总结其数字政府发展的有益经验，以期为数字经济视野下的发展创新提供实践基础支撑。

4. 注重协同治理，推动省市政府数字服务协同合作

数字服务的核心在于借助数字技术整合政府、企业、公众等社会主体并构建多元协同治理网络，从而实现治理问题的碎片化整合和公共服务的精细化供给。如今，基于信息数字技术创新治理模式提高治理效率已成为新时代地方政府深化数字化转型的主流导向。浙江省政府推出了"最多跑一次"服务模式，旨在将传统的政务服务与互联网、大数据等数字要素相融合，通过建立一体化数字数据平台，打通各部门之间数据壁垒，推进政务服务数字化与便捷化转型，并以此为基础构建全方位扁平化、网络化的数字服务体系。贵州省通过大力挖掘大数据的潜在应用价值，初步构建了以大数据为核心的数字服务体系，并建成了我国首个以省级政府数据整合与共享为制度基础的系统化数字平台。杭州市则运用智能云平台、大数据计算等数字技术打造了我国首个"城市大脑"智能城市治理运营指挥中心，构建了以数据归集与数字资源共享为基础的城市治理平台，通过智能分析与数据仿真推演实现了城市交通、环境保护等领域的场景数据接入，成为数据要素嵌入城市治理的代表性实践之一。

5. 强化信息安全，推动省市政府数字服务安全保障体系建设

建设数字政府安全保障体系。不仅要优化数字政府人才结构，推进建立健全专家智力支撑体系，而且要完善数字政府标准建设工作机制，加快政务、监管、数据治理等重点标准研制，规范数字政府制度生态体系，进一步加强新技术在政务服务领域的应用，提升自主创新核心能力，全面深化数据治理，不断提升安全防范能力，进一步夯实数字政府基础保障能力。推动电子政务及电子政务信息安全保障全面升级。电子政务标准体系、验证机制、监督机制以及电子政务工程质量评价机制，是全国一体化的电子政务技术和服务标准化体系建设的重要标准。要以总体国家安全观为基本遵循，作为引领电子政务信息有序安全发展的新保障。建立政务信息安全保障体系，需要进一步创新安全管理理念和体制机制，建立政府和企业网络安全信息共享机制，培养网络安全和信息化人才队伍，实现网络和信息核心技术、设备自主可控以及关键基础设施和重要领域信息系统的安全可控。

第二节　省市政府网站服务发展问题和建议

（一）省市政府网站服务发展问题

20 世纪 90 年代后期，随着信息技术的飞速发展和互联网的普及，中国出现了以电子政务为代表的新型政府管理模式。中国电子政务建设工作是在借鉴国外成功的电子政务建设经验之上展开的，并且因地制宜地制定了符合中国国情的发展策略。政府网站是电子政务的重要内容，作为政府机关实现政务信息公开、服务社会、互动交流的重要渠道，其发展水平已经成为衡量该国家或地区电子政务进程的重要标志。但目前，中国各省市政府网站数字服务的发展仍存在部分需要改进的问题。

1. 信息服务质量有待提高

作为服务于人民群众的平台，政府网站的功能体验会直接影响人民群众对政府网站的使用意愿与评价，政府网站建设应以全面提高公共服务质量为建设目标，因此，政府网站应具备明显的功能性和一定的简洁性，以此为人民群众提供一个兼具直观性、有效性、针对性，简明清晰、规划明确的信息检索和服务渠道，更好地帮助人民群众通过政府网站进行信息检索和事务办理，满足其使用需求。

然而目前有些政府网站不仅存在功能复杂的问题，还存在设立的分类服务区不合理等问题，使人民群众在政府网站进行信息检索时无法快速找出所需要的内容；另外，也存在着政府网站对于办事流程系统设置不合理的情况，一些在线办事系统并不具备链接功能，无法形成各个功能之间的有机衔接，影响了人民群众的办事效率。

2. 政民网上互动与交流有限

随着信息技术和互联网的不断发展，网民数量迅速增长，通过网络反映民情民意已成为一种趋势。建立与数字政务服务相匹配的门户网站，能够更加便捷有效地向人民群众提供信息渠道，同时与人民群众形成双向互动与交流。中国各省市政府日益重视与人民群众的互动与交流，大多网站都设有网上咨询、网上民主互动、直接留言、写信等形式的栏目和内容，但在交流互动当中，群众的参与程度略显不足，偶尔存在交流效率不高、反馈不及时的问题。同时，部分政府网站答复内容比较概括，没有根据来信人的不同身份、不同文化程度进行答复或者进行一些政策的解读。

3. 个性化服务仍需完善

政府网站在网页设置上大部分设有个性化服务，如点读功能，能够帮助满足老人、文盲这一类群体的需求，但一些政府网站没有为残障人士等特殊人群设置服务专栏。可设计一套标准的无障碍辅助工具，包括屏幕放大器、屏幕阅读器、语音识别器、替代性键盘等，或是提供无障碍格式资源，如电子报告、有声读物等。除此之外，尽管政府网站均设有英文版本，但其国际化水平仍待提升，尤其在面向非英语国家时，信息服务的全面性和适配性存在局限。

（二）省市政府网站服务发展建议

1. 完善网站管理体制

中国各省市政府必须依照国家法律法规，建立完善的网站管理体制，对网站长期进行有效的监督管理。必要的情况下应该制定出未按时整改等问题的惩罚措施，这样可以进一步提高政府网站规范管理的效率，使政府网站可以获得更为有效的监管，提高服务质量。完善网站管理体制也应该明确指出对网站日常运行状态进行实时监管，可以采纳第三方社会机构对政府网站进行更为专业化、科学化的评测，并按照评估结果对政府网站进行适当的奖励和处罚。

2. 实现数据开放共享

中国各省市政府应该以自身职能为基础建设网站，在网站技术层面和内容模块设计方面加强科学化运维管理，特别是对所提供的内容进行认真筛选，避免信息重复所导致的信息质量下降问题。同时，建立共享制度，做好跨业务、跨部门的资源整合，做好跨系统的服务整合，实现网站内各类数据开放和共享，做到各部门网上联合办公，办事程序统一入口，办事结果统一出口，使各个部门的服务无缝集成，实现一站式服务，将信息内容和办事指南所具备的实用性功能进一步凸显，以提升政府网站的实用性和时效性。

3. 加强政民网上互动与交流

中国各省市政府应该将实时沟通作为政府网站的一项服务特色，可以通过"政务论坛"、"监督投诉"和"在线咨询"等方式，让民众和相关负责人有更多的直接接触。无须烦琐的程序，只需在网上填写资料，发送到各部门的电子邮箱即可。将民众反馈的意见或发送的投诉电子邮件作为公共服务型政府网站重大决策中的主要依据，不仅可以通过收集民意，提高政府网站智能化服务建设的专项性，还能通过及时回应和反馈群体信息，形成政府与基层之间的强烈、频繁互动，让民众与政府的关系更加融洽、密切，进一步实现民政一体化建设。

4. 满足广大群众的差异化需求

中国各省市政府在网站建设中，应该广泛关注人民群众的需求，与专业的系统设计方合作，根据不同人群的特殊偏好进行网站设计优化。不断改善门户网站的功能，如应为视障人员等特殊群体设置无障碍功能：通过屏幕阅读器实现文本语音转化，同时为图片等非文字内容添加替代文本，确保其获取信息的完整性与普通用户无异。对于文盲，可以设置错别字自助更正、关键字推荐、拼音转化查询和通俗文字查询等功能；对于老年人，可以设定更加醒目的老人服务专区，同时根据年龄设置不同的字体大小，以方便浏览；对于外国人，应该增设不同的语言版本，以增强政府网站的国际化水平，向高开放水平的目标迈进。充分考虑用户的不同使用情况，打造分层分类的政府网站界面服务，有效满足广大群众的差异化需求，尽可能提升人民群众对政府网站的使用率和满意度。

第三节　省市政务微博服务发展问题和建议

随着数字化时代的到来，政务微博作为政府与公民沟通的重要平台逐渐崭露头角。在移动政务时代的发展进程中，政务微博发挥着重要的作用，为政府提供了一个直接与公众互动的渠道，促进了政府的透明度和公众参与度。然而，尽管政务微博已取得一定的成就，但在其服务发展的过程中仍存在一系列问题亟待解决，目前政务微博运营人才相对匮乏，缺乏专业化的运营团队；仍有一些省市政务微博对数据开放存在保守态度，限制了公众对政府信息的深度了解和利用；各级政务微博之间缺少联动和协同合作；一些政务微博在宣传推广方面做得不够充分。政务微博的发展需要政府的积极投入以及公众的广泛参与和支持。作为数字政务的一部分，政务微博要不断地优化改进，致力于为公众提供更加便捷、高效、透明的政务服务，促进政府与民众之间的深度互动和共建共治，为实现数字化政务服务、提升政府公信力和促进社会发展作出更大的贡献。

（一）省市政务微博数字服务发展问题

1.运营人才匮乏，缺乏专业化运营团队

政务微博在运营过程中，面临着运营人才匮乏、缺乏专业化运营团队等问题。许多政府部门将政务微博的运营任务交由政府宣传部门的相关人员兼任，这部分相关人员可能并不是专业负责运营工作的，往往缺乏这方面的专业知识和经验，导致运营人才的不足。由于缺乏专业化的运营团队，一方面，政务微博的更新频率低、内容质量参差不齐，严重影响了政务微博的服务效果和用户体验；另一方面，政务微博的运营工作往往被分散到各个政府部门和单位，导致运营工作的碎片化和不连贯性，这种分散式的运营模式使政务微博的内容质量难以保证，用户体验无法统一，影响了政务微博的整体形象。另外，政务微博的运营人员需要具备一定的传播技巧、舆情应对能力和技术水平，但是政府部门对政务微博运营人员的培训和指导工作相对薄弱，导致运营人员的专业水平无法得到有效提升，难以适应政务微博运营工作的需要。

2.数据开放不足，影响了公众对政府信息的获取和利用

在信息时代，政府数据应当属于公众，但是目前许多政务微博在信息发布上仍存在较大的局限性，政府部门未能将更多的数据信息开放，导致公众对政府信息的获取和利用受到限制。目前，政务微博在数据开放方面存在标准不统一、格式不规范等问题，政府部门未能制定统一的数据开放标准和规范，导致政务微博数据的开放效果不佳，公众对政府信息的利用受到限制。另外，许多政务微博在数据开放方面存在管理不善、监督不力的情况，政府部门未能及时更新和公开政府信息数据，导致公众对政府信息的获取和利用受到限制。

3.政务微博之间缺少联动和协同合作

政务微博矩阵通常包括各级政府机关、部门以及相关单位的官方微博账

号，如市政府、区县政府、公安局、交通局、卫生局等。这些微博账号会根据其所属的行政层级和职能，发布相关的政务信息、公共服务信息以及与网民互动的内容。当前许多政务微博在运营过程中往往是各自为政，缺乏主动的协同合作意识，政务微博之间缺乏有效联动和互动，导致信息孤岛化、互动低效。在运营过程中往往是零散分布，不同层级间的政务微博缺乏联动，相互关注的微博较少，导致政务微博的影响力和竞争力不足。

4. 部分微博缺乏有效的宣传推广措施

部分微博在宣传推广过程中往往缺乏明确的目标和策略，缺乏对目标受众的深入了解和针对性的推广措施，宣传推广效果不佳。这些微博在宣传推广过程中往往采取传统的宣传推广方式，缺乏创新性和吸引力，难以吸引用户的注意力和提升用户的参与度，从而导致推广效果单一、用户流失等问题，影响政务微博的用户体验和黏性。有些微博在宣传推广过程中往往只注重一时的宣传推广效果，缺乏长期的宣传推广规划和系统性的宣传推广策略，导致推广效果难以持续和巩固以及用户流失等问题，影响政务微博的长期发展和稳定运营。

（二）省市政务微博数字服务发展建议

为更好地推动政务微博数字服务的发展，提升其效能和影响力，可以根据以下建议进一步优化政务微博服务，更好地满足公众需求，促进政府与民众之间的互动和沟通。

1. 加强运营团队建设，建立专业化的政务微博运营团队

政府部门需要对政务微博运营进行系统规划和组织建设，建立专门的运营团队，确保人员的专职化和专业化。这意味着需要招聘具有传播、新媒体运营、公共关系等相关专业背景的人才，他们应具备良好的文字表达能力、媒体传播技巧以及政务理解能力。政务微博运营团队应该具备多方面的能力，包括但不限于内容策划、信息采集、舆情监测、用户互动、危机应对等方面。团队成员需要具备敏锐的媒体敏感度和政策理解能力，能够及时准确地把握政务微博的舆情动态，灵活应对各种突发事件和危急情况。另外，政务微博运营团队的培训和学习也至关重要。政府部门可以通过举办专业培训班、邀请专家讲座、组织经验交流等方式，不断提升团队成员的专业水平和工作能力，使其始终保持与时俱进的状态。政务微博运营团队应该建立规范的管理制度和工作流程，确保信息发布的及时性、准确性和可靠性。同时，要加强团队之间的沟通和协作，形成良好的工作氛围和团队合作精神，共同推动政务微博的建设和发展。

2.加大数据开放力度，充分开放政府数据信息

政府部门应该加强对政府数据的整理、分类和标准化工作，将各类政府数据信息以开放、透明的方式呈现在政务微博平台上，为用户提供丰富、准确、实时的信息资源。政府应该通过政务微博平台向公众发布各类政府数据信息，包括但不限于行政管理、公共服务、经济发展、环境保护等领域的数据信息，满足用户对政府数据的获取和利用需求，促进政府信息的公开和共享。可以利用政务微博平台发布数据信息公告，介绍政府数据开放的政策、标准和流程，向公众宣传政府数据开放的重要性和意义，引导社会各界积极参与到政府数据开放的过程中来，推动政府数据开放工作取得更加丰硕的成果。此外，政府还可以通过政务微博平台开展政府数据开放的宣传推广活动，组织举办政府数据开放的培训讲座、研讨会等活动，提高公众对政府数据开放的认知度和参与度，推动政府数据开放工作的深入开展。政府应建立起健全的政府数据开放机制，以及政府部门间的信息共享和协作机制，实现政府数据的共享和互通，提高政府数据的质量和效益，为公众提供更加便捷、高效的政务服务，促进社会经济的发展和进步。

3.构建政务微博矩阵，形成政务微博矩阵效应

应根据各级各类政府部门的职能和定位，科学规划政务微博矩阵的布局和结构，确定各级政务微博之间的关联和协作机制。政务微博矩阵包括省级、市级、县级及各类政府部门的微博账号，覆盖政府的各个层级和领域，形成政务微博的全覆盖和多维度服务体系。政府应建立政务微博矩阵的管理机制，明确政务微博矩阵的组织架构和运行模式，制定相关的管理规定和操作流程，确保政务微博矩阵的运作顺畅和高效。政务微博矩阵管理机制应包

括政务微博矩阵的组织管理、信息发布、互动回应、内容审核等方面的具体规定，以确保政务微博矩阵能够有效地为公众和社会提供服务。另外，政府可以通过政务微博矩阵开展政府信息的传播和推广工作，推动政府各项政策和措施的宣传和落实，提高政府信息的传播效果和社会影响力。

4. 加强宣传推广，提升政务微博的知名度和关注度

加强宣传推广是提升政务微博知名度和关注度的重要举措，政府可以通过多种方式和渠道进行推广，吸引更多的用户关注和参与政务微博的活动和内容，从而实现政务微博的长期稳定发展。政府可以利用各种传统媒体和新媒体平台进行政务微博的宣传推广，传统媒体包括电视、广播、报纸等，通过在主流媒体上发布政务微博的信息和活动，扩大政务微博的曝光度和影响力；可以利用新媒体平台，如互联网、移动应用、社交媒体等，发布政务微博的链接和内容，吸引更多的用户关注和参与；除此之外，还可以利用各种线下活动和宣传渠道进行政务微博的宣传推广，如线下宣传展览、主题演讲、座谈会等，吸引公众的关注和参与，扩大政务微博的影响力和受众群体。

第四节　省市政务微信数字服务发展问题和建议

当今，互联网技术高速发展，政务微信悄然兴起，在政府信息公开、服务提供、交流互动方面发挥了显著作用，助推服务型政府建设，为逐步推进国家治理体系和治理能力现代化奠定了基础。微信具有广泛的国民使用基础，加强政务微信建设有助于建立政府和公众间的直接联系。目前大部分省市已有多年政务微信建设经验，但在服务提供、信息整合、去除冗余等方面仍有提升的空间，需要省市内不同部门相互协作，共同建设优质政务微信。

（一）省市政务微信服务发展的不足

随着科学技术的发展进步，中国政务微信服务已经整体进入广泛建设阶

段，各省市也涌现出了许多创新实践。但不可否认的是，省级、市级一体化政务微信服务平台建设还处于初期阶段，在推进政府数字服务发展过程中往往面临以下难题。

1. 微信服务自身能力有待提升

很多省市的政务微信公众号中子菜单的功能都是直接链接到网站或者政务 App 下载页。对于普通用户来说，用手机访问网站时，网站提供的服务较不便捷，主要表现为页面字号太小、功能入口不易找、网页布局不适配手机屏幕而显示异常等。同时，用户通过链接下载政务 App、熟悉政务 App 界面和使用流程较为费时费力。而诸多政府网站或政务 App 上的信息服务/事务服务功能在微信小程序中也可以实现，并且能为用户提供更为便捷易用的服务。但是目前从政务微信公众号功能菜单链接到微信小程序去实现电子政务服务的省市仍占少数。

2. 微信服务信息获取便捷度有待提升

部分政务微信公众号虽然能够实现大部分公众所需功能，但内容混杂，一级标题和二级标题内容交叉，独立、多源、异构的政务信息与服务逐渐造成了信息迷航和信息过载等问题。例如，政务服务和政民互动需要跳转到门户网站后再点击相关栏目实现，或是信息发布的二级菜单散乱，被包含在多个一级菜单中，未能整合统一，降低了用户获取信息的便捷度。

此外，仅有少数政务微信公众号应用了智能问答小助手，以及聊天框智能回复。例如，广东省广州市的政务微信"广州政府网"办事服务入口多样，如图 8-1，在聊天框发送"办理社保卡"，即可直接反馈相关信息。而大部分的政务微信公众号只是用菜单点击的方式进行信息获取、事务办理、政民互动，未能满足公众多样化和个性化的服务需求，公众信息获取便捷度有待提升。

3. 微信服务信息传递形式的多样性不足

大部分政务微信公众号的信息发布形式较为单一，难以满足人民群众日益增长的文化需求。而在微信平台上，信息发布形式的多样性并非难以实

图 8-1　"广州政府网"政务服务功能界面

现。目前有少数政府的微信公众号在信息发布形式上有所拓展，如四川省雅安市创新性地采用了"数字报"的信息发布方式，激活了传统媒体在新型网络环境下的新形式，丰富了信息服务能力（如图 8-2）。

4. 微信服务信息发布的内容质量有待提升

部分政务微信公众号信息发布内容涵盖了天气类、感叹类等非政务相关信息，与政务微信发展的初衷有所偏离。政务微信公众号发布的信息应主要涵盖重要时政、民生、舆情通报、互动交流、功能服务五大类别，特别是民生类信息和与群众生活相关的内容应成为推送文章中最重要的组成部分。除了考虑信息发布规模以外，还应考虑发布频率。微信公众号推文的发布频率应保持适度，间隔时间稳定，根据内容决定发布频率，对功能服务类信息和有迫切民生需求的信息提高发布频率，注重信息质量而不是数量。

5. 微信服务创新性和地方特色不足

一些省市的政务微信缺乏创新性与地方特色，提供的服务项目趋于同

图 8-2　政务微信"四川雅安"采用"数字报"发布信息

一。这类政务微信虽然能够向公众提供足够的基础政务服务，但在整体上缺乏新意和特色。少部分政务微信具有创新性和地方特色，是十分值得鼓励和借鉴的。如江苏省镇江市的政务微信公众号"镇江发布"设置了"网上展馆"栏目，利用 VR 技术宣传城市文化（见图 8-3）；甘肃省张掖市的政务微信公众号"张掖市人民政府"也设置了"VR 看张掖"栏目，提供沉浸式游览服务（如图 8-4）。

图 8-3　"镇江发布"设置"网上展馆"栏目

图 8-4　"张掖市人民政府"设置"VR 看张掖"栏目

（二）省市政务微信服务发展的建议

1. 提升微信服务自身能力

优先考虑通过便捷易用的微信小程序来提供信息服务和事务服务。考虑到部分复杂功能在微信小程序上无法实现，建议采用更为先进的 Web 前端技术提升政府网站适配手机端界面的能力，满足用户在手机端轻松访问网站提供的信息服务或事务服务的基本需求。微信服务自身能力的提升，将有助于减少用户在使用微信政务服务时对外界渠道的依赖，极大改善用户对微信政务服务的使用体验。

2. 提升微信服务信息获取便捷度

建议对一级菜单和二级菜单进行调整，按照信息发布、事务办理、政民互动等方面设置明确的栏目，这有助于用户在政务微信平台上迅速定位到自己关心的内容，更迅速、直观地获取所需信息，提高使用的便捷性和效率。此外，引入智能问答等技术，支持向个人和企业用户提供灵活、方便、精确且有针对性的政务咨询服务，可以实现更个性化、智能化的服务，为用户提供更精准的咨询和解答，提高政务服务的质量和满意度，进一步提升用户的使用体验。

政务微信服务的信息获取便捷度是提升政务建设"高效"的关键组成部分。通过对菜单设置的优化，用户可以更快速地找到所需信息，从而提高政务服务的效率。深度融合政务建设与互联网先进技术将进一步助力政府数字服务建设。通过不断创新和整合先进技术，政务微信服务可以更好地满足用户需求，实现政务服务的现代化和数字化，提升政府与公众之间的互动体验。

3. 提升微信服务信息传递形式的多样性

应充分利用微信平台的功能，支持广大普通用户更轻松便捷地获取政务信息、了解最新政策以及熟悉业务办事流程等。通过丰富微信服务信息传递形式，政府能够更好地满足用户多样化的需求，使政务微信更贴近公众生活，进而提升其受欢迎程度。这种信息传递形式的多样性将在一定程度上拓展政务微信的受众规模和影响力，为政府与公众之间建立更加紧密的联系提供有力支持。

在实施过程中，政府部门可以通过创新手段，如图文并茂的推送、短视频解读政策、在线问答互动等方式，使政务信息更生动、更易理解。此外，结合实际案例、用户故事，以及社会化媒体的互动元素，政府能够更好地传递信息，增加信息的吸引力和传播效果。这样的多样性不仅提高了政务微信服务的用户体验，也有助于建立更加开放、互动的政府形象，推动政务微信服务在社会中的深入推广。

4. 提升微信服务信息发布的内容质量

政务微信发布的内容应聚焦重要时政、民生、舆情通报、互动、功能服务等企业和公众所需的、密切关注的政务内容，确保内容具有针对性、实用性，能够满足广大用户的实际需求。在制定信息发布策略时，应根据实际内容的重要性和紧迫性确定发布规模和频率，注重提高信息质量，而非追求数量。

通过提升微信服务信息发布的内容质量，政府能够树立更为权威、专业的形象，从而吸引更多企业和公众关注政务微信渠道。政务微信不仅仅是传递信息的平台，更是为公众提供有价值、有深度内容的载体。为此，政府部门可通过优化信息结构、加强内容可读性的方式，提升用户体验。同时，应注重及时更新用户关切的相关信息，保持信息的新鲜度和时效性，以更好地满足用户的信息需求。通过这种方式，政务微信服务将更好地履行其信息服务职责，建立更紧密的政府与公众联系，为企业和公众提供更为便捷、高效、贴近生活的政务服务。

5. 增强微信服务创新性和地方特色

政务微信服务体系应在确保提供坚实、全面基础服务的前提下，积极思考如何通过创新思路融入地方特色，为用户提供更为独特、更符合用户期望的政务服务体验。在这个过程中，政府部门可以不断寻找与地方文化、社会习惯相契合的创新点，通过创新性的政务微信服务设计，提升政务微信服务的创新性和地方特色，使用户感受到更个性化、更贴近生活的政务服务，政务微信服务则不仅仅是简单的信息传递，更成为用户与政府互动的愉悦体验。这一切有望在一定程度上提高服务的普及度和受欢迎程度，带动用户参与度的提升，形成良性的互动循环，加强用户与服务之间的联系。

第五节　省市政务 App 数字服务发展问题和建议

"移动"是新时代数字化政务服务模式的主要特征之一，是衡量一个地区、一个部门政务服务能力和水平的关键要素。经过数十年的发展，各省市政务 App 升级迭代，接入更多服务和应用，在政务服务平台移动端建设方面取得了一定的量化成效。随着人工智能、区块链、云计算、大数据等技术不断发展，以及这些技术在移动政务领域的不断应用，移动政务 App 正处于以数据赋能与技术应用为驱动的整体协同智能服务的新阶段。新阶段，移动政务仍面临着诸多问题，不少地方的移动政务 App 信息内容鲜活度不高、时效性不强，功能设置浮于表面、办事不实用、技术应用不强，智能交流互动出现"答非所问、自言自语"等问题亟须解决。

政务服务平台移动 App 的优化是一个持续的过程，需要不断探索和创新。在持续建设过程中，要充分考虑用户的需求和习惯，应用新技术、新手段，提供便捷、高效、智慧化的服务体验。同时，要加强与先进地区和部门的交流合作，共同推动移动政务服务水平的提升，更好地满足人民群众的需求。

（一）省市政务 App 服务发展的不足

1. 政策资讯可查阅，但内容鲜活性不高

移动政务 App 的一大主要功能是提供政策资讯。现阶段，用户已经不满足于常规的政策资讯信息服务，对信息的形式提出更高要求。如"爱山东"App 不仅提供文字资讯，还提供图文并茂的政策解读、寓教于乐的短视频热点，给予用户更多获取信息形式的选择，满足用户的多样化需求，但更多的省市还停留在"政策资讯信息服务"这个较为低级的阶段，其表现为两个方面。一方面，信息更新维护力度有待加强。App 上公开的信息少，信息来源不清晰，无用信息多，信息更新不及时，政务资讯栏目几乎成为

"僵尸"栏目；另一方面，信息内容质量有待提升，App"粗暴地复制粘贴"政府网站上传过的政策资讯，服务内容与时事热点和用户关注内容的关联性不高、针对性不够，呈现形式、图文排版等枯燥单调，创新性不足，信息内容质量、鲜活性不高，使政务App成为政务门户网站的附属品。

2.服务事项可办理，但服务实用性不强

尽管各省市App均上线千余项办事服务，打造多应用场景，但除了"社保查询""不动产登记""养老保险金申领"等高频事项服务外，更多的办事服务在线办理率低，注册流程复杂麻烦，实用性不强。探其根本，一方面，服务事项多为公共服务，事项覆盖不足，场景化"一件事"主题集成服务力度不足，民生服务关注度不高；另一方面，缺少办事指南，缺少对该事项功能的宣传，用户不清楚该服务可以线上办理。此外，更重要的一点是App内的查询搜索缺少模糊搜索的设置，不同的办事事项在不同的地区、不同的部门名称不一样，在不同App内设置的名称也不一样，用户不是专业人士无法精准检索定位办事事项，"模糊搜索"检索不到，用户自然而然认为"无法"办理。

3.适老化模式可切换，但设计浮于表面

2020年国务院及有关部门先后印发《关于切实解决老年人运用智能技术困难的实施方案》《互联网应用适老化及无障碍改造专项行动方案》，聚焦老年人App使用痛点，以期降低老年人App使用门槛。响应政策要求，大部分省市政务服务App也积极进行了适老化改造，并有些许进步，但是其间的鸿沟与障碍并没有被彻底清除。在已推出的适老模式中，部分政务服务App存在切换模式不能保持的问题，就是说在App页面跳转过程中，适老模式会自动消失，给用户带来很大不便。此外，在众多政务App中，更多适老设计只是"浮于表面"，仅仅是调大了字体和图片尺寸，一级界面变成了"大字体"，但二级界面依然维持原样，在实际功能和体验方面并没有做到适老化。这种"表面设计"的适老化改造，很难呼应老年人的使用需求，亟须调整改进。

4. 智能客服可交流，但智能化程度不高

随着人工智能技术应用日益成熟，众多省市政务 App 设置智能客服。如江西省"赣服通" App 设有"小赣事"，山东省"爱山东" App 与陕西省"秦务员" App 均设有智能客服，"我的宁夏" App 设有"宁小夏"智能助手等。智能客服的设置在一定程度上减少了人工客服的重复性劳动，提高了24 小时在线政务服务的回应效率、互动率与普及度。但不少省市政务 App 的智能客服设置存在技术应用水平低下、语义理解能力不足问题，提供的互动咨询等服务智能化程度不高，以至于智能客服在与用户交流时出现"答非所问""不解人意""有意回避"现象，造成智能客服"不智能"的问题，用户体验感较差。同时，还有些省市政务 App 因为设置了所谓的"智能客服"，就取消或者减少了人工客服的服务，造成用户遇到智能客服回答不了的难题时，无人可找、无人可问。

（二）省市政务 App 服务发展建议

1. 规范信息建设栏目，完善资讯内容与质量

现阶段，各省市政务 App 提供的信息服务呈现较大差异。部分省市政务 App 设置专门的信息栏目，提供政策推荐、政策解读、信息公开、时事热点等时事信息，带来最新、最快、最全的新闻资讯，用户可通过 App 一键获取各类权威资讯和便民信息，但也有很多省市政务 App 信息服务建设疏于运维，信息更新不及时、不规律，链接不可用，信息内容质量差。因此，亟须设立科学、统一的标准体系，评价反馈、监督管理各省市的政务 App 信息建设工作。各省市政务 App 自身信息服务建设也要转变观念，重视信息服务工作，加强专业人才的培养，持续高效地输出优质内容，不断扩大政府信息"声量"，满足用户多层次的阅读需求。

2. 优化政务服务事项，打造办事服务精益化

2024 年 1 月，国务院印发《关于进一步优化政务服务提升行政效能推动"高效办成一件事"的指导意见》，明确了"高效办成一件事"第一批13 个重点事项清单，对深入推动政务服务提质增效，在更多领域更大范围

实现"高效办成一件事"作出重要部署。各省市政务 App 建设应响应政策，强化协同配合，做好工作落实。一方面，推动各类政务服务事项和应用接入 App 端口，做到"应接尽接、应上尽上"，优化办事体验，推动更多高频事项掌上办、一次办；另一方面，提供系统的操作指引、图文并茂的办事指南，努力做到一事一攻略，手把手引导，让用户一看就会、一点就懂，破解"不懂办"难题。此外，设置模糊检索，让用户能检索、会使用、愿使用"掌上办"，深入推动移动政务服务提质增效。

3. 升级适老化政务服务，提升老年人使用体验

各省市政务 App 要持续升级适老化服务，切实做好一线调研、意见征集，努力让"银发族"跟上"赛博时代"的生活节奏。适老化模式优化设计时，首先要明晰老年人政务 App 使用的真正痛点，除字号、颜色、输入方式外，实际还包括界面交互复杂、找不到模式切换功能与需要的办事功能、App 承载内容太多导致手机过卡等问题。因此，升级适老化服务要切实从老年人的需求出发，专门打造为老年人设计的简化、功能突出的页面，在界面的配色上尽量调高对比度，多设置提示及语音搜索、播报功能。其中，语音搜索设置要考虑方言识别、语音播报设置要考虑放慢语速等。此外，除了老年人，还有更多特殊人群的利益诉求值得政府部门关注，政务 App 要不断创新，立体打造更多"关怀模式"。

4. 应用大语言模型技术，提高政务服务智能化

在政务服务 App 中，政府要积极探索使用新技术，可基于知识图谱、神经网络、机器学习等人工智能新技术手段，不断提升政务服务能力，扩大政务服务范围，为企业、公众提供更加智能、高效、优质的个性化服务体验。如"苏服办"App 新上线的智能客服能够依托大语言模型技术，与用户进行多轮对话，从对话的上下文，实时理解用户提问的真实意图，为用户提供多次问答精确回答服务，帮助用户分解办理链路的复杂性，提高用户的办事效率。"赣服通"App 运用人工智能、大数据分析、生成式 AI 等现代信息技术，打造全国首个全场景、交互式智能应用。采用新技术的同时，一方面需严格设置科学的技术服务标准，规范人工智能等新技术应用方式；另

一方面，不能放松对人工客服的设置安排与规范培训，要畅通沟通交流渠道。

第六节　省市政务短视频数字服务发展问题和建议

2018 年，我国部分地方政府和部门开始尝试制作和发布政务短视频，通过短视频平台（以抖音、快手为主）向公众传递政务信息。同时政务短视频这一形式逐渐受到重视，在提升政府透明度和公信力、推动社会治理创新等方面发挥了积极作用。2023 年微信视频号吸引了大量用户和创作者，也成为政务短视频的重要发布渠道之一。政府部门和机构利用官方微信账号开通视频号并发布政务短视频，进行政务信息传播与服务。然而，即使短视频平台数量增多、用户基础数量攀升，各地区政务短视频账号仍然存在一定进步空间。

（一）省市政务短视频数字服务发展的问题

1. 政务短视频账号管理和规划不到位

通过前文可知，部分省（区、市）和地级市仍然未开通政务短视频账号。部分地区虽开通政务短视频账号，但是并未对账号进行有效管理和合理规划，导致账号闲置或发布信息周期长、时效性差，也没有足够的人力支撑其发挥政务服务的功能。同时，由于抖音和快手平台短视频推荐基于人工智能和个性化算法，政务短视频创作的难度较大，对宣传和制作要求较高，在很大程度上依赖当地政府新媒体运营人员的创意和媒体素养。因此，若只是注册政务短视频账号，缺乏对管理运营体系的关注和建设，不仅与政务服务的目标相悖，对短视频内容质量和账号长远发展也没有积极作用。

2. 政务短视频定位不清，内容两极化

在本次测评中发现，由于短视频平台的娱乐化和趣味性，政务短视频的角色定位时常模糊，短视频内容也较难把握。部分账号转发民生相关内容较多，如社会新闻、记录生活等。交互性、有用实用性强，接地气的内

容更易促成"爆款短视频"的诞生，但存在原创性低，与政务服务关联度不高的现象。部分账号只集中于单一主题，如转发官方新闻或定期更新天气情况，虽然为独立创作短视频，但内容单一化导致用户数量少，用户丧失浏览和互动兴趣。进一步地，若短视频账号发布内容广泛，但没有契合当地政府的需求和形象，也无法有效利用短视频平台的流量和宣传进行有效的政务服务。此外，部分账号可能由于缺乏对用户行为和反馈的数据分析，无法精准地了解用户需求和短视频平台趋势，从而无法制定更有效的内容运营策略。

3. 政务短视频与用户的互动交流少

政府部门通过短视频互动区可以与公众进行更直接的沟通，打破传统沟通方式的界限，提高政务服务效率，不仅可以促进政民实时交流，还有利于政府机构及时了解公众需求和反馈。然而，通过数据可知，在近四百个直辖市、省级和地级市的政务短视频账号中，只有十余个地级市政务短视频主动回复网友评论，也鲜有账号通过点赞的社交行为与用户搭建起沟通的桥梁，因此政务短视频的参与服务能力较差。政务短视频缺少与用户的交流，便不能交换和共享情感，难以真实了解公众的需求，单向输出内容也阻碍了账号通过公众的反馈进行改进和成长。

4. 政务短视频未能推广吸纳其他政务服务渠道

只有极少数已开通的政务短视频账号有其他政务服务渠道（微信、微博、网站、App）的介绍或推广，不同政务服务平台之间的交互性差。由于不同平台的特性不一，政务短视频重心和功能与其他政务平台略有差别，但彼此之间应该串起一张政务服务的"网"，互联互通、协同联动，为用户提供多元化路径，才能保证政务信息全平台覆盖，让用户多方面使用和享受政务服务。

（二）省市政务短视频数字服务发展的建议

1. 加强对政务短视频账号的规划和人员管理

政务短视频账号的开通不仅是国家重视的结果，还应是政府部门提供政务服务的主动迈进。因此，各级政府部门顺应时代发展"一窝蜂"开通政务短视频账号后，应当积极主动对账号的运营进行规划，提高运营人员的专业化程度，加强政务短视频运营人员专业技能培训。同时，还需实现人员管理规范化，完善内部工作方式和管理方式，做好对政务短视频运营的常态化监督。①

2.明确政务短视频定位，丰富内容，提高质量

各省（区、市）及地级市应根据自身的发展现状和地区类型，不断试错与调整，明确政务短视频账号的功能及定位。如重视政务信息发布和文旅宣传，避免内容同质化，由此再深耕短视频内容创作。除保证发布信息的及时准确这一促进用户持续参与的重要因素外②，在角色定位的领域要以服务当地群众为宗旨，发布群众感兴趣的、有用实用的政务短视频。同时，还可以结合平台热点，丰富短视频内容以及新颖度，利用合集或同系列视频吸引更多用户，通过与其他账号共创视频提高短视频剪辑和制作的质量。

3.充分发挥政务短视频交互性，主动互动

公众作为政务短视频的受众，其评论代表了对短视频内容和形式的意见，政府对评论的回复则代表了其对公众意见的回应。政务短视频应鼓励公众评论，对提出建设性意见的公众进行奖励，提高政务短视频的质量。③ 同样地，政府部门需要积极主动在评论区与公众交流，建立双向互动，增强用户黏性。政府部门要打造出一个有温度、有态度的人设形象，这不仅能提升政务工作人员工作的积极性，还能在公信力得到提高后充分发挥政务短视频的政务传播与引导作用，有效利用新媒体平台的传播优势，放大政务服务效果。

---

① 赵艺扬：《我国政务短视频发展的时代意义与优化路径》，《人民论坛·学术前沿》2021年第4期。

② 田晓旭、毕新华、杨一豪等：《政务短视频用户持续参与的影响因素研究》，《情报杂志》2022年第4期。

③ 王程伟、马亮：《政务短视频如何爆发影响力：基于政务抖音号的内容分析》，《电子政务》2019年第7期。

4.构建政务服务网络，与其他政务平台协同发展

政务新媒体的各个平台主要表现形式和功能各异，但是做好政务服务的目标一致。因此政务平台之间需要相互联结，政务短视频需要增加对政务微信、微博等平台的介绍与推广。政务短视频只有在把握住自身通过短时间内的感官刺激进行政务传播的特点，与其他政务平台进行融合传播，注重各平台之间的信息分享和功能推介时，才能更好地利用动态的形式呈现更深层次的拓展，深化"互联网+政务服务"建设，增强数字服务能力。

政府数字服务能力测评指标

附表 1-1　政府网站服务能力测评指标

一级指标	二级指标	三级指标
政府网站服务能力 （权重：0.2280）	1. 信息服务能力（ISC） （权重：0.2226）	1. 有用实用
		2. 解读回应
		3. 时间效度
		4. 易得可得
	2. 事务服务能力（ASC） （权重：0.2250）	1. 公众（个人）办事
		2. 企业（法人）办事
		3. 全程办理率
	3. 参与服务能力（PSC） （权重：0.1860）	1. 参与管理
		2. 参与回应
		3. 参与反馈
	4. 服务传递能力（SDC） （权重：0.2004）	1. 便捷易用
		2. 灵活性
		3. 稳定可靠
	5. 服务创新能力（SIC） （权重：0.1659）	1. 吸纳能力
		2. 传播能力

附表 1-2　政务微博服务能力测评指标

一级指标	二级指标	三级指标
政务微博服务能力 （权重：0.1540）	1. 信息服务能力（ISC） （权重：0.3437）	1. 有用实用
		2. 来源权威
		3. 时间效度
		4. 易得可得

一级指标	二级指标	三级指标
政务微博服务能力 （权重：0.1540）	2. 服务传递能力（SDC） （权重：0.3348）	1. 有无政务微博
		2. 受众规模
		3. 信息规模
		4. 活跃度
		5. 交互性
	3. 服务创新能力（SIC） （权重：0.3215）	1. 渠道推广吸纳能力
		2. 新技术、新方法采纳能力

附表 1-3 政务微信服务能力测评指标

一级指标	二级指标	三级指标
政务微信服务能力 （权重：0.2212）	1. 信息服务能力（ISC） （权重：0.2684）	1. 有用实用
		2. 来源权威
		3. 时间效度
		4. 易得可得
	2. 事务服务能力（ASC） （权重：0.2520）	1. 便捷全面
		2. 程序规范
	3. 参与服务能力（PSC） （权重：0.2546）	1. 参与服务渠道
	4. 服务传递能力（SDC） （权重：0.2250）	1. 便捷易用
		2. 受众规模
		3. 信息规模

附表 1-4 政务 App 服务能力测评指标

一级指标	二级指标	三级指标
政务 App 服务能力 （权重：0.2111）	1. 信息服务能力（ISC） （权重：0.2448）	1. 有用实用
		2. 来源权威
		3. 时间效度
		4. 易得可得
	2. 事务服务能力（ASC） （权重：0.2698）	1. 公众（个人）办事
		2. 企业（法人）办事
		3. 全程办理率

一级指标	二级指标	三级指标
政务 App 服务能力 （权重：0.2111）	3. 参与服务能力（PSC） （权重：0.2468）	1. 参与渠道
		2. 参与回应
		3. 参与反馈
	4. 服务传递能力（SDC） （权重：0.2386）	1. 省市联通
		2. 覆盖面
		3. 易得性
		4. 稳定可靠
		5. 易用性
		6. 使用反馈
		7. 社交性

附表 1-5　政务短视频服务能力测评指标

一级指标	二级指标	三级指标
政务短视频数字服务能力 （权重：0.1937）	1. 信息服务能力（ISC） （权重：0.2554）	1. 有用实用
		2. 来源权威
		3. 时间效度
	2. 参与服务能力（PSC） （权重：0.2355）	1. 参与回应
		2. 参与传播
	3. 服务传递能力（SDC） （权重：0.2453）	1. 有无政务短视频
		2. 受众规模
		3. 信息规模
		4. 活跃度
		5. 交互性
	4. 服务创新能力（SIC） （权重：0.2638）	1. 新技术、新方法采纳能力
		2. 渠道推广吸收能力

附录 2
政府数字服务能力测评标准

附表 2-1　政府网站测评标准

政府网站测评标准

信息服务能力

1. 有用实用	(1)机构职能介绍完整、清晰,有完整的职能简介、负责人、联系方式、地址信息等,得 5 分;缺一项扣 2 分 (2)概况类信息更新量、政务动态信息更新量和信息公开目录信息更新量。(来源可参考政府网站工作年报)根据排名给出得分 X 与 Y(排名前 10% 得 5 分;排名前 20% 得 4 分;排名前 30% 得 3 分;排名前 50% 得 2 分;其余得 1 分),取平均(可顺延)(X+Y)/2,计算公式:取(1)(2)均分
2. 解读回应	(1)解读信息发布,包括解读材料数量、解读产品数量和媒体评论文章数量;(来源可参考政府网站工作年报)(以排名计算分数) (2)回应公众关注热点或重大舆情数量;(来源可参考政府网站工作年报)(以排名计算分数)
3. 时间效度	选择政府网站主页"今日要闻""热点动态""要闻动态"等能代表新闻类栏目打分方法:信息发布的最新日期为当天或昨天的得 5 分,最新日期为前天的得 4 分,依次 3 天为 3 分,4~7 天为 2 分,7~14 天为 1 分,14 天以上均为 0 分,只计算工作日时间
4. 易得可得	在政府网站首页任选 10 条发布的信息,统计可以正确打开,并看到完整内容的链接数目 n,计算公式 n/2

事务服务能力

1. 公众(个人)办事	在政府网站"公众办事""便民服务"(或类似栏目)选择一个办事项目,有清晰办事流程说明、能完成整个服务全程办理 操作:以"不动产登记"为例,若办事指南、信息录入、预约、支付、查询均可线上完成,得 5 分;实现一项,得 1 分。需要注册的步骤可视为实现。计算公式:取(1)(2)均分

政府网站测评标准	
事务服务能力	
2. 企业(法人)办事	在政府网站"企业办事"(或类似栏目)选择一个办事项目,有清晰办事流程说明、能完成整个服务的全程办理 操作:以"企业或者公司设立登记"办理为例,若办事指南、预约、申请、支付、查询均可线上完成,得5分;少一项,扣1分。计算公式:取(1)(2)均分
3. 全程办理率	在政府网站"公众办事""法人办事"(或类似栏目)任选10个办事项目,统计能完成全程办理的服务的数量 说明:引导至登录、注册界面,可视为可全程办理,有特殊要求必须到现场办理、又提供清晰"办事指南"的视为可全程办理。计算公式n/2。
参与服务能力	
1. 参与管理	(1)通过"省长信箱""市长信箱"进行咨询,有写信须知(注意事项)、注册协议、查询或公开等功能。以上功能实现一项1分,功能合并的按总分计算。 (2)征集调查部分,包括征集调查期数和公布调查结果期数来进行计算。(以排名计算分数)
2. 参与回应	(1)对上题中的信箱进行咨询,24小时内收到回复的得5分,24~48小时内回复的得4分,48~72小时内回复的得3分,72~96小时内回复的得2分,96~168小时回复的得1分,超过168个小时(7天)仍未得到回复的得0分。只计算工作日时间 (2)留言办理,包括留言办理平均时间和办结留言比例。(办结留言比例=办结留言数量/收到留言数量)(以排名计算分数) (3)在线访谈,包括访谈期数和答复网友提问率。(答复网民提问率=答复网民提问数量/网民留言数量)(以排名计算分数)
3. 参与反馈	对上例反馈结果进行分析,给予正面、充分回应的得5分,推至其他职能部门或人的得1分,未收到回应的得0分;基于正面回应的程度判定得3分或4分
服务提供能力	
1. 便捷易用	政府网站(1)有明确的导航条或导航栏;(2)按用户类型对服务事项进行了划分,比如分为个人与法人,公众与企业;(3)二级类目按事项类型进行归类,比如"个人服务"中按教育、就业、社保等进行了分类整理,"法人服务"按资质认定、经营纳税等进行了分类整理。以上功能实现一项1分,实现两项得3分,实现3项得5分
2. 公平均等	政府网站功能上支持(1)多种语言,如繁体、英文、日文等;(2)辅助老人、盲人使用,支持语音、读屏功能;(3)对硬软件性能无特别要求(主要考虑低收入人群的使用);(4)帮助功能简单易用、流程清楚。以上功能只实现一项得2分,每多一项加1分

续表

政府网站测评标准

服务提供能力	
3. 稳定可靠	(1)网站安全防护部分，包括网站安全检测评估次数、是否建立安全监测预警机制、是否开展应急演练。(来源可参考政府网站工作年报)(以排名计算分数) (2)访问政府网站的时候：a. 首页各类内容、元素均能正常显示；b. 外部链接 3 次测试均能打开；c. 多语言版本、搜索功能等辅助功能均能使用。以上功能实现一项得 1 分

服务创新能力	
1. 吸纳能力	是否具备意见与建议功能？ 操作：政府网站有(1)联系我们，(2)网站纠错，(3)网站评价等类似功能，测试并给出回应。测试周期为 1 周，给予正面、充分回应的得 5 分，未收到回应的得 0 分；基于正面回应的程度判定得 2~4 分。(统一设计咨询内容)
2. 传播能力	(1)是否存在社交平台分享功能？ 操作：在首页从不同栏目中随机打开 5 条信息，统计具备分享到社交平台功能的信息数目，上限 3 分 (2)是否存在多平台分享功能？ 操作：微博和微信粉丝数、其他官方号个数，以排名计算分数，上限 2 分

附表 2-2　政务微博测评标准

政务微博测评标准

信息服务能力	
1. 有用实用	(1)微博是否有被转/赞/评？ 操作 1：(有用性)选择全部微博的近 5 条微博，统计其中转发、评论、点赞其一不为 0 的微博数 n，则该指标得分为 n，满分 5 分 (2)是否为实用性微博？ 操作 2：(实用性)选择全部微博近 5 条微博，非天气类、健身类、美食类、鸡汤类、感叹类、搞笑类的微博数 n，则该指标得分为 n，满分 5 分
	微博来源是否权威？ 操作：选择近 5 条事实类(天气类、健身类、美食类、鸡汤类、感叹类、搞笑类除外)微博，统计有信息来源(来源可能出现在文字或图片中，方式有：@某账号，cr 某账号，正文标明来源、图片标明来源等)的微博数 n，则该指标得分为 n，满分 5 分
2. 来源权威	最近微博与报道内容时差如何？ 操作：进入官方微博主页，选择"全部"微博，查看最近一条时效性微博的发布时间相比微博报道内容的发生时间的差额天数。计算方法：如果差额为 0 或 1 得分为 5，差额为 2 得分为 4，差额为 3 得分为 3，差额 4~5 得分为 2，差额 5 天以上得分为 1。只计算工作日时间

	政务微博测评标准
	信息服务能力
3. 时间效度	(1)是否采用了标签标识? 操作 1:(易得性)是否采用了标签,如有 1 分,如无 0 分,上限 1 分 (2)官方微博主页,任意点击超链接,是否可以打开? 操作 2:(可得性)进入官方微博主页,任意点击 4 个超链接,统计可以正确点打开并看到完整内容的链接数目 n,则该指标得分为 n,上限 4 分
4. 易得可得	(1)微博是否有被转/赞/评? 操作 1:(有用性)选择全部微博的近 5 条微博,统计其中转发、评论、点赞其一不为 0 的微博数 n,则该指标得分为 n,满分 5 分 (2)是否为实用性微博? 操作 2:(实用性)选择全部微博近 5 条微博,非天气类、健身类、美食类、鸡汤类、感叹类、搞笑类的微博数 n,则该指标得分为 n,满分 5 分
	服务传递能力
1. 有无政务微博	是否有政务微博、原创? 操作:如无微博号,0 分;有微博账号、无原创微博,3 分;有微博账号、有原创微博,5 分
2. 受众规模	政务微博粉丝数(粉丝数不为 0 的根据粉丝数排名,前 10% 得 5 分;排名前 20% 得 4 分;排名前 30% 得 3 分;排名前 50% 得 2 分;其余得 1 分。粉丝数为 0 的得 0 分)
3. 信息规模	政务微博总微博数(排名前 10% 得 5 分;排名前 20% 得 4 分;排名前 30% 得 3 分;排名前 50% 得 2 分;其余得 1 分。总微博数为 0 得 0 分)
4. 活跃度	政务微博近 3 个工作日的微博数。 操作:微博数不为 0 的根据微博数排名,前 10% 得 5 分;排名前 20% 得 4 分;排名前 30% 得 3 分;排名前 50% 得 2 分;其余得 1 分。微博数为 0 的得 0 分
5. 交互性	统计近 5 条微博的转发合计数、评论合计数、点赞合计数(分开统计) 操作:转发数、点赞数、评论不为 0 的根据数据排名,排名前 10% 得 5 分;排名前 20% 得 4 分;排名前 30% 得 3 分;排名前 50% 得 2 分;其余得 1 分。转发数、点赞数、评论数为 0 的得 0 分
	服务创新能力
1. 渠道推广吸纳能力	(1)是否采用其他渠道进行推广或介绍? 操作 1:政府官方微信、网站、App、政务短视频(抖音、快手等)等的推广或功能介绍,上限为 2 分 (2)是否对不同职能部门进行推广或介绍? 操作 2:有职能部门(如公安、交警、医疗等)的推广或介绍等功能,上限为 3 分

续表

政务微博测评标准	
服务创新能力	
2. 新技术、新方法采纳能力	是否采纳新技术、新方法？ 操作：微博采纳新技术、新方法并持续创新服务，微博内容包括视频、直播、微博投票、超话等元素（在高级搜索中进行勾选即可查看）等功能；有1个得2分，2个得3分，3个得4分，4个得5分

附表 2-3 政务微信测评标准

政务微信测评标准	
信息服务能力	
1. 有用实用	政务微信推送的信息中有企业、公众所需的、密切关注的内容（非天气类、健身类、美食类、美景类、鸡汤类、感叹类）比例高吗？ 操作：查看近5条信息中含有企业、公众所需的、密切关注的内容的条数，N条得n分，满分5分
2. 来源权威	政务微信推送的信息内容都属于按照政府信息公开条例产生的第一手资料或其他来源明确的官方资料吗？ 操作：选5条推送信息，统计有明确权威来源的推文数目n，则该指标得分为n，满分5分
3. 时间效度	政务微信推送的信息都是在信息有效期内第一时间向社会发布的吗？ 操作：查看最近一条带有事件时间的政务微信历史消息，信息发布内容所述事件的最新日期为当天或昨天的得5分，为前天的得4分，依次3天为3分，4~5天为2分，6~14天为1分，14天以上为0分。只计算工作日时间
4. 易得可得	(1)通过政务微信查询相关信息的成功率高吗？ 操作1：测试所有快捷菜单（包括子菜单），是否可以正确打开并有相应内容（如无菜单，则任选4条历史信息，是否可以正确打开并看到完整内容）？统计有效的菜单或者链接数目n，则该指标得分为n*0.5，满分2分。 (2)政务信息分类是否清晰易得人性化？ 操作2：有政务信息分类一级菜单得1分，有政务信息分类二级菜单得1分，信息分类二级菜单项累计超过3项得1分，满分3分
事务服务能力	
1. 便捷全面	(1)使用政务微信是否可以快速找到事务服务入口？ 操作1：通过自动回复提示可以进入服务入口得1分，通过快捷菜单可以进入服务入口得2分；(尽量测试全部事务服务内容，有一项服务符合以上事项即可得分)；满分3分

续表

	政务微信测评标准
	事务服务能力
1. 便捷全面	(2)办事服务是否全面? 操作 2:全面服务事项是否涉及公共教育、社会保障、劳动就业、医疗卫生、交通出行、公用事业、生活安全、住房保障、民政户政、法律服务、经营纳税等类似主题,有 7 个主题及以上得 2 分,有 1~6 个主题,得 1 分,没有得 0 分。满分 2 分
2. 程序规范	(1)是否有清晰的办事流程? 操作 1:有清晰的办事流程说明得 2 分 (2)是否可以全程网上办理? 操作 2:可以全程网上办理得 2 分 (3)是否可以获知事务处理进度? 操作 3:可以获知事务处理进度得 1 分。(选择"户口迁移""社会保障卡申领""异地就医结算备案""个体工商户设立登记"任一事项进行测试)
	参与服务能力
1. 参与服务渠道	(1)有无市长信箱;(2)有无意见征集;(3)有无网上调查;(4)有无互动留言;(5)有无 12345 热线;(6)有无其他(如有,注明该栏目名称)。有 1 项得 1 分,满分 6 分
	服务传递能力
1. 快捷易用	是否具备菜单快捷和回复功能? 操作:(1)有快捷菜单;(2)快捷菜单有二级菜单;(3)有用的自动回复(有助于指导用户完成相关事项)。以上功能实现一项得 1 分,实现两项得 3 分,实现三项得 5 分
2. 受众规模	分别统计政务微信历史消息中第三期推送第一、二、三条推文的点赞量与阅读数,分别根据排名给出得分 X 与 Y(排名前 10% 得 5 分;排名前 20% 得 4 分;排名前 30% 得 3 分;排名前 50% 得 2 分;其余得 1 分),取平均(可顺延)(X+Y)/2
3. 信息规模	政务微信最近 3 期的推文总数,根据得分给予排名(排名前 10% 得 5 分;排名前 20% 得 4 分;排名前 30% 得 3 分;排名前 50% 得 2 分;其余得 1 分)

附表 2-4　政务 App 测评标准

	政务 App 测评标准
	信息服务能力
1. 有用实用	政府信息分类清晰,是否有用实用? 操作:具体细分为信息公开、近日新闻、热点动态、政策解读等类别(天气、娱乐等板块除外),每有一类得 1 分,满分 5 分;无此项目 0 分

政务 App 测评标准	
信息服务能力	
2. 来源权威	（1）政务 App 发布的新闻、热点信息均为本市吗？ 操作 1：新闻、热点信息发布主体为本市，得 2 分，若是与省级同步，得 1 分 （2）政府官方 App 发布的信息内容都属于第一手资料或其他来源明确的官方资料吗？ 操作 2：在官方 App 首页任选 5 条发布的信息，统计信息来源于"官方第一手资料"或者"标明转载出处"的信息数目 n，则该指标得分为 n，满分 3 分
3. 时间效度	信息都是在信息有效期内第一时间向社会发布吗？ 操作：选择政府官方 App 主页"今日要闻""热点动态""要闻动态"等能代表"工作日"当天信息的栏目。计算方法：如果有当天或昨天发布的信息的得 5 分，2 天为 4 分，3 天为 3 分，4 天为 2 分，5 天及以上为 1 分。只计算工作日时间
4. 易得可得	政务 App 发布的消息链接，能够完整打开吗？ 操作：政府官方 App 任选 5 条发布的信息，统计可以正确点开，并看到完整内容的链接数目 n，则该指标得分为 n，满分 5 分
事务服务能力	
1. 公众（个人）办事	在政务 App"公众办事""便民服务"（或类似栏目）选择一个办事项目，有清晰办事流程说明、能完成整个服务全程办理。具体测试：选择"驾驶证补证、换证"，若办事指南、信息录入、在线预约、网上缴费、查询均可线上完成，得 5 分；实现一项，得 1 分。需要注册或跳转到网站的步骤可视为实现
2. 企业（法人）办事	在政务 App"企业办事"（或类似栏目）选择一个办事项目，有清晰办事流程说明、能完成整个服务的全程办理。具体测试：选择"抵押权注销登记"，若办事指南、预约、申请、查询均可线上完成，得 5 分；少一项，扣 1 分
3. 全程办理率	在政务 App"公众办事""法人办事"（或类似栏目）任选 5 个办事项目，统计能完成全程办理的服务的数量 n，则该指标得分为 n，满分 5 分。说明：引导至登录、注册界面，可视为可全程办理，有特殊要求必须到现场办理、又提供清晰"办事指南"的视为可全程办理（例如港澳台通行证办理）
参与服务能力	
1. 参与渠道	操作：通过"省长信箱""市长信箱""市长热线""12345"以及智能机器人等进行信息交流。具备（1）在线咨询（需官方进行答复）、（2）用户建议（包括投诉、举报等）、（3）社区交流（用户与用户间）、（4）首页有专门模块或可搜索、（5）查询或公开等功能。以上功能实现一项 1 分，功能合并的按总分计算。如无此项服务能力，本主题下各指标均得 0 分

政务 App 测评标准	
参与服务能力	
2. 参与回应	操作:通过"市长信箱""市长热线""12345"等进行咨询,若只有智能机器人自动答复的,统一得 1 分。其余渠道 24 小时内回复的得 5 分,24~48 小时内回复的得 4 分,48~72 小时内回复的得 3 分,72~96 小时内回复的得 2 分,96~168 小时内回复的得 1 分,超过 168 个小时(7 天)仍未得到回复的得 0 分。只计算工作日时间
3. 参与反馈	对上例反馈结果进行分析,给予正面、充分回应的得 4~5 分,推至其他职能部门或人的得 1 分,未收到回应的得 0 分,基于正面回应的程度判定得 2~3 分
服务传递能力	
1. 省市连通	省市是否连通? 操作:没有连通,也没有自己 App 得 0 分;没有连通,有自己 App 得 1 分;有连通,有自己 App,没有个性化定制得 3 分;有连通,有自己 App,有个性化定制得 5 分
2. 覆盖面	是否包括信息服务、事务服务、参与服务? 操作:纯信息服务,得 1 分;除信息服务外,有政府官方网站上部分事务服务、参与服务功能,但不全,得 2~4 分;与政府官方网站功能基本一致,可提供信息服务、事务服务、参与服务等,得 5 分
3. 易得性	是否容易下载到? 官网首页有下载提示(链接、二维码均可)且可正常下载,得 3 分;可在主流电子市场(Android:应用宝、360 手机助手、小米、华为、百度手机助手、91、豌豆荚、安智、历趣、沃商店;iOS:App store)任一个下载到,加 2 分,满分 5 分
4. 稳定可靠	判断是否可以正常使用,满分 5 分。无法打开,得 0 分;出现闪退或卡顿 2 次及以上,扣 2 分;无法打开部分栏目、内容,或点击按钮等操作无响应,根据严重情况,扣 1~2 分;屏幕分辨率适度,如显示严重异常,扣 1 分
5. 易用性	是否可以方便地找到并浏览信息? 界面符合用户对 App 的使用习惯,无学习门槛,加 1 分;有搜索功能,加 1 分;有收藏功能,加 1 分;有字体大小自适应调节功能,加 1 分;有四项可满分 5 分
6. 使用反馈	有无对 App 使用意见反馈功能:有 5 分,没有 0 分。
7. 社交性	是否有分享到社交平台功能? 如有分享本 App 到社交平台功能,加 2 分;如有分享信息、资讯到社交平台功能加 3 分

附表 2-5 政务短视频测评标准

政务短视频测评标准

信息服务能力

1. 有用实用	短视频是否有用实用？ 操作：选择近5条短视频，统计其中转/赞/评均不为0的短视频数 n 与政府公共服务、咨询回复类、实时新闻报道或与政府工作内容相关联的短视频数 n（每项满分5分，共10分）
2. 来源权威	选择近5条事实类（天气类、健身类、美食类、鸡汤类、感叹类除外）视频，统计有信息来源（来源可能出现在视频介绍文字或视频内容中，方式有：@某账号，视频介绍标明来源、视频内容标明来源等）的视频数 n，则该指标得分为 n，满分5分
3. 时间效度	进入官方短视频主页，查看最近一条短视频（满足有用实用条件的短视频）发布日期，计算与报道内容的发生时间（如无，则为当前时间）的差额天数。计算方法：如果差额为0或1得分为5，差额为2得分为4，差额为3得分为3，差额为4~5得分为2，差额5天以上得分为1。只计算工作日时间

参与服务能力

1. 参与回应	回应粉丝评论如何？ 操作：政务短视频回复粉丝评论数大于等于5条得5分，其余回复数等于得分。统计近5条抖音的官方回复网友评论的数目 n
2. 参与传播	进入官方政务短视频主页，是否有邮箱等投稿方式或联系方式。若没有得0分，若有得5分

服务传递能力

1. 有无政务短视频	是否有政务短视频平台账号？如无，0分；开通1个短视频平台账号，得2分；开通2个短视频平台账号，得3分，开通抖音、快手、微信视频号，得5分
2. 受众规模	政务短视频粉丝数。排名前10%得5分；排名前20%得4分；排名前30%得3分；排名前50%得2分；其余得1分
3. 信息规模	政务短视频账号（抖音、快手）发布视频总数。排名前10%得5分；排名前20%得4分；排名前30%得3分；排名前50%得2分；其余得1分。（暂时无法获取微信视频号的发布视频总数）
4. 活跃度	政务短视频原创数量如何？ 操作：近5天政务短视频原创数量（排名前10%得5分；排名前20%得4分；排名前30%得3分；排名前50%得2分；其余得1分）
5. 交互性	统计近5条短视频的转发数、点赞数、评论数（分开统计）人均转发数通过排名给予得分、点赞数通过排名给予得分、评论排名给予得分的均值，排名前10%得5分；排名前20%得4分；排名前30%得3分；排名前50%得2分；其余得1分

政务短视频测评标准	
服务创新能力	
1. 采纳能力	（1）是否有发布官方话题？ 操作 1：短视频是否有参与或发布官方话题（多为"#+话题名"），计分方法：满分5 分 （2）是否有视频内容合集？ 操作 2：是否有整理视频内容合集（参考"上海发布"短视频账号首页），计分方法：满分 3 分。 （3）是否有直播动态？ 操作 3：短视频账号首页是否有直播动态，计分方法：满分 2 分
2. 吸收能力	是否有其他政务平台的介绍推广？ 操作：进入账号首页，查看是否有其他政务平台（微信、微博、网站、App）的介绍或推广。若没有，得 0 分；若有 1 个加 1 分，上限 5 分

附录 3

省市政府数字服务能力测评样本来源

附表 3-1 省（自治区、直辖市）政府网站来源

省级	采集数据源（网址）	省级	采集数据源（网址）
北京市	https://www.beijing.gov.cn	辽宁省	https://www.ln.gov.cn/
天津市	https://www.tj.gov.cn/	四川省	https://www.sc.gov.cn/
上海市	https://www.shanghai.gov.cn/	云南省	https://www.yn.gov.cn/
重庆市	https://www.cq.gov.cn/	青海省	https://www.qinghai.gov.cn/
广东省	https://www.gd.gov.cn/	山东省	https://www.shandong.gov.cn/
甘肃省	https://www.gansu.gov.cn/	山西省	https://www.shanxi.gov.cn/
贵州省	https://www.guizhou.gov.cn/	陕西省	https://www.shaanxi.gov.cn/
海南省	https://www.hainan.gov.cn/	福建省	https://www.fujian.gov.cn/
河北省	https://www.hebei.gov.cn/	浙江省	https://www.zj.gov.cn/
河南省	https://www.henan.gov.cn/	安徽省	https://www.ah.gov.cn/
黑龙江省	https://www.hlj.gov.cn/	内蒙古自治区	https://www.nmg.gov.cn/
湖北省	https://www.hubei.gov.cn/	新疆维吾尔	https://www.xinjiang.gov.cn/
湖南省	https://www.hunan.gov.cn/	自治区	
吉林省	https://www.jl.gov.cn/	宁夏回族自治区	https://www.nx.gov.cn/
江苏省	https://www.jiangsu.gov.cn/	广西壮族自治区	https://www.gxzf.gov.cn/
江西省	https://www.jiangxi.gov.cn/	西藏自治区	https://www.xizang.gov.cn/

附表 3-2 地级市（州）政府网站来源

地级市	采集数据源（网址）	地级市	采集数据源（网址）
河北省石家庄市	https://www.sjz.gov.cn/	河北省唐山市	https://www.tangshan.gov.cn/
河北省张家口市	https://www.zjk.gov.cn/	河北省秦皇岛市	https://www.qhd.gov.cn/
河北省承德市	https://www.chengde.gov.cn/	河北省廊坊市	https://www.lf.gov.cn/

地级市	采集数据源（网址）	地级市	采集数据源（网址）
河北省保定市	https://www.baoding.gov.cn/	黑龙江省佳木斯市	https://www.jms.gov.cn/
河北省沧州市	https://www.cangzhou.gov.cn/	黑龙江双鸭山市	https://www.shuangyashan.gov.cn/
河北省衡水市	https://www.hengshui.gov.cn/	黑龙江省绥化市	https://www.suihua.gov.cn/
河北省邢台市	https://www.xingtai.gov.cn/	黑龙江省大庆市	https://www.daqing.gov.cn/
河北省邯郸市	https://www.hd.gov.cn/	黑龙江省七台河市	https://www.qth.gov.cn/
山西省太原市	https://www.taiyuan.gov.cn/	黑龙江省鸡西市	https://www.jixi.gov.cn/
山西省大同市	https://www.dt.gov.cn/	黑龙江省牡丹江市	https://www.mdj.gov.cn/
山西省朔州市	https://www.shuozhou.gov.cn/	黑龙江大兴安岭地区	https://www.dxal.gov.cn/
山西省忻州市	https://www.sxxz.gov.cn/	辽宁省沈阳市	https://www.shenyang.gov.cn/
山西省阳泉市	https://www.yq.gov.cn/	辽宁省铁岭市	https://www.tieling.gov.cn/
山西省晋中市	https://www.sxjz.gov.cn/	辽宁省阜新市	https://www.fuxin.gov.cn/
山西省吕梁市	https://www.lvliang.gov.cn/	辽宁省抚顺市	https://www.fushun.gov.cn/
山西省长治市	https://www.changzhi.gov.cn/	辽宁省朝阳市	https://www.chaoyang.gov.cn/
山西省临汾市	https://www.linfen.gov.cn/	辽宁省本溪市	https://www.benxi.gov.cn/
山西省晋城市	https://jcgov.gov.cn/	辽宁省辽阳市	https://www.liaoyang.gov.cn/
山西省运城市	https://www.yuncheng.gov.cn/	辽宁省鞍山市	https://www.anshan.gov.cn/
内蒙古呼和浩特市	https://www.huhhot.gov.cn/	辽宁省盘锦市	https://www.panjin.gov.cn/
内蒙古呼伦贝尔市	https://www.hlbe.gov.cn/	辽宁省锦州市	https://www.jz.gov.cn/
内蒙古通辽市	https://www.tongliao.gov.cn/	辽宁省葫芦岛市	https://www.hld.gov.cn/
内蒙古赤峰市	https://www.chifeng.gov.cn/	辽宁省营口市	https://www.yingkou.gov.cn/
内蒙古巴彦淖尔市	https://www.bynr.gov.cn/	辽宁省丹东市	https://www.dandong.gov.cn/
内蒙古乌兰察布市	https://www.wulanchabu.gov.cn/	辽宁省大连市	https://www.dl.gov.cn/
内蒙古包头市	https://www.baotou.gov.cn/	吉林省长春市	https://www.changchun.gov.cn/
内蒙古鄂尔多斯市	https://www.ordos.gov.cn/	吉林省白城市	https://www.jlbc.gov.cn/
内蒙古乌海市	https://www.wuhai.gov.cn/	吉林省松原市	https://www.jlsy.gov.cn/
内蒙古兴安盟	https://www.xam.gov.cn/	吉林省吉林市	https://www.jlcity.gov.cn/
内蒙古锡林郭勒盟	https://www.xlgl.gov.cn/	吉林省四平市	https://www.siping.gov.cn/
内蒙古阿拉善盟	https://www.als.gov.cn/	吉林省辽源市	https://www.liaoyuan.gov.cn/
黑龙江省哈尔滨市	https://www.harbin.gov.cn/	吉林省白山市	https://www.cbs.gov.cn/
黑龙江省黑河市	https://www.heihe.gov.cn/	吉林省通化市	https://www.tonghua.gov.cn/
黑龙江省伊春市	https://www.yc.gov.cn/	吉林省延边州	https://www.yanbian.gov.cn/
黑龙江齐齐哈尔市	https://www.qqhr.gov.cn/	江苏省南京市	https://www.nanjing.gov.cn/
黑龙江省鹤岗市	https://www.hegang.gov.cn/	江苏省连云港市	https://www.lyg.gov.cn/

地级市	采集数据源（网址）	地级市	采集数据源（网址）
江苏省徐州市	https://www.xz.gov.cn/	安徽省宣城市	https://www.xuancheng.gov.cn/
江苏省宿迁市	https://www.suqian.gov.cn/	安徽省铜陵市	https://www.tl.gov.cn/
江苏省淮安市	https://www.huaian.gov.cn/	安徽省池州市	https://www.chizhou.gov.cn/
江苏省盐城市	https://www.yancheng.gov.cn/	安徽省安庆市	https://www.anqing.gov.cn/
江苏省泰州市	https://www.taizhou.gov.cn/	安徽省黄山市	https://www.huangshan.gov.cn/
江苏省扬州市	https://www.yangzhou.gov.cn/	福建省福州市	https://www.fuzhou.gov.cn/
江苏省镇江市	https://www.zhenjiang.gov.cn/	福建省宁德市	https://www.ningde.gov.cn/
江苏省南通市	https://www.nantong.gov.cn/	福建省南平市	https://www.np.gov.cn/
江苏省常州市	https://www.changzhou.gov.cn/	福建省三明市	https://www.sm.gov.cn/
江苏省无锡市	https://www.wuxi.gov.cn/	福建省莆田市	https://www.putian.gov.cn/
江苏省苏州市	https://www.suzhou.gov.cn/	福建省龙岩市	https://www.longyan.gov.cn/
浙江省杭州市	https://www.hangzhou.gov.cn/	福建省泉州市	https://www.quanzhou.gov.cn/
浙江省湖州市	https://www.huzhou.gov.cn/	福建省漳州市	https://www.zhangzhou.gov.cn/
浙江省嘉兴市	https://www.jiaxing.gov.cn/	福建省厦门市	https://www.xm.gov.cn/
浙江省绍兴市	https://www.sx.gov.cn/	江西省南昌市	https://www.nc.gov.cn/
浙江省舟山市	https://www.zhoushan.gov.cn/	江西省九江市	https://www.jiujiang.gov.cn/
浙江省宁波市	https://www.ningbo.gov.cn/	江西省景德镇市	https://www.jdz.gov.cn/
浙江省金华市	https://www.jinhua.gov.cn/	江西省上饶市	https://www.zgsr.gov.cn/
浙江省衢州市	https://www.qz.gov.cn/	江西省鹰潭市	https://www.yingtan.gov.cn/
浙江省台州市	https://www.zjtz.gov.cn/	江西省抚州市	https://www.jxfz.gov.cn/
浙江省丽水市	https://www.lishui.gov.cn/	江西省新余市	https://www.xinyu.gov.cn/
浙江省温州市	https://www.wenzhou.gov.cn/	江西省宜春市	https://www.yichun.gov.cn/
安徽省合肥市	https://www.hefei.gov.cn/	江西省萍乡市	https://www.pingxiang.gov.cn/
安徽省淮北市	https://www.huaibei.gov.cn/	江西省吉安市	https://www.jian.gov.cn/
安徽省亳州市	https://www.bozhou.gov.cn/	江西省赣州市	https://www.ganzhou.gov.cn/
安徽省宿州市	https://www.ahsz.gov.cn/	山东省济南市	https://www.jinan.gov.cn/
安徽省蚌埠市	https://www.bengbu.gov.cn/	山东省德州市	https://www.dezhou.gov.cn/
安徽省阜阳市	https://www.fy.gov.cn/	山东省滨州市	https://www.binzhou.gov.cn/
安徽省淮南市	https://www.huainan.gov.cn/	山东省东营市	https://www.dongying.gov.cn/
安徽省滁州市	https://www.chuzhou.gov.cn/	山东省烟台市	https://www.yantai.gov.cn/
安徽省六安市	https://www.luan.gov.cn/	山东省威海市	https://www.weihai.gov.cn/
安徽省马鞍山市	https://www.mas.gov.cn/	山东省淄博市	https://www.zibo.gov.cn/
安徽省芜湖市	https://www.wuhu.gov.cn/	山东省潍坊市	https://www.weifang.gov.cn/

地级市	采集数据源（网址）	地级市	采集数据源（网址）
山东省聊城市	https://www.liaocheng.gov.cn/	河南省三门峡市	https://www.smx.gov.cn/
山东省泰安市	https://www.taian.gov.cn/	河南省开封市	https://www.kaifeng.gov.cn/
山东省青岛市	https://www.qingdao.gov.cn/	河南省洛阳市	https://www.ly.gov.cn/
山东省日照市	https://www.rizhao.gov.cn/	河南省商丘市	https://www.shangqiu.gov.cn/
山东省济宁市	https://www.jining.gov.cn/	河南省许昌市	https://www.xuchang.gov.cn/
山东省菏泽市	https://www.heze.gov.cn/	河南省周口市	https://www.zhoukou.gov.cn/
山东省临沂市	https://www.linyi.gov.cn/	河南省漯河市	https://www.luohe.gov.cn/
山东省枣庄市	https://www.zaozhuang.gov.cn/	河南省南阳市	https://www.nanyang.gov.cn/
新疆巴音郭楞州	https://www.xjbz.gov.cn/	河南省驻马店市	https://www.zhumadian.gov.cn/
新疆阿克苏地区	https://www.aksu.gov.cn/	河南省信阳市	https://www.xinyang.gov.cn/
新疆克孜勒苏州	https://www.xjkz.gov.cn/	河南省平顶山市	https://www.pds.gov.cn/
新疆喀什地区	https://www.xjks.gov.cn/	湖北省武汉市	https://www.wuhan.gov.cn/
新疆和田地区	https://hts.gov.cn/	湖北省十堰市	https://www.shiyan.gov.cn/
新疆伊犁州	https://www.xjyl.gov.cn/	湖北省襄阳市	https://xiangyang.gov.cn/
新疆塔城地区	https://www.xjtc.gov.cn/	湖北省随州市	https://www.suizhou.gov.cn/
新疆阿勒泰地区	https://www.xjalt.gov.cn/	湖北省荆门市	https://www.jingmen.gov.cn/
新疆博尔塔拉州	https://www.xjboz.gov.cn/	湖北省孝感市	https://www.xiaogan.gov.cn/
新疆乌鲁木齐市	https://www.urumqi.gov.cn/	湖北省宜昌市	https://www.yichang.gov.cn/
新疆克拉玛依市	https://www.klmyq.gov.cn/	湖北省黄冈市	https://www.hg.gov.cn/
新疆吐鲁番市	https://www.tlf.gov.cn/	湖北省鄂州市	https://www.ezhou.gov.cn/
新疆哈密市	https://www.hami.gov.cn/	湖北省荆州市	https://www.jingzhou.gov.cn/
新疆昌吉州	https://www.cj.gov.cn/	湖北省黄石市	https://www.huangshi.gov.cn/
宁夏银川市	https://www.yinchuan.gov.cn/	湖北省咸宁市	https://www.xianning.gov.cn/
宁夏石嘴山市	https://www.shizuishan.gov.cn/	湖北省恩施自治州	https://www.enshi.gov.cn/
宁夏吴忠市	https://www.wuzhong.gov.cn/	湖南省长沙市	https://www.changsha.gov.cn/
宁夏中卫市	https://www.nxzw.gov.cn/	湖南省岳阳市	https://www.yueyang.gov.cn/
宁夏固原市	https://www.nxgy.gov.cn/	湖南省张家界市	https://www.zjj.gov.cn/
河南省郑州市	https://www.zhengzhou.gov.cn/	湖南省常德市	https://www.changde.gov.cn/
河南省安阳市	https://www.anyang.gov.cn/	湖南省益阳市	https://www.yiyang.gov.cn/
河南省鹤壁市	https://www.hebi.gov.cn/	湖南省湘潭市	https://www.xiangtan.gov.cn/
河南省濮阳市	https://www.puyang.gov.cn/	湖南省株洲市	https://www.zhuzhou.gov.cn/
河南省新乡市	https://www.xinxiang.gov.cn/	湖南省娄底市	https://www.hnloudi.gov.cn/
河南省焦作市	https://www.jiaozuo.gov.cn/	湖南省怀化市	https://www.huaihua.gov.cn/

续表

地级市	采集数据源（网址）	地级市	采集数据源（网址）
湖南省邵阳市	https://www.shaoyang.gov.cn/	广西梧州市	https://www.wuzhou.gov.cn/
湖南省衡阳市	https://www.hengyang.gov.cn/	广西贵港市	https://www.gxgg.gov.cn/
湖南省永州市	https://www.yzcity.gov.cn/	广西玉林市	https://www.yulin.gov.cn/
湖南省郴州市	https://www.czs.gov.cn/	广西崇左市	https://www.chongzuo.gov.cn/
湖南省湘西自治州	https://www.xxz.gov.cn/	广西钦州市	https://www.qinzhou.gov.cn/
广东省广州市	https://www.gz.gov.cn/	广西防城港市	https://www.fcgs.gov.cn/
广东省韶关市	https://www.sg.gov.cn/	广西北海市	https://www.beihai.gov.cn/
广东省梅州市	https://www.meizhou.gov.cn/	海南省海口市	https://www.haikou.gov.cn/
广东省河源市	https://www.heyuan.gov.cn/	海南省三亚市	https://www.sanya.gov.cn/
广东省清远市	https://www.gdqy.gov.cn/	海南省儋州市	https://www.danzhou.gov.cn/
广东省潮州市	https://www.chaozhou.gov.cn/	海南省三沙市	https://www.sansha.gov.cn/
广东省揭阳市	https://www.jieyang.gov.cn/	四川省成都市	https://www.chengdu.gov.cn/
广东省汕头市	https://www.shantou.gov.cn/	四川省广元市	https://www.cngy.gov.cn/
广东省肇庆市	https://www.zhaoqing.gov.cn/	四川省巴中市	https://www.cnbz.gov.cn/
广东省惠州市	https://www.huizhou.gov.cn/	四川省绵阳市	https://www.my.gov.cn/
广东省佛山市	https://www.foshan.gov.cn/	四川省德阳市	https://www.deyang.gov.cn/
广东省东莞市	https://www.dg.gov.cn/	四川省达州市	https://www.dazhou.gov.cn/
广东省云浮市	https://www.yunfu.gov.cn/	四川省南充市	https://www.nanchong.gov.cn/
广东省汕尾市	https://www.shanwei.gov.cn/	四川省遂宁市	https://www.suining.gov.cn/
广东省江门市	https://www.jiangmen.gov.cn/	四川省广安市	https://www.guang-an.gov.cn/
广东省中山市	https://www.zs.gov.cn	四川省资阳市	https://www.ziyang.gov.cn/
广东省深圳市	https://www.sz.gov.cn/cn	四川省眉山市	https://www.ms.gov.cn/
广东省珠海市	https://www.zhuhai.gov.cn/	四川省雅安市	https://www.yaan.gov.cn/
广东省阳江市	https://www.yangjiang.gov.cn/	四川省内江市	https://www.neijiang.gov.cn/
广东省茂名市	https://www.maoming.gov.cn/	四川省乐山市	https://www.leshan.gov.cn/
广东省湛江市	https://www.zhanjiang.gov.cn/	四川省自贡市	https://www.zg.gov.cn/
广西南宁市	https://www.nanning.gov.cn/	四川省泸州市	https://www.luzhou.gov.cn/
广西桂林市	https://www.guilin.gov.cn/	四川省宜宾市	https://www.yb.gov.cn/
广西河池市	https://www.hechi.gov.cn/	四川省攀枝花市	https://www.panzhihua.gov.cn/
广西贺州市	https://www.gxhz.gov.cn/	四川阿坝自治州	https://www.abazhou.gov.cn/
广西柳州市	https://www.liuzhou.gov.cn/	四川甘孜自治州	https://www.gzz.gov.cn/
广西百色市	https://www.baise.gov.cn/	四川凉山自治州	https://www.lsz.gov.cn/
广西来宾市	https://www.laibin.gov.cn/	贵州省贵阳市	https://www.guiyang.gov.cn/

续表

地级市	采集数据源（网址）	地级市	采集数据源（网址）
贵州省遵义市	https://www.zunyi.gov.cn/	陕西省榆林市	https://www.yl.gov.cn/
贵州省六盘水市	https://www.gzlps.gov.cn/	陕西省延安市	https://www.yanan.gov.cn/
贵州省安顺市	https://www.anshun.gov.cn/	陕西省铜川市	https://www.tongchuan.gov.cn/
贵州省铜仁市	https://www.trs.gov.cn/	陕西省渭南市	https://www.weinan.gov.cn/
贵州省毕节市	https://www.bijie.gov.cn/	陕西省宝鸡市	https://www.baoji.gov.cn/
贵州黔西南自治州	https://www.qxn.gov.cn/	陕西省咸阳市	https://www.xianyang.gov.cn/
贵州省黔东南自治州	https://www.qdn.gov.cn/	陕西省商洛市	https://www.shangluo.gov.cn/
贵州省黔南布依族自治州	https://www.qiannan.gov.cn/	陕西省汉中市	https://www.hanzhong.gov.cn/
云南省昆明市	https://www.km.gov.cn/	陕西省安康市	https://www.ankang.gov.cn/
云南省昭通市	https://www.zt.gov.cn/	甘肃省兰州市	https://www.lanzhou.gov.cn/
云南省丽江市	https://www.lijiang.gov.cn/	甘肃省嘉峪关市	https://www.jyg.gov.cn/
云南省曲靖市	https://www.qj.gov.cn/	甘肃省酒泉市	https://www.jiuquan.gov.cn/
云南省保山市	https://www.baoshan.gov.cn/	甘肃省张掖市	https://www.zhangye.gov.cn
云南省玉溪市	https://www.yuxi.gov.cn/	甘肃省金昌市	https://www.jcs.gov.cn/
云南省临沧市	https://www.lincang.gov.cn/	甘肃省武威市	https://www.gswuwei.gov.cn/
云南省普洱市	https://www.puershi.gov.cn/	甘肃省白银市	https://www.baiyin.gov.cn/
云南省楚雄自治州	https://www.cxz.gov.cn/	甘肃省庆阳市	https://www.zgqingyang.gov.cn/
云南省红河自治州	https://www.hh.gov.cn/	甘肃省平凉市	https://www.pingliang.gov.cn/
云南省文山自治州	https://www.ynws.gov.cn/	甘肃省定西市	https://www.dingxi.gov.cn/
云南省西双版纳自治州	https://www.xsbn.gov.cn/	甘肃省天水市	https://www.tianshui.gov.cn/
云南省大理自治州	https://www.dali.gov.cn/	甘肃省陇南市	https://www.longnan.gov.cn/
云南省德宏自治州	https://www.dh.gov.cn/	甘肃省临夏自治州	https://www.linxia.gov.cn/
云南省怒江自治州	https://www.nujiang.gov.cn	甘肃省甘南自治州	https://www.gnzrmzf.gov.cn/
云南省迪庆自治州	https://www.diqing.gov.cn/	青海省西宁市	https://www.xining.gov.cn/
西藏拉萨市	https://www.lasa.gov.cn/	青海省海东市	https://www.haidong.gov.cn/
西藏昌都市	https://www.changdu.gov.cn/	青海省海北自治州	https://www.haibei.gov.cn/
西藏日喀则市	https://www.rikaze.gov.cn	青海省黄南自治州	https://www.huangnan.gov.cn/
西藏林芝市	https://www.linzhi.gov.cn/	青海省海南自治州	https://www.hainanzhou.gov.cn/
西藏山南市	https://www.xzsnw.com/	青海省果洛自治州	https://www.guoluo.gov.cn/
西藏那曲市	https://www.xznq.gov.cn	青海省玉树自治州	https://www.yushushi.gov.cn/
西藏阿里地区	https://www.al.gov.cn/	青海省海西自治州	https://www.haixi.gov.cn/
陕西省西安市	https://www.xa.gov.cn/		

注：地级市自治州采用简称。

附表 3-3　省（自治区、直辖市）政务微博来源

省(直辖市)	采集数据源(名称)	省(直辖市)	采集数据源(名称)
北京市	北京发布	辽宁省	辽宁发布
天津市	天津发布	四川省	四川发布
上海市	上海发布	云南省	云南发布
重庆市	重庆发布	青海省	青海发布
广东省	广东发布	山东省	山东发布
甘肃省	甘肃发布	山西省	山西发布
贵州省	黔办之声	陕西省	陕西发布
海南省	海易办	福建省	福建发布
河北省	河北发布	浙江省	浙江发布
河南省	精彩河南	安徽省	安徽发布
黑龙江省	黑龙江发布	内蒙古自治区	活力内蒙古
湖北省	湖北发布	新疆维吾尔自治区	新疆发布
湖南省	湖南省政府门户网站	宁夏回族自治区	宁夏政务发布
吉林省	吉林发布	广西壮族自治区	广西壮族自治区人民政府门户网
江苏省	微博江苏	西藏自治区	西藏发布
江西省	江西发布		

附表 3-4　地级市（州）政务微博来源

地级市	采集数据源(名称)	地级市	采集数据源(名称)
河北省石家庄市	石家庄发布	山西省忻州市	忻州发布
河北省张家口市	张家口发布	山西省阳泉市	阳泉市人民政府
河北省承德市	承德发布	山西省晋中市	晋中发布
河北省唐山市	唐山发布	山西省吕梁市	吕梁发布
河北省秦皇岛市	秦皇岛发布	山西省长治市	长治发布
河北省廊坊市	廊坊政务	山西省临汾市	临汾发布
河北省保定市	微博保定	山西省晋城市	晋城发布
河北省沧州市	微博沧州	山西省运城市	运城发布
河北省衡水市	衡水发布	内蒙古呼和浩特市	呼和浩特发布
河北省邢台市	邢台发布	内蒙古呼伦贝尔市	呼伦贝尔发布
河北省邯郸市	聚焦邯郸	内蒙古通辽市	通辽发布
山西省太原市	太原发布	内蒙古赤峰市	赤峰之窗
山西省大同市	大同市12345政务服务便民热线	内蒙古巴彦淖尔市	巴彦淖尔发布
山西省朔州市	朔州市政府网	内蒙古乌兰察布市	活力乌兰察布

地级市	采集数据源（名称）	地级市	采集数据源（名称）
内蒙古包头市	包头发布	吉林省白城市	白城发布
内蒙古鄂尔多斯市	鄂尔多斯发布	吉林省松原市	松原发布
内蒙古乌海市	乌海新闻	吉林省吉林市	吉林市发布
内蒙古兴安盟	魅力兴安盟	吉林省四平市	四平发布
内蒙古锡林郭勒盟	吉祥草原锡林郭勒	吉林省辽源市	辽源发布
内蒙古阿拉善盟	无	吉林省白山市	白山发布
黑龙江省哈尔滨市	哈尔滨发布	吉林省通化市	通化发布
黑龙江省黑河市	黑河政务服务中心	吉林省延边州	延边发布
黑龙江省伊春市	伊春发布	江苏省南京市	南京发布
黑龙江齐齐哈尔市	鹤城政务	江苏省连云港市	连云港发布
黑龙江省鹤岗市	鹤岗网讯	江苏省徐州市	徐州发布
黑龙江省佳木斯市	无	江苏省宿迁市	宿迁之声
黑龙江双鸭山市	双鸭山发布微博	江苏省淮安市	淮安发布
黑龙江省绥化市	无	江苏省盐城市	盐城发布
黑龙江省大庆市	无	江苏省泰州市	泰州发布
黑龙江省七台河	无	江苏省扬州市	扬州发布
黑龙江省鸡西市	网信鸡西	江苏省镇江市	镇江发布
黑龙江省牡丹江市	牡丹江发布	江苏省南通市	南通发布
黑龙江大兴安岭地区	无	江苏省常州市	常州发布
辽宁省沈阳市	沈阳发布	江苏省无锡市	无锡发布
辽宁省铁岭市	无	江苏省苏州市	苏州发布
辽宁省阜新市	无	浙江省杭州市	杭州发布
辽宁省抚顺市	抚顺发布	浙江省湖州市	湖州发布
辽宁省朝阳市	朝阳政务	浙江省嘉兴市	嘉兴发布
辽宁省本溪市	本溪发布厅	浙江省绍兴市	绍兴发布
辽宁省辽阳市	辽阳政务	浙江省舟山市	舟山发布
辽宁省鞍山市	鞍山发布	浙江省宁波市	宁波发布
辽宁省盘锦市	盘锦市委网信办	浙江省金华市	金华发布
辽宁省锦州市	锦州官方微博	浙江省衢州市	衢州发布
辽宁省葫芦岛市	无	浙江省台州市	台州发布
辽宁省营口市	营口政务	浙江省丽水市	丽水发布
辽宁省丹东市	丹东发布	浙江省温州市	温州发布
辽宁省大连市	大连发布	安徽省合肥市	合肥发布
吉林省长春市	长春发布	安徽省淮北市	淮北发布

地级市	采集数据源（名称）	地级市	采集数据源（名称）
安徽省亳州市	亳州发布	山东省济南市	微博济南
安徽省宿州市	宿州发布	山东省德州市	德州发布
安徽省蚌埠市	蚌埠发布	山东省滨州市	阳光滨州
安徽省阜阳市	阜阳发布	山东省东营市	东营发布
安徽省淮南市	淮南发布	山东省烟台市	烟台发布
安徽省滁州市	美好滁州	山东省威海市	威海发布
安徽省六安市	六安市人民政府发布	山东省淄博市	淄博发布
安徽省马鞍山市	马鞍山发布	山东省潍坊市	潍坊发布
安徽省芜湖市	芜湖市人民政府发布	山东省聊城市	聊城发布
安徽省宣城市	宣城市人民政府发布	山东省泰安市	泰安 12345
安徽省铜陵市	铜陵发布	山东省青岛市	青岛发布
安徽省池州市	池州市人民政府发布	山东省日照市	日照发布
安徽省安庆市	安庆发布	山东省济宁市	济宁发布
安徽省黄山市	黄山发布	山东省菏泽市	菏泽发布
福建省福州市	福州发布	山东省临沂市	临沂发布
福建省宁德市	宁德政务	山东省枣庄市	枣庄发布
福建省南平市	南平市政府门户网站	新疆乌鲁木齐市	乌鲁木齐发布
福建省三明市	三明市政府网编辑部	新疆克拉玛依市	克拉玛依发布
福建省莆田市	莆田发布	新疆吐鲁番市	吐鲁番地区政府网
福建省龙岩市	e龙岩	新疆哈密市	哈密发布
福建省泉州市	泉州城市瞭望	新疆昌吉州	无
福建省漳州市	无	新疆博尔塔拉州	博州发布
福建省厦门市	厦门发布	新疆巴音郭楞州	巴州发布
江西省南昌市	南昌发布	新疆阿克苏地区	无
江西省九江市	九江发布	新疆克孜勒苏州	克州政府网
江西省景德镇市	景德镇发布	新疆喀什地区	喀什发布
江西省上饶市	上饶发布	新疆和田地区	和田发布
江西省鹰潭市	鹰潭发布	新疆伊犁州	伊犁政府网
江西省抚州市	抚州发布	新疆塔城地区	塔城地区政务微博
江西省新余市	新余发布	新疆阿勒泰地区	阿勒泰地区政府网
江西省宜春市	宜春发布	河南省郑州市	郑州发布
江西省萍乡市	萍乡发布	河南省安阳市	安阳市民之家
江西省吉安市	吉安发布	河南省鹤壁市	鹤壁政法
江西省赣州市	赣州发布	河南省濮阳市	无

地级市	采集数据源（名称）	地级市	采集数据源（名称）
河南省新乡市	新乡发布	湖南省怀化市	无
河南省焦作市	焦作发布	湖南省邵阳市	邵阳发布
河南省三门峡市	三门峡发布	湖南省衡阳市	衡阳发布
河南省开封市	开封发布	湖南省永州市	永州发布
河南省洛阳市	精彩洛阳	湖南省郴州市	郴州发布
河南省商丘市	商丘发布	湖南省湘西自治州	无
河南省许昌市	许昌发布	广东省广州市	中国广州发布
河南省平顶山市	平顶山外宣	广东省韶关市	韶关发布
河南省周口市	无	广东省梅州市	梅州发布
河南省漯河市	精彩漯河	广东省河源市	河源发布
河南省南阳市	南阳政法	广东省清远市	清远发布
河南省驻马店市	微博驻马店	广东省潮州市	潮州发布
河南省信阳市	信阳外宣	广东省揭阳市	揭阳发布
湖北省武汉市	武汉发布	广东省汕头市	汕头发布
湖北省十堰市	十堰发布	广东省肇庆市	肇庆发布
湖北省襄阳市	无	广东省惠州市	惠州发布
湖北省随州市	随州市政府门户网站	广东省佛山市	佛山发布
湖北省荆门市	荆门发布	广东省东莞市	东莞发布
湖北省孝感市	孝感发布	广东省云浮市	无
湖北省宜昌市	宜昌发布	广东省汕尾市	汕尾发布
湖北省黄冈市	黄冈政府门户网	广东省江门市	中国侨都-江门发布
湖北省鄂州市	鄂州发布	广东省中山市	中山发布
湖北省荆州市	荆州发布	广东省深圳市	深圳微博发布厅
湖北省黄石市	黄石发布	广东省珠海市	珠海发布
湖北省咸宁市	咸宁发布	广东省阳江市	广东阳江发布
湖北省恩施自治州	恩施州政府	广东省茂名市	茂名发布
湖南省长沙市	长沙发布	广东省湛江市	湛江发布
湖南省岳阳市	岳阳市政府门户网站	广西南宁市	南宁发布
湖南省张家界市	无	广西桂林市	无
湖南省常德市	常德共青团的微博	广西河池市	无
湖南省益阳市	中国益阳门户网	广西贺州市	长寿贺州
湖南省湘潭市	湘潭发布	广西柳州市	我爱柳州
湖南省株洲市	株洲发布	广西百色市	百色发布
湖南省娄底市	娄底_微生活	广西来宾市	来宾发布

地级市	采集数据源（名称）	地级市	采集数据源（名称）
广西梧州市	梧州发布	贵州省铜仁市	铜仁发布
广西贵港市	贵港宣传	贵州省毕节市	微_毕节
广西玉林市	玉林发布	贵州省黔西南自治州	黔西南发布
广西崇左市	崇左政府发布	贵州省黔东南自治州	黔东南政务微博
广西钦州市	钦州发布	贵州省黔南自治州	中国黔南
广西防城港市	防港城发布	云南省昆明市	昆明发布
广西北海市	北海发布	云南省昭通市	微昭通
海南省海口市	海口发布	云南省丽江市	丽江发布
海南省三亚市	三亚市人民政府网	云南省曲靖市	微博曲靖
海南省儋州市	儋州市人民政府	云南省保山市	保山发布
海南省三沙市	无	云南省玉溪市	无
四川省成都市	成都市政府门户网站	云南省临沧市	秘境-临沧
四川省广元市	凤之城广元	云南省普洱市	普洱发布
四川省巴中市	无	云南省楚雄自治州	楚雄网信
四川省绵阳市	今日绵阳	云南省红河自治州	云南红河发布
四川省德阳市	微博德阳	云南省文山自治州	文山发布-官方微博
四川省达州市	达州发布	云南省西双版纳自治州	西双版纳发布
四川省南充市	南充播报	云南省大理自治州	大理发布
四川省遂宁市	遂宁发布	云南省德宏自治州	无
四川省广安市	广安播报	云南省怒江自治州	无
四川省资阳市	资阳之声	云南省迪庆自治州	无
四川省眉山市	眉山发布	西藏拉萨市	拉萨发布
四川省雅安市	生态雅安	西藏昌都市	网信昌都
四川省内江市	微内江	西藏日喀则市	日喀则发布
四川省乐山市	乐山发布	西藏林芝市	无
四川省自贡市	自贡发布	西藏山南市	无
四川省泸州市	泸州发布	西藏那曲市	无
四川省宜宾市	宜宾发布	西藏阿里地区	无
四川省攀枝花市	微攀枝花	陕西省西安市	西安发布
四川省阿坝自治州	阿坝州政府网	陕西省榆林市	榆林发布
四川省甘孜自治州	微甘孜	陕西省延安市	延安发布
四川省凉山自治州	微凉山	陕西省铜川市	铜川发布
贵州省贵阳市	贵阳发布	陕西省渭南市	渭南发布
贵州省遵义市	遵义发布	陕西省宝鸡市	宝鸡发布
贵州省六盘水市	六盘水政务微博	陕西省咸阳市	咸阳宣传
贵州省安顺市	安顺市人民政府	陕西省商洛市	无

续表

地级市	采集数据源（名称）	地级市	采集数据源（名称）
陕西省汉中市	汉中发布	甘肃省甘南自治州	甘南发布
陕西省安康市	无	青海省西宁市	夏都西宁
甘肃省兰州市	兰州发布	青海省海东市	无
甘肃省嘉峪关市	嘉峪关发布	青海省海北自治州	无
甘肃省酒泉市	无	青海省黄南自治州	黄南政务
甘肃省张掖市	张掖发布	青海省海南自治州	无
甘肃省金昌市	金昌发布	青海省果洛自治州	无
甘肃省武威市	武威发布	青海省玉树自治州	玉树发布
甘肃省白银市	白银发布	青海省海西自治州	中国柴达木
甘肃省庆阳市	庆阳发布	宁夏银川市	微博银川
甘肃省平凉市	平凉发布	宁夏石嘴山市	石嘴山发布
甘肃省定西市	定西发布	宁夏吴忠市	无
甘肃省天水市	天水发布	宁夏中卫市	无
甘肃省陇南市	陇南发布	宁夏固原市	固原发布
甘肃省临夏自治州	无		

注：省级自治区采用简称。

附表 3-5 省（自治区、直辖市）政务微信来源

省级	采集数据源（名称）	省级	采集数据源（名称）
北京市	首都之窗	辽宁省	辽宁发布
天津市	天津政务服务	四川省	四川发布
上海市	上海发布	云南省	云南省人民政府
重庆市	重庆市政府网	青海省	青海政务
广东省	广东省人民政府门户网站	山东省	山东政府网
甘肃省	甘肃政务	山西省	山西省人民政府
贵州省	贵州省人民政府网	陕西省	陕西发布
海南省	海南省政府网	福建省	中国福建
河北省	河北省人民政府	浙江省	浙江发布
河南省	河南发布	安徽省	安徽省人民政府网
黑龙江省	黑龙江政务	内蒙古自治区	内蒙古自治区人民政府发布
湖北省	湖北省人民政府网	新疆维吾尔自治区	新疆政府网
湖南省	湖南省人民政府网	宁夏回族自治区	宁夏政府网
吉林省	吉林省人民政府网	广西壮族自治区	中国广西政府网
江苏省	微讯江苏	西藏自治区	西藏发布
江西省	江西省人民政府		

附表 3-6　地级市（州）政务微信来源

地级市级	采集数据源（名称）	地级市级	采集数据源（名称）
河北省石家庄市	石家庄政务	内蒙古阿拉善盟	阿拉善盟政务服务与数据管理局
河北省张家口市	张家口发布	黑龙江省哈尔滨市	哈尔滨市政府网
河北省承德市	承德发布	黑龙江省黑河市	黑河政务
河北省唐山市	唐山发布	黑龙江省伊春市	伊春市人民政府
河北省秦皇岛市	秦皇岛发布	黑龙江省齐齐哈尔市	齐齐哈尔市政务服务中心
河北省廊坊市	廊坊发布	黑龙江省鹤岗市	鹤岗发布
河北省保定市	保定微讯	黑龙江省佳木斯市	佳木斯政务
河北省沧州市	沧州政务	黑龙江省双鸭山市	双鸭山政务
河北省衡水市	衡水微讯	黑龙江省绥化市	绥化政务
河北省邢台市	邢台政务	黑龙江省大庆市	微大庆
河北省邯郸市	邯郸发布	黑龙江省七台河市	七台河市政务服务中心
山西省太原市	太原政务	黑龙江省鸡西市	鸡西政务
山西省大同市	大同市 12345	黑龙江省牡丹江市	牡丹江发布
山西省朔州市	朔州市人民政府	黑龙江省大兴安岭地区	大兴安岭政务
山西省忻州市	忻州随手拍官方		
山西省阳泉市	阳泉政府网	辽宁省沈阳市	沈阳政务
山西省晋中市	晋中发布	辽宁省铁岭市	铁岭政务
山西省吕梁市	吕梁发布	辽宁省阜新市	阜新政务
山西省长治市	长治政务服务	辽宁省抚顺市	抚顺政务
山西省临汾市	临汾市人民政府	辽宁省朝阳市	朝阳发布
山西省晋城市	晋城在线	辽宁省本溪市	本溪政务
山西省运城市	运城发布	辽宁省辽阳市	辽阳政务
内蒙古呼和浩特市	呼和浩特发布	辽宁省鞍山市	鞍山发布
内蒙古呼伦贝尔市	呼伦贝尔市人民政府官方网站发布	辽宁省盘锦市	盘锦政务
内蒙古通辽市	通辽市人民政府办公室	辽宁省锦州市	锦州发布
内蒙古赤峰市	赤峰市人民政府发布	辽宁省葫芦岛市	中国葫芦岛
内蒙古巴彦淖尔市	巴彦淖尔市政务服务与数据管理局	辽宁省营口市	营口发布
内蒙古乌兰察布市	活力乌兰察布	辽宁省丹东市	丹东发布
内蒙古包头市	包头市人民政府发布	辽宁省大连市	大连发布
内蒙古鄂尔多斯市	鄂尔多斯政数	吉林省长春市	长春发布
内蒙古乌海市	乌海市人民政府发布	吉林省白城市	白城发布
内蒙古兴安盟	兴安盟行政公署发布	吉林省松原市	松原市人民政府网
内蒙古锡林郭勒盟	锡林郭勒盟政务门户网	吉林省吉林市	吉林市发布
		吉林省四平市	四平市人民政府网

续表

地级市级	采集数据源(名称)	地级市级	采集数据源(名称)
吉林省辽源市	辽源政务	安徽省淮南市	淮南市人民政府发布
吉林省白山市	白山发布	安徽省滁州市	滁州市人民政府发布
吉林省通化市	通化发布	安徽省六安市	六安市人民政府发布
吉林省延边州	延边发布	安徽省马鞍山市	马鞍山市人民政府发布
江苏省南京市	南京发布	安徽省芜湖市	芜湖市人民政府发布
江苏省连云港市	连云港发布	安徽省宣城市	宣城市人民政府发布
江苏省徐州市	徐州发布	安徽省铜陵市	铜陵发布
江苏省宿迁市	宿迁发布	安徽省池州市	池州市人民政府发布
江苏省淮安市	淮安发布	安徽省安庆市	安庆市人民政府发布
江苏省盐城市	盐城发布	安徽省黄山市	黄山市人民政府发布
江苏省泰州市	泰州发布	福建省福州市	e 福州
江苏省扬州市	扬州发布	福建省宁德市	宁德政务
江苏省镇江市	镇江发布	福建省南平市	南平微门户
江苏省南通市	南通政务服务	福建省三明市	中国三明
江苏省常州市	常州发布	福建省莆田市	中国莆田
江苏省无锡市	无锡发布	福建省龙岩市	龙岩市人民政府
江苏省苏州市	苏州发布	福建省泉州市	泉州政务
浙江省杭州市	杭州发布	福建省漳州市	中国漳州
浙江省湖州市	湖州发布	福建省厦门市	厦门发布
浙江省嘉兴市	嘉兴发布	江西省南昌市	南昌市人民政府发布
浙江省绍兴市	绍兴政务	江西省九江市	九江市人民政府发布
浙江省舟山市	舟山发布	江西省景德镇市	瓷都政务服务
浙江省宁波市	宁波政务	江西省上饶市	上饶市人民政府发布
浙江省金华市	金华发布	江西省鹰潭市	鹰潭智慧新城
浙江省衢州市	衢州发布	江西省抚州市	抚州发布
浙江省台州市	台州发布	江西省新余市	新余政务
浙江省丽水市	丽水发布	江西省宜春市	宜春发布
浙江省温州市	温州发布	江西省萍乡市	萍乡发布
安徽省合肥市	合肥市人民政府发布	江西省吉安市	吉安市人民政府网
安徽省淮北市	淮北市人民政府发布	江西省赣州市	赣州政务
安徽省亳州市	亳州发布	山东省济南市	济南政务
安徽省宿州市	宿州发布	山东省德州市	德州政务服务
安徽省蚌埠市	蚌埠市人民政府发布	山东省滨州市	滨州政务
安徽省阜阳市	阜阳政务服务	山东省东营市	东营政府网

续表

地级市级	采集数据源（名称）	地级市级	采集数据源（名称）
山东省烟台市	烟台政府网	河南省洛阳市	洛阳政务服务
山东省威海市	威海发布	河南省商丘市	商丘政务
山东省淄博市	淄博发布	河南省许昌市	许昌市人民政府
山东省潍坊市	潍坊发布	河南省平顶山市	平顶山发布
山东省聊城市	聊城发布	河南省周口市	周口市政务服务
山东省泰安市	泰安发布	河南省漯河市	漯河政务
山东省青岛市	青岛政务网	河南省南阳市	南阳政务服务
山东省日照市	日照市政府办公室	河南省驻马店市	驻马店发布
山东省济宁市	济宁政务服务	河南省信阳市	信阳政务
山东省菏泽市	菏泽发布	湖北省武汉市	武汉市人民政府网
山东省临沂市	临沂政府网	湖北省十堰市	十堰发布
山东省枣庄市	枣庄发布	湖北省襄阳市	襄阳发布
新疆乌鲁木齐市	乌鲁木齐政府网	湖北省随州市	随州市政府门户网站
新疆克拉玛依市	克拉玛依区零距离	湖北省荆门市	荆州市人民政府网
新疆吐鲁番市	吐鲁番政务服务	湖北省孝感市	孝感市民之家
新疆哈密市	哈密发布	湖北省宜昌市	宜昌发布
新疆昌吉州	昌吉政务	湖北省黄冈市	黄冈政府网
新疆博尔塔拉州	博州政府网	湖北省鄂州市	鄂州发布
新疆巴音郭楞州	巴州零距离	湖北省荆州市	荆州发布
新疆阿克苏地区	阿克苏政府网	湖北省黄石市	黄石发布
新疆克孜勒苏州	克州政府网	湖北省咸宁市	咸宁市政务服务和 大数据管理局
新疆喀什地区	喀什零距离		
新疆和田地区	和田政务在线	湖北省恩施自治州	恩施发布
新疆伊犁州	网信伊犁	湖南省长沙市	长沙市政府门户网
新疆塔城地区	塔城市政府网	湖南省岳阳市	岳阳市政府网
新疆阿勒泰地区	阿勒泰地区行政服务中心	湖南省张家界市	张家界政务通
河南省郑州市	郑州发布	湖南省常德市	常德市人民政府
河南省安阳市	安阳市政府网	湖南省益阳市	益阳发布
河南省鹤壁市	鹤壁政务	湖南省湘潭市	湘潭市人民政府网
河南省濮阳市	濮阳政务	湖南省株洲市	株洲市政府门户网站
河南省新乡市	新乡政务服务	湖南省娄底市	娄底市政府门户网
河南省焦作市	焦作市政务公开与政务服务	湖南省怀化市	怀化市政府门户网
河南省三门峡市	三门峡政务	湖南省邵阳市	邵阳市人民政府
河南省开封市	开封政务服务	湖南省衡阳市	衡阳市人民政府门户网

地级市级	采集数据源（名称）	地级市级	采集数据源（名称）
湖南省永州市	永州发布	广西玉林市	玉林政务服务
湖南省郴州市	郴州市政府门户网站	广西崇左市	崇左政府发布
湖南省湘西土家族苗族自治州	湘西政务	广西钦州市	钦州发布
		广西防城港市	防城港发布
广东省广州市	广州政府网	广西北海市	北海市政府网
广东省韶关市	韶关政务服务	海南省海口市	海口发布
广东省梅州市	梅州政数	海南省三亚市	三亚市人民政府网
广东省河源市	河源市人民政府门户网站	海南省儋州市	儋州市人民政府
广东省清远市	清远市政务服务中心	海南省三沙市	中国三沙
广东省潮州市	潮州发布	四川省成都市	成都发布
广东省揭阳市	揭阳市政府网	四川省广元市	广元政务
广东省汕头市	汕头政务发布	四川省巴中市	美丽巴中
广东省肇庆市	肇庆政府网	四川省绵阳市	绵阳政事
广东省惠州市	惠州市微服务	四川省德阳市	德阳发布
广东省佛山市	佛山政务服务	四川省达州市	达州发布
广东省东莞市	东莞发布	四川省南充市	南充政管
广东省云浮市	云浮政府网	四川省遂宁市	遂宁政务服务
广东省汕尾市	汕尾市人民政府网站	四川省广安市	广安市人民政府网
广东省江门市	江门发布	四川省资阳市	资阳市政务服务管理局
广东省中山市	中山市政府门户网站		
广东省深圳市	深圳发布	四川省眉山市	眉山发布
广东省珠海市	珠海政府网	四川省雅安市	四川雅安
广东省阳江市	阳江政府网	四川省内江市	内江政务服务
广东省茂名市	茂名市人民政府	四川省乐山市	乐山发布
广东省湛江市	湛江政府网	四川省自贡市	自贡 12345
广西南宁市	广西南宁政府网	四川省泸州市	泸州发布
广西桂林市	广西桂林政府网	四川省宜宾市	宜宾发布
广西河池市	广西河池政府网	四川省攀枝花市	攀枝花发布
广西贺州市	广西贺州政府网	四川省阿坝自治州	微阿坝
广西柳州市	广西柳州政府网	四川省甘孜自治州	微甘孜
广西百色市	百色政府网	四川省凉山自治州	凉山政务
广西来宾市	来宾发布	贵州省贵阳市	贵阳市人民政府网
广西梧州市	梧州政府网	贵州省遵义市	遵义市人民政府网
广西贵港市	智享贵港	贵州省六盘水市	六盘水市人民政府网

续表

地级市级	采集数据源（名称）	地级市级	采集数据源（名称）
贵州省安顺市	安顺市人民政府网	陕西省铜川市	铜川发布
贵州省铜仁市	铜仁市人民政府网	陕西省渭南市	渭南发布
贵州省毕节市	毕节市人民政府网	陕西省宝鸡市	宝鸡发布
贵州省黔西南自治州	黔西南政务	陕西省咸阳市	咸阳政务
贵州省黔东南自治州	黔东南州人民政府网	陕西省商洛市	商洛政务服务
贵州省黔南自治州	黔南州人民政府网	陕西省汉中市	汉中发布
云南省昆明市	昆明政务服务	陕西省安康市	安康发布
云南省昭通市	昭通市政务服务	甘肃省兰州市	兰州 12345 热线
云南省丽江市	丽江市人民政府门户网站	甘肃省嘉峪关市	嘉峪关政府网
云南省曲靖市	曲靖市政务服务	甘肃省酒泉市	酒泉政务服务
云南省保山市	保山市人民政府办公室	甘肃省张掖市	网信张掖
云南省玉溪市	玉溪发布	甘肃省金昌市	金昌市人民政府
云南省临沧市	临沧政务服务	甘肃省武威市	武威发布
云南省普洱市	普洱市人民政府发布	甘肃省白银市	白银市人民政府办公室
云南省楚雄自治州	楚雄州人民政府	甘肃省庆阳市	庆阳政务服务
云南省红河自治州	红河州人民政府	甘肃省平凉市	平凉发布
云南省文山自治州	文山发布	甘肃省定西市	定西市人民政府
云南省西双版纳自治州	西双版纳傣族自治州人民政府网	甘肃省天水市	天水发布
		甘肃省陇南市	陇南政务
云南省大理自治州	大理州人民政府网	甘肃省临夏自治州	临夏市人民政府办公室
云南省德宏自治州	德宏政务	甘肃省甘南自治州	微政甘南
云南省怒江自治州	怒江州人民政府网	青海省西宁市	西宁发布
云南省迪庆自治州	迪庆藏族自治州人民政府网	青海省海东市	海东市政府网
西藏拉萨市	拉萨政务服务	青海省海北自治州	海北政务
西藏昌都市	昌都市政府网	青海省黄南自治州	黄南州政务服务监督管理局
西藏日喀则市	日喀则市人民政府	青海省海南自治州	海南州数据局
西藏林芝市	微林芝	青海省果洛自治州	果洛政务
西藏山南市	微山南官方	青海省玉树自治州	玉树政务
西藏那曲市	那曲发布	青海省海西自治州	海西政务
西藏阿里地区	天上阿里	宁夏银川市	银川政务网
陕西省西安市	西安政务	宁夏石嘴山市	石嘴山政务服务
陕西省榆林市	榆林市政务服务中心	宁夏吴忠市	吴忠市人民政府
陕西省延安市	延安政务服务	宁夏中卫市	中卫政府网
		宁夏固原市	固原阳光政务

注：地级市自治州采用简称。

附表 3-7 省（自治区、直辖市）政务 App 来源

省级	采集数据源（名称）	省级	采集数据源（名称）
北京市	京通（小程序）	辽宁省	辽事通
天津市	津心办	四川省	天府通办
上海市	随申办市民云	云南省	办事通
重庆市	渝快办	青海省	青松办
广东省	粤省事	山东省	爱山东
甘肃省	甘快办	山西省	三晋通
贵州省	多彩宝	陕西省	秦务员
海南省	海易办	福建省	闽政通
河北省	冀时办	浙江省	浙里办
河南省	豫事办	安徽省	皖事通
黑龙江省	龙易办	内蒙古自治区	蒙速办
湖北省	鄂汇办	新疆维吾尔自治区	新疆政务服务
湖南省	湘易办	宁夏回族自治区	我的宁夏
吉林省	吉事办	广西壮族自治区	广西政务
江苏省	苏服办	西藏自治区	西藏政务
江西省	赣服通		

附表 3-8 地级市（州）政务 App 来源

地级市级	采集数据源（名称）	地级市级	采集数据源（名称）
河北省石家庄市	冀时办	山西省忻州市	三晋通
河北省张家口市	冀时办	山西省阳泉市	三晋通
河北省承德市	冀时办	山西省晋中市	三晋通
河北省唐山市	冀时办	山西省吕梁市	三晋通
河北省秦皇岛市	冀时办	山西省长治市	三晋通
河北省廊坊市	冀时办	山西省临汾市	三晋通
河北省保定市	冀时办	山西省晋城市	三晋通
河北省沧州市	冀时办	山西省运城市	三晋通
河北省衡水市	冀时办	内蒙古呼和浩特市	蒙速办
河北省邢台市	冀时办	内蒙古呼伦贝尔市	蒙速办
河北省邯郸市	冀时办	内蒙古通辽市	蒙速办
山西省太原市	三晋通	内蒙古赤峰市	蒙速办
山西省大同市	三晋通	内蒙古巴彦淖尔市	蒙速办
山西省朔州市	三晋通	内蒙古乌兰察布市	蒙速办

续表

地级市级	采集数据源（名称）	地级市级	采集数据源（名称）
内蒙古包头市	蒙速办	吉林省白城市	吉事办
内蒙古鄂尔多斯市	蒙速办	吉林省松原市	吉事办
内蒙古乌海市	蒙速办	吉林省吉林市	吉事办
内蒙古兴安盟	蒙速办	吉林省四平市	吉事办
内蒙古锡林郭勒盟	蒙速办	吉林省辽源市	吉事办
内蒙古阿拉善盟	蒙速办	吉林省白山市	吉事办
黑龙江省哈尔滨市	龙易办	吉林省通化市	吉事办
黑龙江省黑河市	龙易办	吉林省延边州	吉事办
黑龙江省伊春市	龙易办	江苏省南京市	江服办
黑龙江省齐齐哈尔市	龙易办	江苏省连云港市	江服办
黑龙江省鹤岗市	龙易办	江苏省徐州市	江服办
黑龙江省佳木斯市	龙易办	江苏省宿迁市	江服办
黑龙江省双鸭山市	龙易办	江苏省淮安市	江服办
黑龙江省绥化市	龙易办	江苏省盐城市	江服办
黑龙江省大庆市	龙易办	江苏省泰州市	江服办
黑龙江省七台河市	龙易办	江苏省扬州市	江服办
黑龙江省鸡西市	龙易办	江苏省镇江市	江服办
黑龙江省牡丹江市	龙易办	江苏省南通市	江服办
黑龙江省大兴安岭地区	龙易办	江苏省常州市	江服办
辽宁省沈阳市	辽事通	江苏省无锡市	江服办
辽宁省铁岭市	辽事通	江苏省苏州市	江服办
辽宁省阜新市	辽事通	浙江省杭州市	浙里办
辽宁省抚顺市	辽事通	浙江省湖州市	浙里办
辽宁省朝阳市	辽事通	浙江省嘉兴市	浙里办
辽宁省本溪市	辽事通	浙江省绍兴市	浙里办
辽宁省辽阳市	辽事通	浙江省舟山市	浙里办
辽宁省鞍山市	辽事通	浙江省宁波市	浙里办
辽宁省盘锦市	辽事通	浙江省金华市	浙里办
辽宁省锦州市	辽事通	浙江省衢州市	浙里办
辽宁省葫芦岛市	辽事通	浙江省台州市	浙里办
辽宁省营口市	辽事通	浙江省丽水市	浙里办
辽宁省丹东市	辽事通	浙江省温州市	浙里办
辽宁省大连市	辽事通	安徽省合肥市	皖事通
吉林省长春市	吉事办	安徽省淮北市	皖事通

地级市级	采集数据源（名称）	地级市级	采集数据源（名称）
安徽省亳州市	皖事通	山东省济南市	爱山东
安徽省宿州市	皖事通	山东省德州市	爱山东
安徽省蚌埠市	皖事通	山东省滨州市	爱山东
安徽省阜阳市	皖事通	山东省东营市	爱山东
安徽省淮南市	皖事通	山东省烟台市	爱山东
安徽省滁州市	皖事通	山东省威海市	爱山东
安徽省六安市	皖事通	山东省淄博市	爱山东
安徽省马鞍山市	皖事通	山东省潍坊市	爱山东
安徽省芜湖市	皖事通	山东省聊城市	爱山东
安徽省宣城市	皖事通	山东省泰安市	爱山东
安徽省铜陵市	皖事通	山东省青岛市	爱山东
安徽省池州市	皖事通	山东省日照市	爱山东
安徽省安庆市	皖事通	山东省济宁市	爱山东
安徽省黄山市	皖事通	山东省菏泽市	爱山东
福建省福州市	闽政通	山东省临沂市	爱山东
福建省宁德市	闽政通	山东省枣庄市	爱山东
福建省南平市	闽政通	新疆乌鲁木齐市	新疆政务服务
福建省三明市	闽政通	新疆克拉玛依市	新疆政务服务
福建省莆田市	闽政通	新疆吐鲁番市	新疆政务服务
福建省龙岩市	闽政通	新疆哈密市	新疆政务服务
福建省泉州市	闽政通	新疆昌吉州	新疆政务服务
福建省漳州市	闽政通	新疆博尔塔拉州	新疆政务服务
福建省厦门市	闽政通	新疆巴音郭楞州	新疆政务服务
江西省南昌市	赣服通	新疆阿克苏地区	新疆政务服务
江西省九江市	赣服通	新疆克孜勒苏州	新疆政务服务
江西省景德镇市	赣服通	新疆喀什地区	新疆政务服务
江西省上饶市	赣服通	新疆和田地区	新疆政务服务
江西省鹰潭市	赣服通	新疆伊犁州	新疆政务服务
江西省抚州市	赣服通	新疆塔城地区	新疆政务服务
江西省新余市	赣服通	新疆阿勒泰地区	新疆政务服务
江西省宜春市	赣服通	河南省郑州市	豫事办
江西省萍乡市	赣服通	河南省安阳市	豫事办
江西省吉安市	赣服通	河南省鹤壁市	豫事办
江西省赣州市	赣服通	河南省濮阳市	豫事办

续表

地级市级	采集数据源（名称）	地级市级	采集数据源（名称）
河南省新乡市	豫事办	湖南省怀化市	湘易办
河南省焦作市	豫事办	湖南省邵阳市	湘易办
河南省三门峡市	豫事办	湖南省衡阳市	湘易办
河南省开封市	豫事办	湖南省永州市	湘易办
河南省洛阳市	豫事办	湖南省郴州市	湘易办
河南省商丘市	豫事办	湖南省湘西自治州	湘易办
河南省许昌市	豫事办	广东省广州市	粤省事
河南省平顶山市	豫事办	广东省韶关市	粤省事
河南省周口市	豫事办	广东省梅州市	粤省事
河南省漯河市	豫事办	广东省河源市	粤省事
河南省南阳市	豫事办	广东省清远市	粤省事
河南省驻马店市	豫事办	广东省潮州市	粤省事
河南省信阳市	豫事办	广东省揭阳市	粤省事
湖北省武汉市	鄂汇办	广东省汕头市	粤省事
湖北省十堰市	鄂汇办	广东省肇庆市	粤省事
湖北省襄阳市	鄂汇办	广东省惠州市	粤省事
湖北省随州市	鄂汇办	广东省佛山市	粤省事
湖北省荆门市	鄂汇办	广东省东莞市	粤省事
湖北省孝感市	鄂汇办	广东省云浮市	粤省事
湖北省宜昌市	鄂汇办	广东省汕尾市	粤省事
湖北省黄冈市	鄂汇办	广东省江门市	粤省事
湖北省鄂州市	鄂汇办	广东省中山市	粤省事
湖北省荆州市	鄂汇办	广东省深圳市	粤省事
湖北省黄石市	鄂汇办	广东省珠海市	粤省事
湖北省咸宁市	鄂汇办	广东省阳江市	粤省事
湖北省恩施自治州	鄂汇办	广东省茂名市	粤省事
湖南省长沙市	湘易办	广东省湛江市	粤省事
湖南省岳阳市	湘易办	广西南宁市	广西政务
湖南省张家界市	湘易办	广西桂林市	广西政务
湖南省常德市	湘易办	广西河池市	广西政务
湖南省益阳市	湘易办	广西贺州市	广西政务
湖南省湘潭市	湘易办	广西柳州市	广西政务
湖南省株洲市	湘易办	广西百色市	广西政务
湖南省娄底市	湘易办	广西来宾市	广西政务

地级市级	采集数据源（名称）	地级市级	采集数据源（名称）
广西梧州市	广西政务	贵州省铜仁市	多彩宝
广西贵港市	广西政务	贵州省毕节市	多彩宝
广西玉林市	广西政务	贵州省黔西南自治州	多彩宝
广西崇左市	广西政务	贵州省黔东南自治州	多彩宝
广西钦州市	广西政务	贵州省黔南自治州	多彩宝
广西防城港市	广西政务	云南省昆明市	办事通
广西北海市	广西政务	云南省昭通市	办事通
海南省海口市	海易办	云南省丽江市	办事通
海南省三亚市	海易办	云南省曲靖市	办事通
海南省儋州市	海易办	云南省保山市	办事通
海南省三沙市	海易办	云南省玉溪市	办事通
四川省成都市	天府通办	云南省临沧市	办事通
四川省广元市	天府通办	云南省普洱市	办事通
四川省巴中市	天府通办	云南省楚雄自治州	办事通
四川省绵阳市	天府通办	云南省红河自治州	办事通
四川省德阳市	天府通办	云南省文山自治州	办事通
四川省达州市	天府通办	云南省西双版纳自治州	办事通
四川省南充市	天府通办	云南省大理自治州	办事通
四川省遂宁市	天府通办	云南省德宏自治州	办事通
四川省广安市	天府通办	云南省怒江自治州	办事通
四川省资阳市	天府通办	云南省迪庆自治州	办事通
四川省眉山市	天府通办	西藏拉萨市	西藏政务
四川省雅安市	天府通办	西藏昌都市	西藏政务
四川省内江市	天府通办	西藏日喀则市	西藏政务
四川省乐山市	天府通办	西藏林芝市	西藏政务
四川省自贡市	天府通办	西藏山南市	西藏政务
四川省泸州市	天府通办	西藏那曲市	西藏政务
四川省宜宾市	天府通办	西藏阿里地区	西藏政务
四川省攀枝花市	天府通办	陕西省西安市	秦务员
四川省阿坝自治州	天府通办	陕西省榆林市	秦务员
四川省甘孜自治州	天府通办	陕西省延安市	秦务员
四川省凉山自治州	天府通办	陕西省铜川市	秦务员
贵州省贵阳市	多彩宝	陕西省渭南市	秦务员
贵州省遵义市	多彩宝	陕西省宝鸡市	秦务员
贵州省六盘水市	多彩宝	陕西省咸阳市	秦务员
贵州省安顺市	多彩宝	陕西省商洛市	秦务员

地级市级	采集数据源（名称）	地级市级	采集数据源（名称）
陕西省汉中市	秦务员	甘肃省甘南自治州	甘快办
陕西省安康市	秦务员	青海省西宁市	青松办
甘肃省兰州市	甘快办	青海省海东市	青松办
甘肃省嘉峪关市	甘快办	青海省海北自治州	青松办
甘肃省酒泉市	甘快办	青海省黄南自治州	青松办
甘肃省张掖市	甘快办	青海省海南自治州	青松办
甘肃省金昌市	甘快办	青海省果洛自治州	青松办
甘肃省武威市	甘快办	青海省玉树自治州	青松办
甘肃省白银市	甘快办	青海省海西自治州	青松办
甘肃省庆阳市	甘快办	宁夏银川市	我的宁夏
甘肃省平凉市	甘快办	宁夏石嘴山市	我的宁夏
甘肃省定西市	甘快办	宁夏吴忠市	我的宁夏
甘肃省天水市	甘快办	宁夏中卫市	我的宁夏
甘肃省陇南市	甘快办	宁夏固原市	我的宁夏
甘肃省临夏自治州	甘快办		

注：省级自治区采用简称。

附表 3-9 省（自治区、直辖市）政务短视频来源

省级	采集数据源（名称）	省级	采集数据源（名称）
北京市	北京发布	辽宁省	辽宁发布
天津市	网信天津	四川省	四川发布
上海市	上海发布	云南省	云南发布
重庆市	重庆发布	青海省	青海发布
广东省	广东发布	山东省	无
甘肃省	甘肃网信	山西省	山西发布
贵州省	贵州发布	陕西省	无
海南省	海南发布	福建省	网信福建
河北省	网信河北	浙江省	美丽浙江
河南省	网信河南	安徽省	安徽发布
黑龙江省	黑龙江政务	内蒙古自治区	活力内蒙古
湖北省	湖北发布	新疆维吾尔自治区	网信新疆
湖南省	湖南微政务	宁夏回族自治区	无
吉林省	吉林发布	广西壮族自治区	广西发布
江苏省	微讯江苏	西藏自治区	网信西藏
江西省	江西发布		

附表 3-10 地级市（州）政务短视频来源 *

地级市	采集数据源（名称）	地级市	采集数据源（名称）
河北省石家庄市	石家庄发布	黑龙江省哈尔滨市	网信哈尔滨
河北省张家口市	张家口发布	黑龙江省黑河市	黑河宣传
河北省承德市	无	黑龙江省伊春市	网信伊春
河北省唐山市	唐山发布	黑龙江省齐齐哈尔市	网信齐齐哈尔
河北省秦皇岛市	秦皇岛发布	黑龙江省鹤岗市	网信鹤岗
河北省廊坊市	网信廊坊	黑龙江省佳木斯市	网信佳木斯
河北省保定市	网信保定	黑龙江省双鸭山市	网信双鸭山
河北省沧州市	网信沧州	黑龙江省绥化市	网信绥化
河北省衡水市	无	黑龙江省大庆市	网信大庆
河北省邢台市	邢台发布	黑龙江省七台河市	网信七台河
河北省邯郸市	邯郸发布	黑龙江省鸡西市	网信鸡西
山西省太原市	太原发布	黑龙江省牡丹江市	牡丹江发布
山西省大同市	大同网信	黑龙江省大兴安岭地区	兴安网事
山西省朔州市	朔州发布	辽宁省沈阳市	沈阳发布
山西省忻州市	无	辽宁省铁岭市	网信铁岭
山西省阳泉市	网信阳泉	辽宁省阜新市	美好阜新
山西省晋中市	无	辽宁省抚顺市	网信抚顺
山西省吕梁市	文明吕梁	辽宁省朝阳市	网信朝阳
山西省长治市	长治新闻网	辽宁省本溪市	微宣本溪
山西省临汾市	无	辽宁省辽阳市	网信辽阳
山西省晋城市	晋城发布	辽宁省鞍山市	网信鞍山
山西省运城市	运城网信	辽宁省盘锦市	盘锦市委网信办
内蒙古呼和浩特市	呼和浩特新闻网	辽宁省锦州市	锦州发布
内蒙古呼伦贝尔市	呼伦贝尔发布	辽宁省葫芦岛市	网信葫芦岛
内蒙古通辽市	Mr.通辽	辽宁省营口市	网信营口
内蒙古赤峰市	赤峰融媒	辽宁省丹东市	丹东发布
内蒙古巴彦淖尔市	巴彦淖尔宣传	辽宁省大连市	大连发布
内蒙古乌兰察布市	乌兰察布行政审批和政务服务局	吉林省长春市	长春发布
内蒙古包头市	包头发布	吉林省白城市	无
内蒙古鄂尔多斯市	鄂尔多斯发布	吉林省松原市	松原发布
内蒙古乌海市	网信乌海	吉林省吉林市	网信吉林市
内蒙古兴安盟	魅力兴安盟	吉林省四平市	网信四平
内蒙古锡林郭勒盟	中共锡盟委网信办	吉林省辽源市	无
内蒙古阿拉善盟	中共阿拉善盟委员会宣传部	吉林省白山市	白山发布

续表

地级市	采集数据源（名称）	地级市	采集数据源（名称）
吉林省通化市	网信通化	安徽省六安市	六安发布
吉林省延边州	网信延边	安徽省马鞍山市	无
江苏省南京市	南京发布	安徽省芜湖市	芜湖发布
江苏省连云港市	网信连云港	安徽省宣城市	宣城发布
江苏省徐州市	徐州发布	安徽省铜陵市	无
江苏省宿迁市	宿迁发布	安徽省池州市	无
江苏省淮安市	真淮安.正淮安	安徽省安庆市	安庆发布
江苏省盐城市	盐城发布	安徽省黄山市	黄山发布
江苏省泰州市	大美泰州	福建省福州市	无
江苏省扬州市	网信扬州	福建省宁德市	无
江苏省镇江市	网信镇江	福建省南平市	网信南平
江苏省南通市	南通发布	福建省三明市	网信三明
江苏省常州市	常州发布	福建省莆田市	莆田发布
江苏省无锡市	网信无锡	福建省龙岩市	龙岩市全媒体中心
江苏省苏州市	苏州发布	福建省泉州市	泉州市委网信办
浙江省杭州市	韵味杭州	福建省漳州市	网信漳州
浙江省湖州市	美丽湖州	福建省厦门市	无
浙江省嘉兴市	美丽嘉兴	江西省南昌市	南昌发布
浙江省绍兴市	绍兴发布	江西省九江市	九江发布
浙江省舟山市	舟山发布	江西省景德镇市	景德镇发布
浙江省宁波市	宁波发布	江西省上饶市	上饶宣传
浙江省金华市	不一Young的金华	江西省鹰潭市	安全鹰潭视角
浙江省衢州市	衢州影像	江西省抚州市	抚州发布
浙江省台州市	魅力台州	江西省新余市	新余发布
浙江省丽水市	丽水发布	江西省宜春市	宜春发布
浙江省温州市	温州发布	江西省萍乡市	萍乡发布
安徽省合肥市	合肥发布	江西省吉安市	吉安发布
安徽省淮北市	无	江西省赣州市	无
安徽省亳州市	无	山东省济南市	济南发布
安徽省宿州市	宿州发布	山东省德州市	德州发布
安徽省蚌埠市	蚌埠网信	山东省滨州市	滨州发布
安徽省阜阳市	阜阳发布	山东省东营市	东营发布
安徽省淮南市	淮南发布	山东省烟台市	烟台发布
安徽省滁州市	美好滁州	山东省威海市	威海发布

地级市	采集数据源（名称）	地级市	采集数据源（名称）
山东省淄博市	淄博发布	河南省许昌市	网信许昌
山东省潍坊市	潍坊发布	河南省平顶山市	网信平顶山
山东省聊城市	聊城网视	河南省周口市	周口网信
山东省泰安市	文明泰安	河南省漯河市	漯河网信
山东省青岛市	青岛发布	河南省南阳市	网信南阳
山东省日照市	网信日照	河南省驻马店市	网信驻马店
山东省济宁市	济宁发布	河南省信阳市	信阳网信
山东省菏泽市	网信菏泽	湖北省武汉市	武汉发布
山东省临沂市	临沂发布	湖北省十堰市	无
山东省枣庄市	枣庄发布	湖北省襄阳市	无
新疆乌鲁木齐市	无	湖北省随州市	无
新疆克拉玛依市	克拉玛依一号镜	湖北省荆门市	理响荆门
新疆吐鲁番市	网信吐鲁番	湖北省孝感市	孝感网宣
新疆哈密市	网信哈密	湖北省宜昌市	宜昌发布
新疆昌吉州	昌吉网事	湖北省黄冈市	黄冈市信息中心
新疆博尔塔拉州	无	湖北省鄂州市	鄂州政府网
新疆巴音郭楞州	无	湖北省荆州市	荆州政务服务
新疆阿克苏地区	无	湖北省黄石市	理耀黄石
新疆克孜勒苏州	克州零距离	湖北省咸宁市	咸宁发布
新疆喀什地区	喀什零距离	湖北省恩施自治州	恩施发布
新疆和田地区	玉都网信	湖南省长沙市	长沙发布
新疆伊犁州	伊犁零距离	湖南省岳阳市	网信岳阳
新疆塔城地区	网信塔城	湖南省张家界市	无
新疆阿勒泰地区	无	湖南省常德市	常德发布
河南省郑州市	郑州发布	湖南省益阳市	益阳发布
河南省安阳市	网信安阳	湖南省湘潭市	无
河南省鹤壁市	网信鹤壁	湖南省株洲市	株洲发布
河南省濮阳市	网信濮阳	湖南省娄底市	文明娄底
河南省新乡市	无	湖南省怀化市	无
河南省焦作市	网信焦作	湖南省邵阳市	文明邵阳
河南省三门峡市	三门峡网信	湖南省衡阳市	衡阳发布
河南省开封市	网信开封	湖南省永州市	永州发布
河南省洛阳市	洛阳网信	湖南省郴州市	无
河南省商丘市	商丘发布	湖南省湘西自治州	网信湘西

续表

地级市	采集数据源（名称）	地级市	采集数据源（名称）
广东省广州市	中国广州发布	广西北海市	北海发布
广东省韶关市	善美韶关	海南省海口市	海口发布
广东省梅州市	无	海南省三亚市	三亚发布
广东省河源市	文明河源	海南省儋州市	这里是儋州
广东省清远市	清远发布	海南省三沙市	无
广东省潮州市	潮州发布	四川省成都市	成都发布
广东省揭阳市	揭阳发布	四川省广元市	无
广东省汕头市	汕头发布	四川省巴中市	美丽巴中
广东省肇庆市	肇庆发布	四川省绵阳市	绵阳发布
广东省惠州市	惠州发布	四川省德阳市	德阳发布
广东省佛山市	佛山发布	四川省达州市	达州发布
广东省东莞市	东莞发布	四川省南充市	南充播报
广东省云浮市	云浮融媒	四川省遂宁市	无
广东省汕尾市	善美汕尾	四川省广安市	看见广安
广东省江门市	魅力江门	四川省资阳市	无
广东省中山市	中山发布	四川省眉山市	眉山发布
广东省深圳市	深圳发布	四川省雅安市	无
广东省珠海市	无	四川省内江市	最内江
广东省阳江市	无	四川省乐山市	乐山发布
广东省茂名市	茂名发布	四川省自贡市	无
广东省湛江市	湛江发布	四川省泸州市	泸州发布
广西南宁市	南宁发布	四川省宜宾市	无
广西桂林市	桂林网信执法	四川省攀枝花市	无
广西河池市	无	四川省阿坝自治州	微阿坝
广西贺州市	长寿贺州	四川省甘孜自治州	微甘孜
广西柳州市	好评柳州	四川省凉山自治州	大凉山
广西百色市	无	贵州省贵阳市	贵阳发布
广西来宾市	网信来宾	贵州省遵义市	遵义发布
广西梧州市	梧州发布	贵州省六盘水市	无
广西贵港市	贵港宣传	贵州省安顺市	网信安顺
广西玉林市	无	贵州省铜仁市	无
广西崇左市	网信崇左	贵州省毕节市	无
广西钦州市	钦州此刻	贵州省黔西南自治州	网信黔西南
广西防城港市	防城港发布	贵州省黔东南自治州	无

续表

地级市	采集数据源（名称）	地级市	采集数据源（名称）
贵州省黔南自治州	网信黔南	陕西省商洛市	无
云南省昆明市	昆明发布	陕西省汉中市	汉中发布
云南省昭通市	微昭通	陕西省安康市	文明安康
云南省丽江市	丽江发布	甘肃省兰州市	兰州发布
云南省曲靖市	曲靖发布	甘肃省嘉峪关市	无
云南省保山市	保山发布	甘肃省酒泉市	网信酒泉
云南省玉溪市	无	甘肃省张掖市	网信张掖
云南省临沧市	临沧发布	甘肃省金昌市	金昌发布
云南省普洱市	普洱发布	甘肃省武威市	武威发布
云南省楚雄自治州	无	甘肃省白银市	网信白银
云南省红河自治州	云南红河发布	甘肃省庆阳市	无
云南省文山自治州	文山发布	甘肃省平凉市	无
云南省西双版纳自治州	我爱西双版纳	甘肃省定西市	今日定西
云南省大理自治州	大理发布	甘肃省天水市	网信天水
云南省德宏自治州	美丽德宏	甘肃省陇南市	陇南发布
云南省怒江自治州	网信怒江	甘肃省临夏自治州	文明河州
云南省迪庆自治州	网信迪庆	甘肃省甘南自治州	甘南网信
西藏拉萨市	网信拉萨	青海省西宁市	夏都西宁
西藏昌都市	网信昌都	青海省海东市	无
西藏日喀则市	云端珠峰	青海省海北自治州	海北政务
西藏林芝市	网信林芝	青海省黄南自治州	无
西藏山南市	山南融媒	青海省海南自治州	无
西藏那曲市	无	青海省果洛自治州	果洛在线
西藏阿里地区	网信阿里	青海省玉树自治州	玉树融媒体中心
陕西省西安市	西安发布	青海省海西自治州	活力海西
陕西省榆林市	无	宁夏银川市	网观银川
陕西省延安市	延安宣传	宁夏石嘴山市	今日石嘴山
陕西省铜川市	无	宁夏吴忠市	网信吴忠
陕西省渭南市	渭南宣传	宁夏中卫市	网信中卫
陕西省宝鸡市	网信宝鸡	宁夏固原市	固原发布
陕西省咸阳市	网信咸阳		

* 表中来源指抖音、快手、微信视频号等渠道。

注：地级市自治州采用简称。

附录4

同类报告的比较及分析

（一）比较对象

复旦大学《中国政务服务掌办指数：2023 中国省级移动政务服务报告》。2021 年 11 月 12 日，国务院办公厅印发的《全国一体化政务服务平台移动端建设指南》指出要"积极推动企业和群众经常办理的事项向移动端延伸，提升移动政务服务供给水平，全面优化用户体验，推动政务服务事项从'掌上可办'向'掌上好办'转变"。2022 年 6 月，《国务院关于加强数字政府建设的指导意见》也提出要"打造掌上办事服务新模式"。2023 年 9 月，《国务院办公厅关于依托全国一体化政务服务平台建立政务服务效能提升常态化工作机制的意见》中指出"强化好办易办"，"切实将企业和群众经常使用的高频服务打造成为'好用'、'爱用'的精品服务"，"持续做好一体化政务服务能力第三方评估工作，以企业和群众获得感为第一评价标准，推动政务服务从政府供给导向向企业和群众需求导向转变"。

为了解移动政务服务应用是否真正做到"掌上好办"，复旦大学数字与移动治理实验室和北京国信数云科技有限公司从用户体验出发设计指标体系，从"可用、管用、好用、爱用和敢用"五个维度出发，对我国省级层面移动政务服务应用开展第三方评估。2023 年 10 月 12 日，联合制作发布了 2023 中国政务服务"掌上好办"指数和《中国省级移动政务服务报告》。评估结果表明：从五个维度的分值上看，各省份在安全感（敢用）方面整体表现最好，平均得分率为 68.71%；在偏好度（爱用）方面表现次之，平均得分率为 58.1%；在包容性（可用）和便利性（好用）方面表现一般，平均得分率分别为 50.91% 和 52.04%，而在有效性（管用）方面还有较大提升空间，平均得分率仅为 48.95%，从五个维度的标准差来看，有效性的地区间差异仍最为明显，包容性，偏好度两个维度的地区间差异相对较小。同时，评估报告还设立"掌上好办"标杆，为全国政府移动政务服务改进树立标杆。最后，报告还从五个"用"出发提出对推进我国政府移动政务服务工作的对策建议。

（二）指标体系构建的比较

南京大学《政府数字服务能力指数报告（2024）》通过文献调研、专家访问、小组研讨制定出评价待测评对象的指标体系，指标体系共分为 5 种渠道，包含 5 项一级指标，20 项二级指标，65 项三级指标。指标提示设置以用户为导向，关注用户需求，注重用户体验，测评模拟用户调研，从政府网站、政务微信、政务微博、政务 App、政务短视频 5 种渠道出发，开展信息服务能力（ISC）、事务服务能力（TSC）、参与服务能力（PSC）、服务传递能力（SDC）、服务创新能力（SIC）五种能力的测评。

复旦大学《中国政务服务掌办指数：2023 中国省级移动政务服务报告》指标体系"掌办指数"共包含 5 项一级指标，20 项二级指标，32 项三级指标。"掌办指数"将移动政务服务应用比喻为政府向公众和企业伸出的一只带有温度的"数字之手"，只有"五指并用""心手合一"才能真正实现"掌上好办"。因此，"掌办指数"也围绕用户在体验移动政务服务时从"手上"和"心里"获得的实际感受来设计评估指标体系：包容性指标是小拇指，作为掌上好办的起点，代表各类用户群体对移动政务服务"可用"的期待；有效性指标是食指，测评移动政务服务能否真正有效地帮用户办成事，即是否真正"管用"；便利性指标是中指，测评掌上好办的感受，即用户对移动政务服务应用更高阶的体验；偏好度指标是无名指，测评掌上好办的效果；安全感指标是大拇指，测评用户是否"敢用"移动政务服务。

（三）数据来源与渠道比较

南京大学《政府数字服务能力指数报告（2024）》基于政府网站、政务微信、政务微博、政务 App 和政务短视频 5 种政务服务渠道，确定符合数据采集对象标准的各级政府的官方网站、政务微信、政务微博、政务 App 的下载地址以及政务短视频的 ID。将渠道信息汇总后进行复核，确定各测评对象严格符合制定的标准。根据中国（港、澳、台除外）的 4 个直辖市、27 个省（区）、333 个地级行政区划单位（包括副省级和计划单列市）的政府官方网站、政务微信、政务微博、政务 App、政务短视频，实现省（区）、直辖市、地级行政区划单位的全样本测评。

复旦大学《中国政务服务掌办指数：2023 中国省级移动政务服务报告》将目前全国各省、自治区、直辖市和新疆生产建设兵团（不含港、澳、台）开发运营的移动政务服务 App 应用作为评测用户体验的主要评估对象，并以各省份政务服务官网上提供的版本为准，同时参考了 iOS 市场和主要 Android 市场（华为、小米、OPPO、vivo、荣耀）中上架的移动政务服务 App 应用。此外，考虑到北京和广东的实际情况，对这两地的评估以小程序应用为主要评估对象。

（四）评估特色的比较

南京大学《政府数字服务能力指数报告（2024）》从 3 个层面（省、直辖市、地级市），结合 5 种渠道（政府网站、政务微博、政务微信、政务 App、政务短视频）对政务服务能力、政务服务最佳实践、政务服务问题及建议等进行了深入分析，系统报告了中国数字政务服务的发展水平。评估结果显示，我国政府数字服务渠道功能日趋分化，形成了以事项服务提供为主的网站、App、微信政务服务渠道和以信息宣传服务为主的微博、短视频政务服务渠道；政务服务格局发生改变，我国政务服务平台逐渐从原来以政府网站为主过渡到移动政务服务作为主要政务服务平台的发展阶段；政府数字服务更加集约丰富，逐步汇聚集成套餐式服务、"一网通办"和"跨省通办"等多层次应用场景；政府数字服务更加个性化和精准化，用户专属服务空间、适老化改造、智能服务和服务评价反馈成效显著。

复旦大学《中国政务服务掌办指数：2023 中国省级移动政务服务报告》聚焦掌上，以移动政务服务手机客户端 App 应用和小程序应用作为主要评估对象，从"可用、管用、好用、爱用、敢用"五个维度对移动政务服务手机客户端 App 应用和小程序开展第三方评估。测评过程中坚持以用户为视角，结果为导向的无感评估测评方式，尽最大可能以用户感受到的真实"结果"而不是以政府供给的"产出"和"过程"作为第一评估标准。同时，测评中进行动态调整，结合移动政务服务的实践创新与理论前沿，根据最新的国家要求、用户反馈、地方实践与研究成果，对指标体系进行动态调整，以不断提升评估方法的科学性和专业性。报告内容主要呈现"掌上好办"的综合指数、各省移动政务服务平台的典型做法与优秀实践以及助力移动政务服务平台建设的"掌上好办"建议。

附录 5
问题与反馈

（一）测评过程说明

《政府数字服务能力指数报告（2024）》的整个测评流程图如附图 5-1 所示，测评过程如下。

1. 渠道来源数据的收集

通过网页、微信、微博、App 和短视频等多种渠道检索各级政府的官方网址、政务微博、政务微信、政务 App 的下载地址以及政务短视频的 ID 等信息。收集完毕后，对数据进行汇总和复核，确保各测评对象符合制定的标准。

2. 指标体系的建立

通过文献调研、专家访谈、小组研讨等方式，制定评价待测评对象的指标体系，并对所有指标进行量化处理，以便进行后续的评价和排名。

3. 测评前成员培训

在测评前进行统一培训，使项目组成员熟悉测评原则和标准，降低个体评价差异，确保评价结果的准确性和可比性。

4. 全面测评

根据记录的政府官方网址、微博账号、微信公众号、App 下载地址以及政务短视频账号等信息，分小组进行正式的测评工作，对各项指标进行评价和排名。

5.记录测评问题

项目组成员在测评过程中记录并反馈遇到的问题，全员共同商讨统一的测评标准，并制定解决方案，以确保测评工作的顺利进行和结果的准确性。

6.数据复测

在全面测评后，根据原测评者复测和组长复测的原则对可疑数据进行重测，并对测评结果进行抽样重测，通过复测环节对初测数据进行交叉检查和修复。在这一阶段，项目组成员将对初测数据进行再次核对和比对，特别关注可能存在的错误或不一致之处。通过复测环节，可以发现并纠正初测过程中可能存在的错误和偏差，确保评价结果的准确性和可信度。

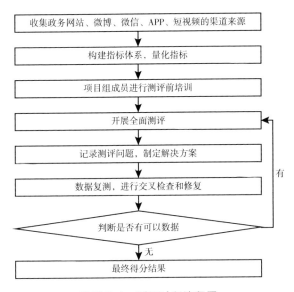

附图 5-1　测评过程流程图

（二）特殊情况处理

在测评过程中，特殊情况的处理至关重要，以下是针对不同情况的具体处理方式。

1.及时更新功能、应用

如果在测评期间测评主体的功能或应用有更新，需要及时更新测评数据以反映最新情况。负责人应密切关注测评对象的动态变化，并确保测评数据的及时更新。

2. 处理特殊情况

当遇到特殊情况时，如新出现的功能或应用无法依据已有评分原则判定得分，测评团队应立即通知负责人，并集体讨论制定新的评分标准以确保公平和一致性。在测评过程中，如果发现某些政府主体的数字服务渠道或应用存在严重故障或停止服务的情况，应及时通知相关负责人并记录该情况，以便在评估结果中进行合理处理。

3. 重新测评可疑数据

如果测评数据存在可疑情况，原测评人需重新测评，同时在复测环节中对其进行交叉检查，以确保数据的准确性和可信度。若在测评过程中发现某些政府主体的数字服务渠道或应用在特定时间段无法访问或数据不准确，应尽可能找到根本原因，并在复测时加以核实。

4. 对缺乏渠道和服务的主体记为0分

在对缺乏相应渠道和服务的主体进行测评时，对应项应被记为 0 分，以准确反映其数字服务水平的现状。

5. 统一标准选择测评主体

当存在同一渠道有多个官方账号时，测评团队应通过讨论制定统一的标准，选择最符合要求的测评主体进行测评。这样可以确保评价结果的公正性和客观性。

（三）局限与不足

本次测评工作存在以下局限性与不足。

1. 测评时间的先后性

测评历时较长，不同渠道和政府的测评时间可能有先后之分。一些指标对时间的敏感度较高，例如短视频账号的活跃情况受测评时间影响较大，可能会在得分上产生略微差异。

2. 不同成员评分的差异性

测评样本数量庞大，不同项目组成员在单独测量时对于同一指标（特别是定性指标）可能存在个人理解偏差，导致给分差异。如政务微信测评，测评的绝大多数地区的政务微信公众号的事务服务都是在政务服务一体化平台上的，或者是链接到对应的人民政府网站进行事务服务的办理，但有些是从信息服务对应的菜单链接到人民政府网站，没有单独的事务服务菜单，对于测评人员来说会存在给分的差异性。

3. 标准覆盖的全面性不足

测评样本数量庞大，难以确保制定的测评标准可以全面覆盖所有情况。在实际测评过程中，偶尔会出现一些特殊问题，可能导致部分情况无法准确评估。例如，存在部分较为偏远省市未设有今日要闻等能反映本省市当日新闻的模块，在这种情况下无法准确地反映出其信息的时间效度。

4. 测评工具的差异性

测评人员所使用的电脑和手机的型号、操作系统等可能存在差异，甚至性能上也有所不同，这可能会影响到测评结果的准确性和一致性。

5. 账号选择的影响

在测评过程中，多个省市存在不同的政府官方微信账号，形成了一个微信矩阵，各账号承担着不同的功能和责任。例如，南京市拥有"南京发布"和"南京政务服务"等多个微信账号，或者"××市12345"等账号。其中，一些账号侧重于信息发布，但在政务服务方面存在不足，而另一些则偏重事务服务，但在信息发布方面不够完善。此外，这些微信账号的负责单位也不尽相同。在测评过程中，目前统一选择的是体现功能最为全面的账号进行评估，但这种做法可能会造成评估结果的不够全面和准确。

（四）版权说明

（五）交流反馈

您的意见与反馈将是项目组提高电子政务测评报告质量的重要动力和提升方向，将有助于更好地推进中国电子政务的发展进程。您提出的意见和反馈我们将认真对待并及时予以反馈。无论是对于我们工作中存在的不足，还是您对于电子政务服务的期待和建议，我们都将一一记录并加以分析改进，以期不断提升报告的质量和准确度。

谢谢您的支持和合作，期待与您共同推动电子政务事业的发展！

反馈联系方式：南京大学政务数据资源研究所。

（六）改进设想

1. 政府网站测评改进设想

选择"能代表新闻类栏目"时目标并不明确，网站之间存在能够相互链接的新闻栏目。建议明确选择目标新闻栏目，确保测评对象的新闻栏目更新及时，避免选择其他级别的新闻栏目对评分造成影响。市长信箱部分都需要注册登录才能进一步查看消息，目前阶段的评价指标项操作耗时较长。建议简化市长信箱等功能的操作流程，引导用户登录或注册后即可查看消息，提高评价指标的操作便捷性；对于部分省市长信箱变更为 12345 信箱的情况，可以在后续指标体系中考虑加入 12345 智能化回复的权值。

针对自治区的特色民族语言，应确认其是否符合多种语言标准，确保指标体系的公平性和合理性；对于对硬件软件无特别要求的指标，应重新评估其必要性，确保指标体系的有效性。建议优化"联系我们"与"网站反馈"功能的设置，避免重复和混淆；对于"网站评价"功能块，应提供清晰明确的描述，以提高用户对该功能的理解和使用。对于网站本身功能性的指标，如平台分享功能等，应重新评估其赋分标准，确保指标的灵活性和有效性，避免指标赋分过高而导致评价结果失去差异性。

2. 政务微博测评改进设想

在指标体系的改进方面，有用性判断可以考虑微博内容的持续性和平均热度，而不仅仅依赖于前几条微博的热度，以更好地反映整体微博的情况；用户参与度指标除视频播放量外，应综合考虑点赞、转发、评论等指标，以全面衡量用户对政务微博内容的参与程度，并探究用户参与行为背后的原因；另外，可以加强对政务微博与其他官方渠道的整合，鼓励政府充分利用其他渠道来推广微博账号，提高微博的曝光度和互动性。

在测评方式的改进方面，为提高数据可靠性，建议加强对微博点赞、关注、评论等数据的采集和分析，确保数据的一致性和标准化，避免数据不足或不一致而导致评价结果的失真；明确党委宣传部等相关部门在政务微博运营中的职责，避免责任重叠和微博不再运营等问题的发生；可以尝试引入爬虫技术等自动化工具，对政务微博的粉丝数、微博数等指标进行自动爬取，以减轻人工测评的工作压力，提高效率和准确性；在进行测评时，注意剔除非政务微博的博主号的博文推荐等因素，确保测评对象的纯净性和准确性。

3.政务微信测评改进设想

对于指标体系，在评估信息的有用性时，应结合实际推送内容进行讨论和修改，以确保评价更为客观准确；明确原创内容与引用内容的权威性判定标准，考虑政府活动信息等特殊情况的权威性评估，避免对非引用来源的内容一概判定为不权威；考虑根据实际有效菜单数量按比例给予得分，以更合理地反映菜单的实际有效性和服务水平；简化渠道分类，根据不同渠道的重要性和实际应用情况，合理设置评分方式，以更符合实际情况的评价标准；除了计算信息数量外，应考虑信息发布频率，以更全面地评估信息传播的规模和频率。

对于测评方式，要制定明确的标准确定公众号，统一选择符合要求且最具代表性的公众号进行评价，避免多账号功能重叠和评分不一致的问题；加强测评人员之间的沟通和培训，明确评分标准和方式，减少因不同理解而导致的评分误差；可以引入爬虫技术等自动化工具，对微信公众号的相关指标进行自动收集和分析，提高测评效率和准确性；考虑政务微信与政务服务一体化平台的关联，确保对事务服务的测评不会遗漏，并准确评估其服务质量和便捷程度。

另外，在测评前明确评价指标和标准，统一评分规则，以确保评价的客观性和准确性；定期组织会议讨论测评过程中的问题和发现，及时总结和改进测评方式，以提高测评的科学性和实用性；除了考虑信息的规模和频率外，还应关注信息发布形式的多样性，充分利用图文、视频、音频等方式，提升信息传播效果和用户体验；除了关注信息的数量，还应注重信息质量，避免信息发布的频率过高而质量下降，应根据内容的实际需求和重要性确定发布频率。

4. 政务短视频测评改进设想

对于指标体系，可考虑制定更加明确的标准，以确保测评指标的客观性和一致性；重新审视参与回应指标的定义，可考虑将点赞也纳入参与回应的范畴，以更全面地评估账号的互动程度。

对于测评方式，建议制定统一的测评时间，以减少不同时间段活跃度不同的影响，提高测评结果的准确性和可比性；针对新增的微信视频号渠道，可以提前搜集账号信息，确保在测评时能够及时获取并评估相关数据，减少测评周期和工作量。

对于短视频账号，鼓励各地政府将短视频账号认证主体统一为省委宣传部或互联网信息办公室，减少认证主体的多样性和混乱；应对于长期不活跃或从未发布视频的账号进行筛选，确保测评对象的实际活跃度和有效性。

5. 政务 App 测评改进设想

在指标体系的改进方面，有用实用指标可以重新评估评分标准，考虑城市设置信息板块的情况，以及信息分类的多样性；在评估时间效度时，除了考虑是否存在当日新闻等能反映该地区当日要闻的模块外，还应该考虑政策文件更新的频率等因素，确保信息的及时性和有效性；引入新的指标来评估用户对信息的检索与获取的便利程度，以更全面地反映信息服务能力；考虑部分事务不需要法人登录账号办理的情况，制定相应的评分标准，确保全面覆盖事务服务能力的评估范围；考虑调整参与回应指标的评分标准，将社区交流功能的重要性作为改进建议而不作为测评指标，同时制定更明确的问题以减少评分不确定性；对于易得性指标，应当综合考虑不同操作系统用户的体验，确保政务 App 能够在多个主流平台上下载和使用，避免因系统差异导致的不公平评分情况；在判断政务 App 是否有个性化定制时，应当更加灵活地考虑地方政府与省级政务 App 之间的关联性，以避免由于个性化定制而影响评分的准确性。

在测评方式的改进方面，样本选择考虑引入地级市政务 App 进行测评，但在选择地级市政务 App 时需综合考虑其功能与省级 App 的关联性，避免重复测评和提高测评的复杂性；将参与回应指标的测评优先安排，以便充分等待政府部门的回应，确保测评结果的准确性和公正性；统一测评时间，确保各地政务 App 测评时处于相似的活跃状态，减少因活跃度不同而导致的评分差异。

图书在版编目（CIP）数据

政府数字服务能力研究报告 . 2024 / 胡广伟等著 . 北京：社会科学文献出版社，2025.8.--ISBN 978-7-5228-4752-8

Ⅰ . D63-39

中国国家版本馆 CIP 数据核字第 20251W727T 号

政府数字服务能力研究报告（2024）

著　　者 / 胡广伟 等

出 版 人 / 冀祥德
责任编辑 / 陈　雪
责任印制 / 岳　阳

出　　版 / 社会科学文献出版社·皮书分社（010）59367127
　　　　　　地址：北京市北三环中路甲 29 号院华龙大厦　邮编：100029
　　　　　　网址：www.ssap.com.cn
发　　行 / 社会科学文献出版社（010）59367028
印　　装 / 三河市东方印刷有限公司

规　　格 / 开　本：787mm×1092mm　1/16
　　　　　　印　张：18.25　字　数：278 千字
版　　次 / 2025 年 8 月第 1 版　2025 年 8 月第 1 次印刷
书　　号 / ISBN 978-7-5228-4752-8
定　　价 / 98.00 元

读者服务电话：4008918866